MINERVA 政治学叢書 5

科学技術と政治

城山 英明 著

ミネルヴァ書房

刊行の趣意

「ＭＩＮＥＲＶＡ政治学叢書」は二一世紀の初頭に、人間が生きているかぎり存在する政治の諸特徴を多面的に描こうとするものである。

政治とは、人間の強欲をどのように制御するかの仕組みである。政治学的にいえば、諸価値の配分についての規範や規則を形成し、それを権威的に実行するための諸措置である。ロシアでは「誰が誰を（支配するか）」と言い、米国では「誰が何を手にするか――そして何時、如何に」と言う。人間は結局のところ強欲の動物であり、強情な存在である。それだからこそ、暴力は政治の最も重要な要素であり続けたのである。政治を出来うるかぎり非暴力的にするためには暴力を脇に置きながら、暴力を飼い馴らさなければならない。そのために、一方で暴力を公的な言葉で正当化すると同時に、他方でその存在を利用しなければならない。このことは政治の仕組みの違いにかかわらずである。

古代ギリシャに短期間生まれ、その後長い間無視され、近代になって急速に地球的規模で優勢な政治的仕組みとなった民主主義についてもこのことは変わらない。民主主義は対抗エリートが交代で権力を握る仕組みとシュンペーターは言う。民主主義は人民の参加を拡大し、人民代表の競争を公平に行う仕組みだとダールは言う。そうすることによって人間の強欲と強情をいくらか文明化しようというのである。二一世紀初頭、民主主義は世界を席捲したかにみえる。国連加盟国一九一のうち、一二一が民主主義国とされる。

本叢書は、人間の強欲と強情をどのように制御するかについての学問である政治学が達成したものを平易明快に解説し、より深い理解とより鋭い説明への堅固な手掛かりを与えることを目指している。グローバリゼーションが世界各地に浸透し、民主主義が世界を席捲している二一世紀初頭に時代の要請に沿ったものにしようと本叢書は企画された。

二〇〇六年一月

編集委員

はじめに

本書は、科学技術と政治の接点に存在する課題について俯瞰することを目的としている。このような科学技術と政治の接点に存在する課題には、二つの種類がある。第一の課題は、科学技術に対する政治の影響という課題である。科学技術の研究開発、科学技術の実社会の各分野での利用に際して必要になるリスク規制やイノベーションの促進は社会の政府組織、企業、社会集団、専門家、市民等の様々な主体の利益や価値に関わり、これらの課題をめぐっては諸主体間での政治が展開される。科学技術に関する判断は、しばしば科学的技術的に規定されていると認識されることも多いが、実際には多くのトレードオフや不確実性等に関する判断が埋め込まれており、一定の政治的裁量が埋め込まれている。また、科学技術に関わる政治においては、各主体が科学技術に関する能力をどのように確保するのか、各主体が能力確保に投資するインセンティブ構造が確保されているのかというのも、重要な論点となる。

第二の課題は、科学技術の政治への影響という課題である。現代政治の活動は様々な科学技術的条件の上に成立している。交通手段、コミュニケーション手段の変容は政治プロセス自身に影響を与えている。このような技術手段の変容はグローバル化を規定する重要な要因である。今後の情報技術の進展や人工知能の利用によるコミュニケーションの個別化も政治プロセスに影響を与えると思われる。また、核兵器や最近のサイバー攻撃の拡大にみられるように、軍事技術の展開も国際政治プロセスに大きな影響を与えてきた。ただし、このような科学技術の規定性は絶対的なものではなく、一定の政治的実践や社会的文脈によって媒介されるものでもある。

そして、第一の課題においても第二の課題においても、政治は個別の科学技術に関わる制度的文脈に埋め込まれた形で展開される。その意味で、ここで対象とする政治には、様々な制度的組織的文脈に埋め込まれた政治を包含するという点で、いわゆる行政を幅広く含むこととなる。

本書は、序章において科学技術自体の性格とダイナミズム、科学技術政策の概念について検討した後、第Ⅰ部、第Ⅱ部、第Ⅲ部という三部構成により科学技術に関わる政治の課題を概観する。第Ⅰ部では、科学技術に関わる主体と科学技術に関わる政治的ダイナミズムの分析視角を整理した上で、国内におけるリスク評価・管理や事故調査・情報共有による学習メカニズムについて扱う。第Ⅱ部では、国内における知識生産や技術の社会導入に関わるイノベーションのメカニズムについて扱う。また、テクノロジーアセスメントや科学技術に関する調整メカニズム等の課題についても扱う。そして、第Ⅲ部においては、国際レベルにおけるリスク規制（安全保障に関するリスクも含む）と国際的な知識生産、技術の社会導入を進めていくための国際協力のメカニズムについて検討する。上述の二つの課題のうち、本書は主として第一の課題について扱うが、第二の課題についても適宜、言及する。

本書の読者としては、二つにタイプを想定している。第一のタイプは、政治学・行政学に関心のある読者である。科学技術と政治との接点は、近年、科学技術社会論と政治学・行政学の境界領域としても関心も高まっているが、まだまだ未開拓の領域である。本書は、そのような領域における課題を俯瞰することを意図している。第二のタイプは、科学技術の研究開発や科学技術に関する政策形成や実施に携わっている科学者・技術者・実務家である。科学技術に関する研究・政策実務の世界は、複層的な社会経済構造や制度・組織の中に埋め込まれており、また、科学技術の内部も分断的構造となっている。本書は、このような構造の中で行われる科学技術の研究開発や科学技術に関する政策の社会的含意を考える上での、ある種の地図を提供できればと考えている。

科学技術と政治　目次

はじめに

序章　科学技術とそのダイナミズム

1　科学技術とは何か

科学と技術

科学とは、表序－1にみられるように、自然界の事物（対象物や現象）の特徴や特性、また、その作用および相互作用に関する知識の体系である（サイモン 一九九九：三）。法則・因果関係といった知識はその例に当たる。事物として社会の構成員や社会現象も含めて考えれば、社会科学も科学の一部であると考えられる。

他方、技術とは、社会において一定の機能・目的を達成するための手段である。科学と異なり、技術は一定の目的・機能を念頭に置いている。そして、技術は、同じく表序－1において分類しているように、二つのタイプに分けることができる。目的・機能を達成するために、科学的知識を活用するものを、狭義の科学技術と呼ぶ。たとえば、一九世紀後半に成立した電気・化学分野の産業はこのような科学技術に基づいていた。エジソン（Thomas Edison）は一八八〇年に電気照明会社を設立したが、技術面では数学者・物理学者であったアプトン（Francis Upton）が大きな役割を果たしていた（中島 二〇〇八：一三五）。他方、科学的知識に必ずしも基づかない、経験に基づく技術もある。伝統的に利用されてきた道具といったものは、その例に当たる。イギリスの産業革命を支えた一七六九年の蒸気機関の発明・改良等も、職人の工夫によるものであり、科学とほとんど関係なかったとされる（中島 二〇〇八：一一一）。また、技術としては、通常、物理的手段が念頭におかれるが、非物理的手段である制度も、社会における一定の機能・目的を達成する手段であるという観点から、技術の一つの形態であると考えることができる。このような技術を含めて、「社会技術」というものを観念することもできる（堀井 二〇〇六：一五）。

表序－1　科学と技術

科学	自然界の事物（対象物や現象）の特徴や特性，また，その作用および相互作用に関する知識の体系
技術	社会における一定の機能・目的を達成するための手段 科学的知識に基づく技術 経験に基づく技術

出典：筆者作成。

科学技術の担い手

科学と技術とは、活動の性格が異なるとともに、その担い手も異なる。科学は主として科学者（scientist）に担われるのに対して、技術は技術者（engineer）によって担われる。科学者や技術者は様々な集団に属して活動している。なお、近年では、狭義の科学技術の役割が増大するとともに、その違いは連続的・相対的なものとなってきている。また、科学、技術各々において、その中は多様な分野に分化すると同時に、分野横断的な新たな分野も生まれつつある。

2　科学と技術の相互作用・ダイナミズム

科学と技術は理念的には別物であるが、とくに一九世紀後半以降、これらは相互に関連してきた。科学を基礎として発展した技術の典型的な例としては、有機化学、電気技術を挙げることができる（中島 二〇〇八：一三二～一三五）。

表序－2　科学と技術の相互作用の態様

リニアモデル	基礎研究（科学）→ 応用研究（技術）→ 製造 → 商業化 → マーケティング
相互作用の現実	基礎研究（科学）⇆ 応用研究（技術）

出典：筆者作成。

リニアモデル

科学と技術の相互関係・ダイナミズムに関しては、様々な概念化が行われてきた。アメリカにおいて、第二次世界大戦中から戦後にかけて科学技術政策において大きな役割を果たしたブッシュ（Vannevar Bush）は、一九四五年七月に大統領に提出した「科学―果てしなきフロンティア」という報告書において、基礎科学研究は科学的資本となるもので、産業的研究を促す上でも政府は基礎研究を支援すべきであると主張した。そして、このような基礎研究を支援する組織として、各省庁から独立しており、常設の科学諮問委員会が調整主体となる、国立研究財団（National Research Foundation）の設立を提案した（Bush 1945：6，17，37）。実際に、この提案を基礎として、一九五〇年に国立科学財団（National Science Foundation）が設立された。このような考え方は、技術変化は先立つ科学研究に依存しているという形で定式化され、「リニアモデル」と呼ばれた（Rosenberg 1991：335）。あるいは、新たな技術的着想は科学における発見から生まれ、応用研究、製造、商業化、マーケティングといった段階を経て展開していくと形で定式化され、「パイプラインモデル」とも呼ばれた（Brooks 1994：477）。

多様な相互作用

しかし、表序－2においてリニアモデルと対置されているように、科学と技術の相互作用の現実は、科学から技術に一方向に進むものでは必ずしもない。たとえば、電気技術、化学技術、原子力技術は科学に依存している側面が多いが、機械技術は必ずしもそうではなかった。新たな分析・測定技術が新たな自然現象の測定を可能にした場合のように、技術が新たな科学的展開の起源となる場合もあった（Brooks 1994：479，482）。また、ローゼンバーグ（Nathan Rosenberg）によると、新たな科学的知識が民間の産業界の研究所で生み出され、科学コミュニティーにフィードバックされることも多かった。有用な科学的知識は分野横断的な環境の下で生み出されるようになっており、そのためには、研究が学問分野別にではなく問題別に組織化されている産業界は、適切な環境であった（Rosenberg 1991：337, 339, 341）。

日本の場合

第二次世界大戦後の日本では、基本的に民間の産業界による研究開発の比率が大きかった。日本の産業界は、現場での応用研究を重視しており、その意味では前述のローゼンバーグのモデルを体現したものであった。ただし、一九八〇年代には経済摩擦における基礎研究ただ乗り批判もあり、基礎研究へのシフトが起こった（後藤 二〇一六：九二）。

他方、政府の方では、第四期科学技術基本計画以後の基本的方向性にもみられるように、近年、基礎研究だけではなく、社会課題の解決に寄与するような応用的研究を重視するとともに、分野横断的研究も重視するようになっている。その結果、基礎研究の支援が薄くなることについては、批判もある。

3　日本における科学技術の発展とその認識

近代における科学技術の発展

産業発展や国の防衛に科学や技術が重要であるという認識は、明治の当初からあり、各省庁等において、分野別の取組みが行われてきた。サミュエルズ（Richard Samuels）は、第二次世界大戦前、戦後を通して、技術の国産化（外国製の技術を消化し、日本独自の技術の確立に向けて努力すること）、技術の普及（習得した技術を産業界全体に普及させること）、技術の育成（国内企業の育成と維持に努め、技術知識の拡散を図ること）という点で、日本は一貫した技術政策をとってきたという（サミュエルズ 一九九七：一四）。

具体的には、国は一八七〇年に工部省、一八七二年に大蔵省富岡製糸場、一八七四年に内務省勧業寮を設置し、一八八一年には内務省、大蔵省の関係部局を統合して農商務省を設置した。農商務省は、一八八五年に工部省が廃止された後、産業技術を一元的に担当し、一八九三年には蚕業試験場、農事試験場を、一九〇〇年には工業試験所を設置した。また、大蔵省は一九〇四年に醸造試験場を、逓信省は一八九一年に電気試験所を、陸軍は一九〇三年に陸軍火薬研究所を、海軍は一九〇九年に海軍艦型試験所を設置した。このように、明治期の日本では、各分野の必要に応じて、現場と密接な関係を持った形で試験研究機関が設置され、運用された（鈴木 二〇一〇：一四〜一六、二〇〜二四、三〇〜三二）。

他方、文部省の下、大学における研究基盤も確立されてきた。一八七七年には法・理・文・医各学部からなる東京大学が設置された。一八八五年には工部省廃止により工部大学校が移管され、一八八六年に帝国大学となり、一八九〇年には農科大学も編入された。帝国大学は、現場から切り離された科学の担い手としての性格の強いものであった（鈴木 二〇一〇：二六〜二九）。

「科学技術」概念の登場と制度化の模索

科学や技術に関する取組みは明治期から進められてきたが、「科学技術」という用語が使われたのは、第二次世界大戦に向けた戦時体制においてであった。まず、一九二七年に資源審議会が設置され、一九三〇年の答申で試験研究機関の連絡統制にあたる中央機関設置の必要性が指摘された。その後、日中戦争開始後、総力戦への動員という形で科学政策が重要課題になった。一九三八年には内閣に「不足資源の科学的補塡に関する重要事項を調査審議」するため科学審議会が設置され、一九三九年には科学動員と科学研究の「綜合企画機関」として科学部が臨時増置された（鈴木 二〇一〇：五八、六一〜六二）。そして、一九四一年に科学技術新体制確立要綱が内閣において決定され、一九四二年には「科学技術に関する国家総力を綜合発揮せしめ、科学技術の刷新向上、就中航空に関する科学技術の躍進を図る」ために技術院が設置され、科学技術審議会官制も確定した。省庁横断的に自主技術開発や国内における科学と技術の連携に本格的に取り組む際に、科学技術政策という概念が登場したといえる。そして、この技術院においては、技術をバックグラウンドとする行政官である技官の役割が大きくなった（鈴木 二〇一〇：七〇～七七）。

第二次世界大戦後、技術院は廃止された。他方、一九四七年には経済安定本部に資源調査会が、一九四八年には産業発展のための科学技術振興を目的として商工省に工業技術庁が設置された。個別の研究補助金については、一九五〇年以後、通産省、農林省、厚生省、運輸省、労働省、建設省等が各々担当し、予算については政府全体では科学技術行政協議会（総理大臣を会長とし、関係行政機関次官、日本学術会議推薦学識経験者により構成される）の科学技術予算部会の審議を経て大蔵省に要望することとなった。その後、一九五六年には、科学技術政策、原子力政策、航空政策、宇宙開発政策を担うことを目的として科学技術庁が設置され、一九五九年には閣僚レベルでの調整メカニズムとして科学技術会議（総理大臣を議長とし、大蔵・文部大臣、経済企画庁・科学技術庁長官、日本学術会議議長、総理大臣が指名する三人の学識経験者により構成される）が設置された（鈴木 二〇一〇：一〇一～一〇九）。

戦時期から戦後期においては、資源としての科学技術への関心が高まったが、どのような科学技術を推進するのかはどのような資源を重視するのかと密接に関連してきた。戦時期や一九六〇年代以降においては、海外資源の確保や原子力技術に重点が置かれたが、戦後早い時期においては、資源の貧弱とされた日本で唯一豊富と考えられた水の活用が重要と考えられ、ＴＶＡモデルの電源開発・総合開発や多目的ダム等の技術の活用に注目が集まった（佐藤 二〇一一：六二～六五、八三～九〇、一三七～一六二）。

4　科学技術政策の多義性

二つの科学技術政策と政策手段

表序‐3にみられるように、科学技術政策には大きく二つの意味がある。

第一は、科学技術に関する政策という意味である。日本では、戦時期において、各分野を超え

表序－3　科学技術政策の多義性

	主たる政策手段
科学技術に関する政策	資源配分・研究開発マネジメント
科学技術を利用する政策	リスク評価・リスク管理・移行マネジメント

出典：筆者作成。

た横断的分野としてこの意味での科学技術政策が認識され、これは、一九五六年の科学技術庁設置の基礎となった。また、このような科学技術政策の前提として、旧文部省が担当してきた学術政策・知識政策が存在する。第二は、科学技術を利用する政策という意味である。科学技術を利用する政策は、前述の科学技術に関する政策に限定されるものではなく、交通政策、国土政策、医療政策、エネルギー政策、通信政策、農業政策、産業政策など多岐にわたる。日本では、明治期以来、各分野において科学技術を利用する政策が、様々な試験研究機関などを活用して行われてきた。

そして、この二つの科学技術政策においては、主として使われる政策手段も異なる。第一の科学技術に関する政策においては、様々な科学技術分野に対する資源配分や研究開発のマネジメントが主要な政策手段となる。他方、第二の科学技術を利用する政策においては、このような資源配分や研究開発のマネジメントも重要であるが、より重要になるのは技術を社会に実際に導入して社会課題を解決するマネジメントである。たとえば、実際に社会に技術を導入する前提として、環境条件や導入技術に関する科学的情報を用いたリスク評価・リスク管理や技術を社会で利用する際の関連制度の整備や技術の普及戦略を含む移行マネジメントが重要になる。第一の科学技術に関する政策においても、リスク評価・リスク管理は必要な要素ではあるが、実際に社会に導入する以前の研究開発段階においては、その必要性は相対的に小さい。

融合化の傾向

最近は、この二つの科学技術政策が、融合化する傾向にある。第一の科学技術に関する政策については、近年、科学技術政策ではなく、科学技術イノベーション政策と呼ばれる傾向にある。二〇〇六年に開始された第三期科学技術基本計画からイノベーションという概念が重視されるようになり、二〇一一年の第四期科学技術基本計画からは科学技術イノベーションという概念が本格的に用いられだした。そして、二〇一四年には、総合科学技術会議が総合科学技術・イノベーション会議と改称された。

その背景には、基礎研究と応用研究・開発研究をつなぎ、さらには、技術シーズを実際に社会に普及させて新たな産業の創造や生活様式の変化にまで導くことが必要であるという認識がある。そのためには、研究開発の視点だけでなく、各分野の社会からの視点を含めた一体的・総合的な取組みによって科学技術イノベーションを起こすための仕組みが必要となる。このように考えると、科学技術イノベーション政策の対象は、科学技術に関する政策だけではなく、科学技術を様々な現場において利用する各政策の分野、たとえば、エネルギー政策、医療政策、交通政策等の要素を含まざる得ないこととなり、対象範囲は科学技術を利用する政策に限りなく近づかざるを得なくなっている。

5　本書の構成

本書は、以下、「第Ⅰ部　科学技術の知識とリスク管理」、「第Ⅱ部　イノベーションとマネジメント」、「第Ⅲ部　国際協力のメカニズム」の三つの部から構成される。詳細は以下の通りである。

第Ⅰ部

第1章では、まず、科学技術に関わる主体として、専門家集団（科学者集団と技術者集団）、政府組織・国際組織（科学技術研究開発組織と科学技術利用組織）、企業（研究開発企業、製造企業、サービス提供企業）、大学・研究機関、市民（政治参加者と需要者）を整理する。その上で、科学技術に関わる政治的ダイナミズムの分析視角として、連合形成（同床異夢とトレードオフ）、本人・代理人関係（専門家にどこまで裁量を与えるのか、どのようにモニタリング・管理を行うのか）、経路依存と変容（ロックインとその解除）、政治的ドライバーとしての技術（技術革新による社会変化の契機提供）の四つを提示する。

第2章では、科学技術を社会導入する際に必要となるリスク評価・リスク管理において、どのような形で政治的裁量・判断が埋め込まれているのかについて検討する。何を被害として考えるのか、どのレベルのリスクまで許容するのか、不確実性が存在する場合に「予防原則」あるいは「後悔しない政策」のいずれを選択するのかといった局面で裁量が存在する。また、政治的意思決定者は、裁量行使に伴う非難を回避するために（＝政治的リスク管理）、「科学的判断」をお墨付きとして用いようとする場合もある。

第3章では、リスク評価、リスク管理等の機能をどのような組織間でどのように分担するのかに関するリスク規制の制度設計のあり方について検討する。食品安全委員会のようなリスク評価とリスク管理を別途の組織に担当させる（＝組織的分離）という方法と原子力規制委員会のようにリスク評価とリスク管理を同一の組織に担当させるという方法がある。また、政府組織と民間組織の役割分担という課題もある。民間に存在する専門的知識や現場情報を有効に活用する方法が必要であると同時に、事業者による捕囚（capture）を避ける必要もある。

第4章では、まず、相互に連動する様々なリスク、すなわち複合リスクへの対応が検討される。このような問題は、日本では、二〇一一年三月に発生した東京電力福島第一原子力発電所事故に至る経緯あるいは事故後の経緯の中でこの問題が認識されたが、海外では、自然災害がきっかけとなり技術的災害が引き起こされることを指す「ネイテック（NaTech）」という概念を用いて議論されてきた。このような相互作用は、性格の異なるリスク領域である「安全」領域のリスクと「セキュリティ」領域のリスクの間でもみられる。また、このような相互作用によるリスクの増幅は、システム外部からの衝撃（外生的リスク）に対するシステムの対応やシステム間の相互作用を通して起こることもあれば、システム内部の相互作用からも生じることもある（内生的リスク）。このような相互連結したリスクへの包括的対応が、オールハザード・アプローチの試みとして求められているが、その実施は容易ではない。さらに、軍事目的に転用可能な民生技術（「両用技術」）に関する安全保障貿易管理の仕組みと運用について検討する。

第5章では、事故調査制度、インシデント等に関する情報収集・共有制度について検討する。科学技術の発展にとっては、事故やインシデント情報を共有し、そこから教訓を学習することはたいへん重要である。しかし、提供された情報が制裁のために用いられることを関係者が恐れて、情報の秘匿を図るインセンティブを持ち、その結果、予防に資する十分な学習＝事故調査が行われなくなることもありうる。このようなディレンマに対する日本とアメリカの対応について検討する。

第Ⅱ部

第Ⅰ部では、科学技術に関する知識の存在を前提として、社会がこれらをどのように規制するのかという観点から検討する。しかし、科学技術に関する知識の存在は自明ではない。これらの知識が生み出されるためには、科学者・技術者の研究活動を促さなくてはならない。第Ⅱ部では、このような知識生産の促進や技術の社会導入に関わるイノベーションのメカニズムについて扱う。

第6章では、まず知識生産の促進のためのメカニズムに関して、研究の自由と統制、ファンディング（コア・ファンディング支援とプロジェクト・ファンディング支援）、知的財産権と学問的コモンズ（誰の発見かという名誉に配慮する代わりになるべく早期に研究成果を研究者共同体内において無償で共有化し、さらなる研究成果の創出を促す方式）、市場のダイナミズムの中における大企業あるいは中小企業の役割への関与（シュンペーターは小規模企業による競争が生み出すイノベーションとそのメリットについて論じるとともに、市場支配力を持つ大企業の存在がイノベーションを促すために必要であるとも述べた）、自主的対応の促進と技術強制（規制の強制的導入が技術革新に寄与するとする考え方に基づく政策手段）といった政策手段に即して検討する。また、このような政策手段の効果を測定する際に必要となる研究開発評価の課題についても検討する。

第7章では、分野別技術ガバナンスのあり方を検討する。一定の技術を社会が利用することとした場合、その技術がその後の社会の技術選択を一定期間規定するという技術のロックインが発生する。このようなロックインは、技術的に生じるだけではなく、制度的に担保されることになる。分野別技術ガバナンスの分析に際しては、分野別知識の性格に応じた特性、関係する主体のあり方や主体間のネットワーク（公的研究開発機関のあり方、民間企業の関与の仕方、研究開発や利用に関わる各省庁のあり方等）、制度（技術標準、安全規制等リスク規制のあり方、保険・補償制度等）のあり方に着目する。具体的には、原子力技術、宇宙技術に関する分野別技術ガバナンスの構造をその変容について検討する。

第8章では移行マネジメントについて検討する。移行とは、ロックインから抜け出すために、技術だけではなく各種制度も含めた社会システムを変化させることを指す。移行のプロセスにおいては、異なるレベルでの複数の変化の相互作用が大きな役割を果たす。具体的には、ニッチ、レジーム、ランドスケープという三つのレベルの相互作用が観察される。中心となるレベルはレジームが位置するメゾレベルであり、レジームには物理的インフラと非物理的インフラ（ネットワーク・力関係・規制なども含む）の双方が含まれる。このような三レベルが交錯する移行マネジメントの初期の問題構造化段階では、通常のルーティーンの政策形成の場とは異なる移行アリーナが重要になる。ここでは、問題のフレーミングのあり方や外部者としての性格を持つフロントランナーの参加が大きな役割を果たす。また、メゾレベルでは多様なレジームが並存しており、これらのレジームが相互作用しながら「共進化（coevolution）」することもある。このような枠組みを踏まえて、日本における移行マネジメントの自治体レベルでの事例として、リサイクル技術導入を伴うエコタウン構築事業（北九州市）、LRT（Light Rail Transit）導入を伴うコンパクトシティー構築事業（富山市）について検討する。

第9章では、テクノロジーアセスメント（技術の社会影響評価）の制度化のあり方について検討する。日本でも一九七〇年代以降、一定のテクノロジーアセスメント的活動が行われてきたが、制度化は不十分であった。今後、より制度化していく際の選択肢としては、国会における制度化、行政における制度化（内閣府、文部科学省関係機関、各分野別機関、内閣府の「特別の機関」としての日本学術会議等）、自治体における制度化、政府による資金枠の設定、個別研究開発機関や民間組織のイニシアティブによる制度化、国際的制度化等が考えられる。

第10章では、分野を超えた調整メカニズムのあり方について検討する。第一に、科学技術に関する横断的調整メカニズムが存在する。総合科学技術・イノベーション会議等による科学技術基本計画等の策定とその実施がその例に当たる。第二に、科学技術の各利用分野に即して、調整メカニズムが存在する。総合エネルギー資源調査会等によるエネルギー基本計画等の策定と実施、宇宙開発戦略本部・宇宙政策委員会等による宇宙基本計画等の策定と実施等がその例に当たる。これらの調整メカニズムは、会議体の活用の仕方、内閣官房・内閣府・各省における事務局のあり方等に関して、類似点と差異を有する。また、これらの調整メカニズムは相互に連関することとなる。さらに近年の傾向として、調整メカニズムの増殖に伴い、内閣官房・内閣府の業務が拡大する傾向にある。

第Ⅲ部

第11章では、国際的リスク規制について検討する。国際的リスク規制の基本は、リスク事象の発生に関する早急な情報収集と迅速な事後対応である。国際保健や原子力安全といった分野では、このような情報収集と事後対応のメカニズムが試みられてきた。たとえば、二〇〇五年にＩＨＲ（国際保健規則）の大規模な改定が行われ、情報収集対象に関してオールハザード・アプローチがとられ、「原因を問わず、国際的な公衆衛生上の脅威となりうる、あらゆる事象」がＷＨＯ（世界保健機関）への報告の対象となるとともに、加盟国には探知、評価、通知・報告に関するコア・キャパシティの確保が求められた。しかし、途上国におけるコア・キャパシティの確保の達成度は限定されており、二〇一四年にエボラ出血熱の感染拡大のような事態を引き起こしたため、ＩＨＲ実施状況の評価機能の強化が課題となっている。また、リスク評価とリスク管理の関係あるいは評価と政策決定の関係は国際的リスク規制の制度設計については様々なパターンがある。さらに、リスク規制が国際的に調和化するのか差異化するのかは、企業の経済的利益にも関わってくる。企業にとって規制対応のコストは関連する生産規模によって異なるため、企業はたとえ規制レベルが高かったとしても、リスク規制の調和化を望むことがあり、この場合「頂上への収斂」と呼ばれる現象が生じる。あるいは、リスク規制上の正当性を掲げて保護貿易的利益のために規制の差異化を求めることもある。このようなダイナミズムについて、自動車安全・環境基準、食品安全基準を事例として検討する。

第12章では、科学技術の安全保障リスクの管理の観点からの規制を検討する。「両用技術」の軍事的利用を制限しつつ、民生目的のための利用を促進するかということが課題となる。具体的には、当該科学技術を用いた兵器の軍縮・軍備管理を直接的に行うとともに、民生目的に利用される当該科学技術の軍事転用の管理が目指される。さらに、転用管理の一つの手法として国境での貿易管理が存在する。核兵器に用いられる原子力技術、生物兵器に用いられる生命科学・技術、サイバー攻撃に用いられる情報技術は、いずれも両用技術に該当する。ここでは、まず、比較的明確な国際枠組みが成立している核兵器、生物兵器についての軍備管理・軍縮に関する制度的枠組み、認識について検討する。また、転用管理の仕組みについては、原子力技術と生物科学・技術でかなり異なる。原子力技術利用については、ＩＡＥＡ（国際原子力機関）の下で包括的保障措置協定モデル協定文書、モデル追加議定書等が定められ、比較的厳格な転用管理が実施されてきた。他方、小規模かつ分散的な利用が可能である生物科学・技術については、検証措置は不在であり、信頼醸成措置や科学者のための自主行動規範の活用といったソフトな枠組みが用いられてきた。

第13章では、科学技術利用に関する国際協力の様々な制度・政策手段に即して、国際協力のあり方やそのダイナミズムを検討する。制度・政策手段としては、空間利用管理と責任に関する制度、国際共同事業、国際共同研究、知的財産権とアクセスの確保に関する制度に焦点を当てる。まず、空間利用管理制度については、海洋と宇宙で対照的な枠組みとなっている。海洋については、領海、排他的経済水域・大陸棚、公海、深海底と様々な空間に区分されているのに対して、宇宙については、基本的には空間区分はない。次に、国際共同事業については、国際衛星通信事業体であるインテルサットと国際宇宙ステーションを比較する。インテルサット（恒久協定）が政府間協定（一九七一年採択）、署名当事者（通信事業者）間協定の二本立てになっているのと同様、国際宇宙ステーションも政府間協定（一九八八年署名）、了解覚書（宇宙機関間、日本は旧科技庁）の二本立てとなっている。国際共同研究としては、たとえば原子力に対する関心が高まった二一世紀当初において、ＩＮＰＲＯ（革新的原子炉及び燃料サイクル国際プロジェクト）とＧＩＦ（第四世代原子力システムに関する国際フォーラム）という二つの原子力に関する国際共同研究が開始された。ＩＮＰＲＯはＩＡＥＡが事務局となり二〇〇〇年に設置されたものであり、幅広い国・組織が参加し、原子力エネルギーシステムの評価手法開発や原子力技術利用国の支援を目的にしていた。他方、ＧＩＦは、ＯＥＣＤ（経済協力開発機構）のＮＥＡ（原子力機関）が事務局となり二〇〇一年に設置されたものであり、原子力発電技術開発に関わる比較的少数の国・組織が参加し、新たな原子力発電技術開発・投入を目的としていた。

第Ⅰ部　科学技術の知識とリスク管理

福島第１原発を襲う津波（東京電力提供／時事）
中央の排気筒の右側に高い波しぶきが立っているのが見える。同発電所展望台から協力会社の作業員が動画を撮影していた。

第Ⅰ部では、第1章において、まず、科学技術に関わる主体として、専門家集団、政府組織・国際組織、企業、大学・研究機関、市民を提示する。そして、科学技術に関わる政治的ダイナミズムを分析する際の基本的視角として、連合形成（同床異夢とトレードオフ）、本人・代理人関係（専門家にどこまで裁量を与えるのか、どのように専門家をモニタリング・管理するのか、専門家の能力をいかに確保するのか）、経路依存と変容（ロックインとその解除）、政治的ドライバーとしての技術（技術革新による社会変化・適応の契機提供）という視角を提示する。

その上で、第2章から第5章においては、科学技術を社会導入する際に必要になる様々なリスク管理や事故等からの学習メカニズムについて検討する。まず第2章では、リスク評価やリスク管理において、どのような形で政治的裁量・判断が埋め込まれているのかについて、一般的に検討する。何を被害として考えるのか、どのレベルのリスクまで許容するのか等に関する意思決定に裁量が埋め込まれる。第3章では、リスク評価、リスク管理等の機能をどのような組織間でどのように分担するのかという、リスク規制の制度設計のあり方について検討する。また、政府組織と民間組織の役割分担についても検討する。第4章では、相互に連動する様々なリスク、すなわち複合リスクへの対応が検討される。様々なリスクの中には、安全リスクだけではなくセキュリティに関するリスクも含まれる。また、軍事目的に転用可能な民生技術（軍民両用技術）に関する安全保障貿易管理についても検討する。第5章では、事故調査やインシデント情報収集・共有制度について検討する。科学技術の発展にとっては、事故等から教訓を学習することは重要である。しかし、情報が制裁のために用いられることを恐れ、関係者が情報を秘匿し、その結果、予防に資する十分な学習＝事故調査が行われなくなることもありうる。このようなディレンマへの日米における対応を検討する。

第1章　科学技術の政治的次元

1　科学技術をめぐる多様な主体

科学技術には、表1-1にみられるように、多様な主体が関与する。そして、このような多様な主体は、異なったフレーミング（問題認識の枠組み）と利益を持っている（城山 二〇〇八）。各主体のこのようなフレーミングは、各々の活動分野の性格（科学技術一般か個別応用分野か等）、各主体の活動目的（政府機関か企業か研究機関か等）などによって規定されている。

専門家集団　科学技術の担い手としては、まず、序章でも述べたように、科学者、技術者がいる。科学者が分析・基礎研究に焦点を置くのに対して、技術者は一定の社会課題の解決・実用化に関心を持っている。もちろん、分析・基礎研究と社会課題の解決・実用化は背反するものではなく、双方に関心を持つ、パスツール型研究者も存在する。他方、基礎研究にのみ関心があり実用化に関心のない研究者であるボーア型研究者、実用化にのみ関心があり基礎研究に関心のない研究者であるエジソン型研究者もいる（Stokes 1997）。

そして、これらの科学者、技術者は多様な専門分野ごとに活動している。専門分野が異なれば認識枠組み、利益が異なるとともに、文法も異なるため、相互のコミュニケーションは困難となる。これらの科学者、技術者は、各々の分野で学会のような集団を形成して活動している。科学者集団、技術者集団をあわせて専門家集団と呼ぶこ

表1-1　科学技術をめぐる多様な主体

専門家集団	
	科学者集団
	技術者集団
政府組織・国際組織	
	科学技術研究開発組織
	科学技術利用組織
企　業	
	研究開発企業
	製造企業
	サービス提供企業
大学・研究機関	
	大　学
	公的研究機関
	民間研究機関
市　民	
	政治参加者
	需要者

出典：筆者作成。

とができる。ただし、原子力技術や宇宙技術といった巨大技術とは異なり、近年役割の増している情報技術や生命技術は小規模な集団や個人でも扱えるようになっており、当該分野における研究開発・利用活動を集団の活動として把握することが困難になりつつある。

政府組織・国際組織

科学技術に関心を持ち、関与する組織としては、まず、政府組織を考えることができる。政府には議会部門と執政・行政部門がある。議会は科学技術に関する予算等に関与し、しばしば、超党派での関与もみられる。また、技術の社会影響を明らかにするために、テクノロジーアセスメントのような意思決定支援のための組織を持つこともある（第9章参照）。

また行政には、各省庁等の組織が存在する。省庁としては、科学技術に関する政策を主として担当する省庁（文部科学省、旧科学技術庁）があるとともに、担当施策の実現に当たって科学技術を利用する省庁（経済産業省、国土交通省、厚生労働省、総務省情報通信関連部局等）がある。国際レベルの行政においても、ＵＮＥＳＣＯ（国連教育科学文化機関）、ＯＥＣＤ（経済協力開発機構）科学技術イノベーション局のような科学技術に関する政策を主として担当する組織とともに、ＯＥＣＤのＩＥＡ（国際エネルギー機関）、ＩＡＥＡ（国際原子力機関）、ＩＣＡＯ（国際民間航空機関）、ＩＭＯ（国際海事機関）、ＷＨＯ（世界保健機関）、ＩＴＵ（国際電気通信連合）等の担当施策の実現に当たって科学技術を利用する組織が存在する。

日本の各省庁において、科学技術を専門とする職員集団は、技官と呼ばれる。技官は、法律学、経済学等をバックグラウンドとする事務官と対比される。技官集団は、一定の専門性を基礎に一定の自律性を持っている。ただし、各省庁により、技官の存在形態は多様であり、また、その相対的重要性も異なる（城山他 一九九九：終章）。技官の専門性の基盤が十分確保されているのか、自律性が適切に行使されているのかについては課題も多い（新藤 二〇〇二：藤田 二〇〇八）。また、歴史的にも技官の相対的重要性は変化してきた。一八九三年の文官任用令までは、勅任官の任用に制限がなかったため、技官が高位の勅任文官となることも可能であった。しかし、一八九九年の文官任用令改正において、勅任文官は奏任文官からの任用に限定され、奏任技官から勅任文官への任用は禁じられた。その結果、内務省土木局といった技官中心の部局の長も文官が占め、技官にとっては「技監」という勅任ながら局長の補佐役が最高位となり、奏任官の中での昇進も事務官よりも遅くなった。戦時期に科学技術という概念が登場した背景には、このような技官の地位を向上させるという運動もあった（鈴木 二〇一〇：二四～二七）。その結果、戦時期の技術院においては技官が大きな役割を果たすことになり、その遺産は、戦後に設置された建設省において技官も事務次官となるという運用に引き継がれた。

また、これらの各国政府や国際組織に所属する広義の科学者・技術者等が国際的にネットワークを構築している場合も多い。このような国際的なネットワークは、エピステミック・コミュニティー（Haas 1992）の一つの形態であるといえる。

企　業　科学者、技術者は、企業組織において活動する場合も多い。戦後の日本では、研究開発に関して、企業の役割が相対的に大きかったことは広く認識されてきた。企業には様々な類型が存在する。研究開発に重点をおく企業、製品の製造に重点をおく企業、製品を用いたサービスの提供に重点をおく企業等がある。また、特定分野の活動に集中する企業とともに、様々な分野で活動する企業が存在する。そして、企業に関してもどの分野で活動するのかにより、認識枠組みや文化が異なりうる。

企業の分業形態は、国によっても異なる。アメリカにおいては、第三次産業革命（コンピューター、電気通信、バイオテクノロジー）の時期にイノベーションシステムが変化し、中小企業の研究費の割合が増加し、研究開発に専業する中小企業が増加したのに対して、日本においては、技術的なキャッチアップが終わったこともあり、システムが基礎研究重視に向かったため、むしろ大企業の自社研究への依存が増大している（後藤 二〇一六：一九、二二）。

大学・研究機関　科学者、技術者の所属組織としての大学の役割も大きくなりつつある。大学は教育組織として科学技術に関する社会に対する人材供給において大きな役割を果たしてきたが、それに加えて、新事業、新産業等の創出においても役割を期待されつつある。そのため、日本においても、アメリカをモデルに、一九九八年の大学等技術移転促進法によるＴＬＯ（技術移転機関）の整備促進、二〇〇〇年の産業技術力強化法によるＴＬＯの強化および大学教員が研究成果活用型企業の役員を兼任することの許可、二〇〇四年の国立大学法人化による教職員の非公務員化等が進められてきた（後藤 二〇一六：六四～六五）。

ただし、特許のライセンス等を通した新事業等創出への大学の直接的貢献には分野によるばらつきがあり（医薬・バイオテクノロジー分野では多い）、また一般的には、特許等を通した直接的貢献よりも論文公表や教育を通した間接的貢献のほうが大きい。なお、日本では、元来、大学と産業界は密接であった。たとえば、産業界から大学への研究費の移転額は、一九八〇年前後には四％だったものが一九九〇年代後半には七％と伸びたが、そもそも一九五〇年代半ばには八％であったという（後藤 二〇一六：六五～六八）。

科学者、技術者の所属組織として、研究機関も重要である。その中でも、公的研究機関の役割が大きい。序章でも述べたように、歴史的に、日本では各省庁の下で現場に近い各種の試験研究機関が大きな役割を果たしてきた。現在では、独立行政法人という形態で、産業技術総合研究所（産総研）等が存在する。ただし、たとえば、ドイツのフランフォーファー研究機構と比較すると、財政面、マネジメント面での自律性が低い。また、日本にユニークな存在として、自治体が設置している公設試験研究機関（公設試）がある。農業に関する公的な試験所は各国に存在するが製造業のための技術支援機関が広範に存在するのは珍しい（後藤 二〇一六：八四～八五、九七）。なお、研究機関には、公的なイニシアティブに基づき設立されたものとともに、企業等の民間が主導して設立されたものもある。

市　民

最後に、市民も科学技術をめぐる政治における重要な主体である。市民は、まず、政治プロセスへの参加者としての立場を持ち、社会集団に参加することもある。科学技術に関する政治的意思決定は、政府や科学者・技術者への市民の信頼がない場合には難しい。とくに東京電力福島第一原子力発電所事故後においては、この信頼度が下がっている（谷口・土屋 二〇一五）。また、科学技術に関する市民からのインプットを得るために、コンセンサス会議や討論型世論調査といった手法が用いられることもある（小林 二〇〇四：エネルギー・環境の選択肢に関する討論型世論調査実行委員会 二〇一二）。

市民は、市場における科学技術を利用した製品、サービスの需要者としても重要である。このような需要者としての市民は、製品、サービスの安全性に関して敏感であるとともに、新薬製造等の場合は、むしろ患者団体の活動にみられるように、安全性懸念にもかかわらず新薬導入に積極的になるということもある。また、環境問題、情報技術や生命技術等においては、市民が研究や開発において大きな役割を果たすこともある。

2　政治的ダイナミズム

以上のような科学技術をめぐる政治的ダイナミズムは、表１－２にみられるように、四つのパターンに類型化することができる。はじめの二つのパターンは主体間のダイナミズムであり、あとの二つのパターンは技術と政治の

表1－2　科学技術をめぐる政治的ダイナミズムのパターン

連合形成	同床異夢とトレードオフ
本人・代理人関係	専門家にどこまで裁量を与えるのか どのようにモニタリング・管理を行うのか 代理人の能力をどのように確保するのか
経路依存	ロックインとその解除・変容
政治的ドライバーとしての技術	技術革新による社会変化・適応の契機提供

出典：筆者作成。

間のダイナミズムである。

連合形成

社会における科学技術に関する意思決定は、リスク管理規制を考えた場合（第2章参照）、最終的には誰がどのような便益を得るのか、誰がどのようなリスクにさらされるのかという判断に直結することになる。そのため、各主体は、自らの利益・関心事項を追求することになり、その相互作用のプロセスにおいては、様々な主体間の連合形成が試みられることとなる。

たとえば、レント追求に基づく連合形成がある。一九七七年のアメリカ大気清浄法改正では、石炭を燃料とするすべての工場に高価な脱硫装置設置を義務づけた。その背後には、レント追求を行うアメリカ東部の高硫黄炭産出業者と鉱山労働組合との連合形成があった。環境保全策は、硫黄の排出量に関わりなく一律に脱硫装置の設置を求めることで、高硫黄炭を利用していようと低硫黄炭を利用していようと同じ費用負担が求められることとなったため、結果として高硫黄炭の需要回復（＝高硫黄炭算出業者の利益）に寄与した（Zywicki 1999：886）。あるいは、環境規制をめぐる国際的な調和化の議論において、高い技術を持つ企業が環境ＮＧＯ（非政府組織）と連合して高いレベルでの規制を求めると、そのような規制の結果、低いレベルの技術しかもたない競争事業者を排除することができる。このような連合形成の原型として、規範的に禁酒法の維持を求める聖職者と禁酒法があるために品質にかかわらず高利益を上げることができる密輸人との同盟が行われたという、アメリカ南部における禁酒法の政治的ダイナミズムを挙げることができる（Vogel 1995）。このように、科学技術をめぐる政策（この場合は環境規制）におけるアクターの主張については、隠された目的が埋もれている場合も多い。

主体間の連合形成においては、しばしば「同床異夢」の模索が図られている。社会の多様な主体は様々な視角や利害・関心を有している。このような場合、様々な主体の視角や利害・関心が一致するということは稀である。たとえば、温暖化対策が緊要な課題であると考える主体もいれば、温暖化などよりも中東への原油依存が高まる中でのエネルギー安全保障の確保の方が重要であると考える主体もいる。そのような場合、前者の主体は原子力技術やバイオマス・エネルギー技術に温暖化対策として関心を持ち、後者の主体は同じ技術にエネルギー安全保障の手段として関心を持つ。そして、主体ごとに関心の観点は異なるわけであるが、一定の技術オプション（＝原子力技術やバイオマス・エネルギー技術）を支持するという点では連合を形成して合意することができる。

この事例の場合、一定の技術オプションを支持するという意味では共通の立場（＝「同床」）が選択されている。しかし、温暖化対策が社会の取り組むべき最優先の課題なのか、エネルギー安全保障が重要なのかという、基本的な観点や利害関心に関しては、差異が維持されている（＝「異夢」）。逆に言えば、基本的な観点や利害関心については「異夢」のままであっても、共通のオプションを支持する、つまり、「同床」することはできるのである。科学技術に関する政策は、多くの分野の政策目標に関与しうるとともに、技術革新はしばしばウィンウィンの解をもたらすため、「同床異夢」をもたらす可能性が大きい。しかし、常に「同床異夢」が可能である保証はない。場合によっては、トレードオフの中での選択を強いられることもありうる。誰のいかなる利害関心を切るべきではないのか、誰のいかなる利害関心は切り捨ててもいいのかという判断が求められることになる（城山 二〇一一b：二七九～二八二）。また、同床異夢は、短期的な合意形成には寄与したとしても、中心的な主体による長期的な関与を欠く場合、持続しないこととなる（武石他 二〇一二：一八七）。

また、科学技術に関する問題においては、どのような問題定義（フレーミング）を行うのかにより、ステークホルダー、すなわち関係する主体の範囲が異なってくる。たとえば、LRT（Light Rail Transit）という技術を温暖化対策として提示するのか、高齢化社会における都市の交通手段として提示するのかにより、関心を持つ主体の範囲やその方向性が変わってくる。その結果、連合形成のダイナミズムも異なってくることとなる（上野他 二〇〇七；深山他 二〇〇七）。

本人・代理人関係

第二は、本人・代理人関係（principal agent relation）である。委任裁量問題、行政裁量問題ということもできる。本人である政治的意思決定者（政府や各省庁の意思決定者）との関係において、科学者、技術者といった専門家は代理人であるという位置づけになる。あるいは、本人である議会・内閣に対して、専門家を擁する各省庁を代理人であると位置づけることもできる。科学技術に関する決定、あるいは科学技術を用いた公共政策に関する意思決定に関して、専門家等にどのような根拠の下にどのような裁量を与えるのか、その際、専門家等が自己利益を追求してしまうことはないのか、不適切な専門家等に裁量を与えてしまうことはないのか、そのような専門家等の裁量行動をどのようにモニタリング、コントロールするのかというのが主要な課題となる（Guston 1996：231）。関連して、いかにして専門家等の能力確保を図るのかという課題も、科学技術に関わる分野における本人・代理人関係の一側面となる。

科学技術に関する政策においては、内容の専門性が高い、外部者による理解が困難である、科学者、技術者の行動原理として自治が重視されているといった理由のため（Polanyi 1962）、一定の裁量付与が要請される場合がある。また、科学技術情報については一定の不確実性が不可避であるため、代理人による情報操作の余地も大きい。他方、代理人の裁量行動の適切性を担保するために、研究者の倫理、科学者倫理や技術者倫理が重視され、また、研究者自身による説明責任が強調される。ただし、このような自律的メカニズムが機能する保証はなく、また、バランスを超えて過度の説明責任を要請されることにより、研究自体のパフォーマンスが下がることもありうる。また、専門家は単一ではなく、分野ごとに分断されているため、委任によって問題を解決することが困難な場合もある。同じ課題であってもどの分野のどの専門家に委任するかによって結論が異なってくるため、委任先をめぐる選択や、異なった委任先で異なった結論が出ることに伴う対応を迫られる場合も多い。

この政治的意思決定者と専門家の関係の問題は、対象がトランス・サイエンス問題となるに伴い、より複雑な様相を呈することとなる。トランス・サイエンス問題とは、科学に答えることが期待されるが科学だけでは答えることのできない問題である（Weinberg 1974）。たとえば、低レベル放射線の生物学的影響、「工学的判断（engineering judgement）」、どこまで安全にすれば十分かといった問題がそれに当たる。これらの問いについては、科学的判断と政策的判断を組み合わせることが求められる。このような状況において、科学者がとる行動が、社会学者が言うところの「境界画定作業（boundary work）」である。ある一定の問題に関して、科学の境界の中の問題であると主張し、交渉することを通して、当該問題に関与する権威を確保し、トランス・サイエンス問題に関して決定を行う自律性と資源を得ようと試みる（Gieryn 1983：782；Jasanoff 1987：197-199；藤垣 二〇〇三 四〇～四一）。規制科学（regulatory science）あるいはマンデートを持った科学（mandated science）の役割は、通常の科学とは異なり、画定された境界内において、ある種のトランス・サイエンス問題に関する一定の判断の指針を提供することである。科学者がこのような「境界画定作業」に成功するためには、科学者に対する信頼が重要である。しかし、このような信頼を構築するには時間がかかるが、毀損するのは簡単である。他方、政治的意思決定者は、問題には科学的要素だけではなく政策的要素が含まれていることを根拠に、このような境界画定を試みる科学者と対立することになる。このような対立は、科学的不確実性が減少したからといって減るものではない（Jasanoff 1990：8）。ただし、政治的意思決定者にとっても、自己正当化や非難回避のために、このような科学者等の専門家の自律的判断を活用するメリットがありうる（Hood 2002：Hood et al. 2001：129）。そして、このような政府と専門家の関係は、国際的にも多様である（Renn 1995）。

本人・代理人関係の問題は、政治的意思決定者と専門家の関係だけにみられるのではない。官僚制内での管理を担当する事務官と個別専門分野の技官との関係にもあてはまる。技官に一定領域における判断権を与える代わりに一定のポストを事務官が得るといった事務官と技官との間の相互取引の結果として、社会全体の利益に反する帰結をもたらすといったこともありうる（新藤 二〇〇二）。

ロックインとその解除

技術と政治の相互作用の中には、一定の技術を社会が選択した場合、その技術がその後の社会の技術選択を一定期間規定するという現象がある。これは、技術選択における経路依存ということもできる。その場合、仮に、より優れた技術が登場したとしても、既存の技術が広く広まっているがゆえに、その既存技術の優位が続くことになる。このような現象を経済学的観点から説明した議論として、技術のロックイン効果に関するものがある。典型的な例は、タイプライターのキーボードの配列である。この例にみられるように、一度技術が入ってしまうと、関連技術との相互関連性、規模の経済といった理由により、固定化が進み、変更することが困難となる（David 1985）。

このようなロックインは、技術的に生じるだけではなく、制度的に担保されることもある。たとえば、一定の技術が標準として政府あるいは民間組織によって採用されることがある。このように制度化されるとロックインはより強固になる。また、このようなロックインの制度化は、当該技術の標準化という直接的な制度だけではなく、様々な関連する諸制度によって補強される。たとえば、自動車技術についていえば、道路建設の財源を自動車燃料に対する税金から確保する道路特定財源制度、交通管理に関する警察による諸制度、一定程度不可避な事故が起こった場合の補償のための保険制度等がセットで導入され、これらの諸制度が技術選択を補強した。そして、ロックインは、このような技術や関連する諸制度を支える主体によって、政治的に固定化されることになる。つまり、当該技術の担い手が社会・市場において既得権者としての一定の権力を握ることとなる。これは、既得権益者によるレント追求あるいは捕囚（capture）であるということもできる。

このような制度化には、合理的側面もある。一定の技術に投資をする企業や関係者にとって、施策の安定性というのはきわめて重要だからである。逆に言えば、ロックインを明示化することによって、初めて関係者による安定的投資が得られることになる。ただし、その結果として、社会に導入された技術は一定の慣性を持つことになる（城山 二〇一三a：三一～三二）。

しかし、社会においては、一定のロックインされた技術の制約から外れて、再度、技術選択を行わなくてはならない状況も起こりうる。このような状況において、どのように「アンロック」し、どのように新たな技術に関する社会的判断を行い、どのように実施するのかということは、技術導入に関わるマネジメントの重要な課題である（第8章参照）。

このような科学技術をめぐる政治においては、長期的な時間スケールによる対応が求められる。技術的なインフラについては、ロックインの合理性として論じたように、その利用に先立って一定の投資が必要である。そのような投資が行われた場合には、一定期間そのインフラを使い続けることが合理的になる。逆に言えば、技術システムの転換を図る場合には、当該技術インフラのライフサイクル期間を念頭に置く必要がある。たとえば、発電所に関しては、約五〇年程度のサイクルを念頭において意思決定を行う必要がある。また、核廃棄物の処分のように、数万年という長期間に及び持続的管理が物理的に要請される場面もある。

また、リスクの性格により、長期的対応を求められる分野もある。たとえば、温暖化に関しては、温暖化の影響という外部効果は世代を超えて長期的に現れるため、対応においても長期的視座をもって対応し、また、負担の世代間公平を図ることが求められる。他方、ごく短期間での対応が求められる分野が存在する。たとえば、核兵器を用いた核抑止（相互確証破壊戦略）における相互の対応、情報技術の発展に伴うサイバーセキュリティの確保に関しては、ごく短期での対応が必須である。

政治的ドライバーとしての技術

一方には、一定の技術が民主化をもたらす、あるいは権威主義体制をもたらすといった技術決定論がある。他方には、技術の影響を規定するのは技術それ自体ではなく、技術が利用され、埋め込まれる社会経済システムのあり方であるという技術の社会的決定論がある。

このような議論の文脈の中で、ウィナー（Langdon Winner）は、技術の特色とその意味について注目すべきだとする。そして、具体的には、特定の技術の利用が社会における一定の問題の処理の仕方に繋がっている場合や、人工システムが特定の政治的関係と適合的な「本質的に政治的な技術（inherently political technologies）」である場合があるとする。前者の例としては、ニューヨークのロングアイランドにおいて道路に低い橋を設置することで低所得者の利用するバスの侵入を防いだ例を挙げ、後者の例としては、紡績工場、鉄道、船舶の運営においては権威への従属が求められたというエンゲルス（Friedrich Engels）の議論を参照する（Winner 1986：19-23, 30）。

他方、社会のあり方が技術を規定するという技術の社会的形成（social shaping of technology）を重視する議論もある。コーワン（Ruth Schwartz Cowan）は、洗濯機や冷蔵庫といった家事労働を効率化する技術の導入が、主婦の家事労働の軽減ではなく、むしろ増大に帰結したという事例を基礎に、技術の社会的影響を規定する上では、技術それ自体ではなく、主婦に何を期待するのかという社会的文脈の要素がより重要であることを指摘した（コーワン 二〇一〇）。このような技術と社会の機能的相互作用は、社会において技術に関わる多様な主体の関係に規定されることになる。

現実においては、技術決定論と社会決定論にみられる双方の側面があるわけであるが、いずれにしても、技術の開発や導入は少なくとも社会変化・適応の契機、すなわち政治的ドライバーとして機能しているといえる。

このような技術と社会の相互作用は、より長期的かつマクロなレベルにおいても確認することができる。技術利用のあり方、社会の統治のあり方、社会のリスクのあり方は関連してきた。たとえば、定住して農業・畜産を行うという社会の技術利用の形態は、余剰作物を活用することで、非生産的な専門職が担い手となる国家を可能にしたが、他方、定住・家畜との共存に伴う高密度での居住は感染症リスクの原因ともなったといわれている（マクニール 二〇〇七：ダイアモンド 二〇一二）。また、近代においても技術のあり方は国家や国際関係のあり方と関連してきた。技術の伸展は国民国家の本質は変えていないが、その独立性の次元は変わりつつあるとされる（スコルニコフ 一九九五：一三）。たとえば、鉄道技術は一九世紀後半のドイツ統一を可能にし、二〇世紀半ばの核兵器開発は安全保障における地理的距離の意味を変えた（Herrera 2006）。また、軍事技術の性格により、攻撃優位か防衛優位かが異なっていた。戦車、ミサイル防衛は攻撃優位技術であり、塹壕・有刺鉄線、核抑止、小火器は防衛優位技術であった。そして、攻撃優位の場合あるいは攻撃優位であると認識される場合は、国際関係が不安定化した（Van Evera 1999）。また、一九世紀半ば以降は、戦争の産業化が進み、民生技術の発展が軍事技術に影響を与えるのではなく、むしろ軍事技術の発展が民生技術を規定するようになった（マクニール 二〇一四）。ただし、最近は、再度、民生技術が先行する場面もみられる。

現在では、情報技術の進展が政府のあり方の変容をもたらしつつある（Dunleavy et al. 2006）。しかし、このような変化は技術決定論的にもたらされるものではなく、様々な制度・慣行の変化にも規定される（ファウンティン 二〇〇五）。また、国際関係の次元では、情報技術の発展に伴うサイバー攻撃には、攻撃コストが小さく、防衛コストが大きいため、攻撃優位の側面があることが指摘されている（Nye 2014：2）。

第2章　リスク評価とリスク管理

1　リスク評価

リスク評価の定義

技術の発展は、社会における便益の増大をもたらすとともに、様々なリスクの拡大をもたらす。そのような事態に対応するため、各社会においては、リスク評価およびリスク評価を基礎としたリスク管理が行われている。図2-1に示されているように、リスク評価とは、通常、被害の生起確率に被害の規模を掛け合わせたものとされる。このような評価に際しては、被害の対象について対象を明示化した上で、被害の生起確率および被害の規模に関するデータが必要になる。まず、被害の対象については、通常は人間の健康影響に焦点が当てられる。しかし、リスク評価によっては、動物の健康＝福祉への影響、あるいは、生態系への影響が対象になることもある。また、人間への影響に関しても、プライバシー侵害のような権利侵害あるいは精神的利益の侵害が対象となることもある（城山 二〇〇七b：四七、五三～五六）。

被害の確率と性格

被害の生起確率については、通常、そのデータを得るために人体実験を行うことはできない（ただし、医薬品の治験は一定の段階で人間を対象にして行われることになる）。そのため、疫学データや動物実験データ等が活用されることになる。たとえば、化学物質の人間への影響に関しては、化学物質を利用していた工場における疫学データが、リスク評価において用いられる。放射線の健康影響については、原爆の際の疫学データが用いられる。また、化学物質や医薬品のリスク評価においては、動物実験データが活用される。ただし、動物実験のデータから人間への影響を推定する際には、一定の安全係数をとり、保守的に影響を推計することになる。動物から人間に推定する際に一〇を安全係数にとり、かつ、人間の中での差異に対応するため、さらに一〇を安全係数にとり、あわせて一〇×一〇＝一〇〇を安全係数にとる場合が多い。アメリカで残留農薬が問題になった際には、さらに乳幼児や高齢者のような状況を考え、さらに一〇の安全係数をとり、あわせて一〇×一〇×一〇＝一〇〇〇を安全係数とする場合もあった。

次に、被害の規模をどのように測定するのかが課題となる。被害の規模としては死者数がとられることが多い。しかし、死亡しない場合でも、負傷した場合にはＱＯＬ（Quality of Life）が低下するので、それを被害として算定すべきだという議論も多い。たとえば医療現場では、ＱＯＬに関する議論が広範に行われている。また、交通事故のような分野においては、近年の日本では、死者数は大きく減少しているが、負傷者数は必ずしもそのような傾向を辿っていない。一九九七年から二〇〇七年にかけて、年間死者数は九六四二人から五七八二人に減っているが、年間負傷者数は九五・九万人から一一五・七万人に増加した。ただし、その後二〇一四年にかけては、死者数は四一一三人、負傷者数は七一・一万人と各々減っている（自動車事故総合分析センター 二〇一五）。また、被害の規模を経済損失額として算出することもある。さらに、被害の規模として大規模なシステム災害を質的に異なるものと把握するか否か等についても、様々な選択がありうる。

リスク評価＝被害の生起確率×被害の規模

被害の定義
- 人間の健康
- 死亡
- QOL（生活の質）
- 動物の福祉
- 経済的損失額等

図2-1　リスク評価

出典：筆者作成。

不確実性の扱い

そして、このようなプロセスによって行われるリスク評価には、不確実性が不可避である。このリスク評価の不確実性が問題となった近年の事例として、低レベルの放射線の健康影響（低線量被曝）の例を挙げることができる。放射線被曝については、原爆の際の疫学的データはあるが、そのデータでは、一〇〇ミリシーベルト以下の影響を疫学的に確認することはできない。他方、分子生物学レベルで低線量被曝影響のメカニズムを明らかにすることが行われているが、細胞レベルの現象とがんという個体レベルの現象との関連づけは不十分であり、また、例外がないレベルでメカニズムを明らかにするには至っていない。その意味で、メカニズムに関して不確実性が残っている（一ノ瀬 二〇一三：六六、七六、一二八）。

さらに、放射線の健康影響は、放射能の客観的吸収量だけではなく、放射線の種類（放射線によって放射線荷重係数が異なる）、人体の各組織への影響度（組織によって組織荷重係数が異なる）によって規定される。これらのうち、客観的吸収量は、人々の生活パターンにより異なるため、測定が困難であり、また、放射線荷重係数、組織荷重係数は、科学的知識の進展に応じて改定される。このため、影響量（実効線量）の算定についても、不確実性が残っている。たとえば、シーベルトという単位量は吸収量×放射線荷重係数で算出されるため、シーベルトで表示されている基準値の実質的な意味は放射線荷重係数が改定されれば変わるはずであるが、実際の基準値の運用は必ずしもそのような変化に対応していない（一ノ瀬 二〇一三：七一～七四、八九～九一）。

このようなリスク評価の基本的プロセスを概観してみると、様々なところに裁量的判断、政治的判断が埋め込まれうることが分かる。

文脈とコミュニケーション　どのような被害、リスクを対象にするのかについては、どのような地理的範囲を前提にして考えるのか、どのような社会的目的を前提として考えるのかによって、変わってくる。たとえば、国際関係という次元を追加することにより、同じ科学技術が異なったリスクを持つことが明らかになることも多い。国原子力の場合、国内的には、原子力技術はエネルギー技術であり、安全性に関するリスクを持つものである。他方、国際的次元を付加すると、原子力発電、とくに核燃料サイクルに関する技術を保有することは、国際的には核拡散のリスクを高めることになる。宇宙技術に関しても、国際的次元を付加すると、両用技術として軍事転用されて、大量破壊兵器の拡散を助長するというリスクを持つことが認識される（城山 二〇〇七b：五〇～五一）。

さらに、リスク評価情報のコミュニケーションプロセスにおいては、様々な歪曲が起こりうる。一部のリスクが無視されたり、誇張されたりしうる。たとえば、企業が技術開発を行っている場合、当該技術の利用に伴うリスクが察知されたとしても、技術開発への投資の回収を考えて、そのようなリスク情報を公開しないということはありうる。そして、現場で技術開発を行っている企業が情報を公開しない場合、社会が別途情報を取得することは困難である。他方、たとえば競合企業は、一部のリスクを誇張することもある。このような中で、いかにして包括的かつバランスのとれたリスクの把握を行うのかが、課題となる。また、専門家にとっても、専門ごとに、どのような側面でのリスクが認知されるのかが異なるため、異なる分野の専門家に適切にリスク情報を伝達することは困難である。

2　リスク管理

リスク管理とは、リスク評価を前提として、どのレベルのリスクまで許容するのかという線引きの判断を行い、実施する活動を指す。

リスクと便益のバランス　リスク管理の判断に際しては、図２‐２にみられるように、当該技術のもたらすリスクと便益とのバランスを考慮することが必要になる。そして、便益を判断するに際しては、誰に便益が帰属するのかという配分的含意も重要になる。全体としての便益が大きかったとしても、それが一部に集中する場合、

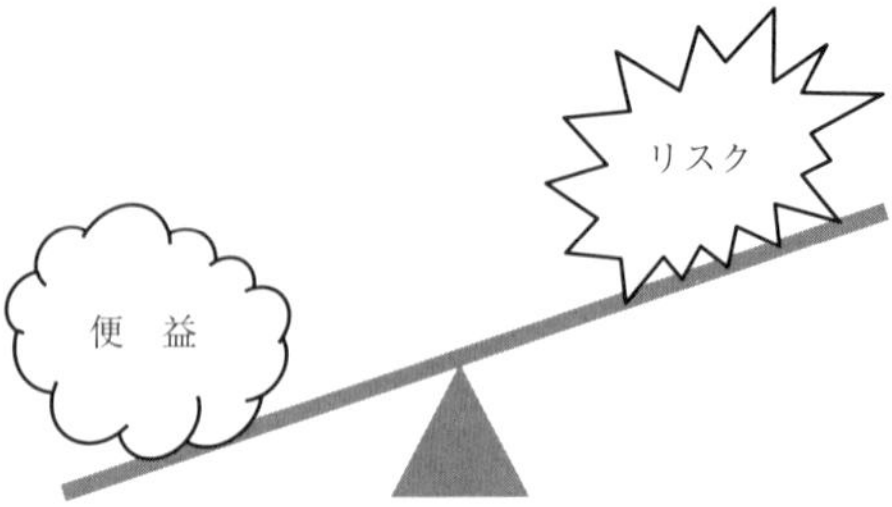

図2－2　リスク管理

出典：筆者作成。

社会としてはそのような技術を拒絶するということがありうる。原子力発電や遺伝子組み換え食品に関しては、全体的リスク評価としてはリスクが低いにもかかわらず、社会としてはなかなか受容されないと認識されてきた。その背景の一つとして、これらの技術による受益者が直接的には企業であること（少なくともそのように認識されていること）が挙げられている。

そして、どのような便益があるのかというのも、前述のリスク同様、多面的なものであり、科学技術をめぐる政治過程の中でいかなる便益に焦点が当たるのかは流動的である（城山 二〇〇七b：五一～五二）。原子力技術は、国内的には安価なエネルギー技術であるという便益が強調されてきたが、国際的次元を付加して考えると、石油の多くが中東地域等からの輸入であることとの対比で、エネルギー安全保障を高めるという便益が強調される。また、科学技術の便益は、社会的目的が変化することによっても変わってくる。たとえば、原子力発電は、従来は単にエネルギー供給に関する便益が認識されていたのであるが、地球温暖化が社会的な問題と認識されることによって、温暖化物質である二酸化炭素を排出しないという追加的な便益が認識されることとなった。他方、石炭火力発電技術に関していえば、地球温暖化の社会的文脈においては温暖化物質である二酸化炭素を多く排出するというリスクが強調されていたが、石油価格の上昇等によりエネルギー安全保障リスクに対する関心が高まると、世界中に産地が相対的に分散している石炭を利用する石炭火力発電技術の利用は、エネルギー安全保障上の便益を有することが強調された。

リスクと同様、便益についてもコミュニケーション問題が存在する。便益の提示が不十分であったり、誇張されたりする。遺伝子組み換え技術やナノテクノロジーの場合、このような技術から具体的な社会における便益までには距離がある。遺伝子組み換え作物の導入の結果、発展途上国において食糧増産が可能になり、その結果、発展途上国における貧困が緩和されうるといった議論や、ナノテクノロジーを利用した医療診断技術を導入することにより、継続的かつ簡易的なモニタリングに基づく医療が可能になり、その結果、医療費が削減されるといった議論も可能である。しかし、このような効果が現実のものとなるためには、当該技術導入以外の様々な変数が効いてくる。そのため、技術開発者のサイドからは、このような技術の評価に際しては、リスクばかり取り上げられて、便益が十分取り上げられていない、という不満が生じることとなる。他方、技術開発者は、研究資金を得る目的もあり、当該技術の便益を主張するが、技術の効果としては誇張であることもある。

リスク認知の差異

心理学者は、リスクの許容度の専門家と一般人の差異について検証するとともに、そのような差異がどのような要因に基づくのかについて研究を行ってきた（Slovic 1987）。専門家は、年間の死亡可能性といった形で数値化して考えるため、たとえば、原子力発電所のリスクを大きなものとは考えない傾向にあるが、一般人は原子力のリスクを許容できないものであると考える。

このような一般人と専門家のリスク認知の差異を説明する要因として、便益の程度、曝露の自主性（voluntariness of exposure）、既知性（familiarity, level of knowledge）、コントロール可能性、カタストロフィーの可能性、公平性といった要因が指摘されてきた。スロービック（Paul Slovic）は、このような要因を、未知のリスクの程度（unknown risk）、恐怖のリスクの程度（dread risk）という二つの次元で説明できるのではないかと整理する。たとえば原子力については、スリーマイル島原子力発電所事故のように、人の直接的死亡はなかったとしても、コントロールできず、カタストロフィーに至る可能性がシグナルとしての事故によって示唆されたため、恐怖のリスクの程度が高くなり、一般人には受け入れられなかったと考えることができるとする。

リスク管理に関する決定に際しては、関連する多様なリスクや多様な便益を考慮する必要がある。このような社会的判断に際して、様々なトレードオフ（二律背反）があることが指摘されている（グラハム・ウィーナー 一九九八）。

リスク・トレードオフ

リスク・トレードオフとは、特定のリスク（目標リスク）を減らそうとして行った努力が、結果として逆に他のリスク（対抗リスク）を増やしてしまうことを指す。たとえば燃費向上のために車体を軽量化すると衝突に弱くなり安全性が落ちるということがある。この場合、温暖化やエネルギー安全保障に関するリスクは削減されるが、安全性に関するリスクが増大することになる。また、オゾン層を破壊するフロンの代替品には、当初、オゾン層破壊は減少させるが温暖化を促進するものがあった。この場合、オゾン層破壊リスクと温暖化リスクがリスク・トレードオフの関係にあることになる。

薬害エイズ事件に関しては、当時の厚生省担当課長が、エイズへの感染可能性があった非加熱製剤から、より安全な加熱製剤への移行を迅速に行わなかったということで、刑事事件において有罪となった。この裁判事例においても、直接の争いの対象とはされていないが、トレードオフに関する判断が埋め込まれている（城山 二〇〇七a：九四～九六）。エイズ事件における潜在的対応としては、加熱製剤というオプションが一般的に利用になる前の時点であっても、非加熱製剤の前のオプションであったクリオ製剤に戻るべきという判断があり得た。クリオ製剤に戻るべきであるという判断をしなかったということは、効果が高く、血友病患者の利便性があるという非加熱製剤の便益と比べて、非加熱製剤のリスクは小さいと判断したと考えられる。しかし、実際に、クリオ製剤に戻るという方向性を提示していた専門家団体も存在したのであり、別の判断も論理的にはあり得た（廣野 二〇〇五）。

リスク・トレードオフは、目標リスクと対抗リスクが同じタイプか、異なるタイプか、また、目標リスクと対抗リスクが同じ集団に発生するのか、異なる集団に発生するのかによって、表２‐１にみられるように四つの類型に

表２－１　リスク・トレードオフの類型

		目標リスクと比較して対抗リスクが：	
		同じタイプ	異なるタイプ
目標リスクと比較して対抗リスクが：	同じ集団	リスク相殺	リスク代替
	異なる集団	リスク移動	リスク変換

出典：グラハム・ウィーナー（1998：23）。

分けることができる。同じタイプのリスクが同じ集団に生じる場合はリスク相殺、同じタイプのリスクが異なる集団に生じる場合はリスク移動、異なるタイプのリスクが同じ集団に生じる場合はリスク代替、異なる対応のリスクが異なる集団に生じる場合はリスク変換と位置づけることができる（グラハム・ウィーナー 一九九八：二三）。

このようなトレードオフ判断の存在は、しばしば一定の時差を経て明らかになることも多い。たとえば、フロンのオゾン層破壊効果が明らかになったのは開発後かなり時間が経過してからであった。フロンは、一九三〇年代に、冷却用に用いられていた毒性の強いアンモニア化合物に代わりうる、無毒で不燃性の有望な冷媒として導入された。しかし、一九七四年に、二人の化学者が、フロンが成層圏に上り、太陽の紫外線により分解され、オゾン分子を破壊するメカニズムを解明した（グラハム・ウィーナー 一九九八：一八六）。

不確実性への政策的対応

前述のように、リスク評価の基礎となる情報には不確実性が存在する。また、リスク管理の際に同時に考慮することになる便益にも不確実性が存在する。もちろん、科学の進歩により不確実性の幅が狭まるということはありうる。しかし、不確実性を排除することは困難である。そのため、リスク管理に際しては、一定の不確実性をどのように判断するのかが問われることとなる。「予防原則（precautionary principle）」か「後悔しない政策（no regret policy）」かという政策選択は、このような不確実性をめぐる態度の違いを示す（Rogers 2001：Cameron and Abouchar 1991）。「予防原則」は、不確実性が残る場合でも、何事かが発生すればその被害が甚大であるので、予防的に規制等対処を行うという態度を示す。それに対して、「後悔しない政策」は、何事かが発生するかは不確定である間は、発生することを想定した対応を行うことはせず、発生しなかったとしてもやっておく意味がある対処のみを行うという態度を示す。たとえば、温暖化対策に即していえば、化石燃料から再生可能エネルギーへの転換はこれまではコストのかかるアプローチであり、予防原則に基づく正当化が必要とされたが、省エネルギー政策の推進は、経済的にもエネルギー安全保障的にも正当化できるものであり、後悔しない政策として実施可能であった。

このような二つの態度のうち、どちらの態度を選択するのかは、各社会における政策選択の問題である。しばしば、ヨーロッパは予防原則に従い、アメリカは予防原則に反対する傾向があるといわれるが、それは必ずしも正しくない。たとえば、人工的にホルモン増強された乳牛に関しては、ヨーロッパがより予防原則に基づいて対応しているが、ＢＳＥ（牛海綿状脳症：狂牛病）感染の恐れのある者からの献血に関しては、アメリカがより予防原則に基づいて対応していた（Wiener and Rogers 2002）。また、アメリカにおいても、政策分野によって、予防原則を採用するか否かが異なる。たとえば、温暖化リスクに対しては予防原則に基づく対応を否定する傾向があったが、テロリスクに対しては、まさに予防原則に基づく対応をしていた。この二つの不確実性のある事案に対して、アメリカでは、完全な無視と過剰反応という、対照的な対応が取られた（サンスティーン 二〇一二）。

リスク管理と政治的非難回避

リスクと便益のバランス判断や不確実性をめぐる判断を不可避的に伴うリスク管理は社会における裁量的判断なのであるが、実際の政治過程においては、政治的意思決定者が、裁量行使に伴う非難を回避するために、「科学的判断」をお墨付きとして用いようとする動きも出てくる（Hood 2002：Hood et al. 2001：129）。これは、政治的リスク管理であるということもできる。たとえば、後述のように食品安全規制の場合、リスク管理機関である農林水産省・厚生労働省とリスク評価機関である食品安全委員会が分離されている。したがって、食品安全規制に関しては、リスク管理に関する判断は農林水産省・厚生労働省の責任なのであるが、Ｂ

ＳＥに関するアメリカからの牛肉輸入再開事例にみられるように、食品安全委員会のリスク評価に関する「科学的評価」を、輸入再開というリスク管理上の判断の正当化に用いようとした（平川 二〇〇七：九五～一〇二）。他方、原子力安全規制に関しては、現在の原子力規制委員会の下の体制においても、リスク評価とリスク管理は分離されておらず、原子力規制委員会は科学的評価だけでは説明できないリスク管理に関する判断を説明する必要がある。しかし、設立間もない原子力規制委員会には、そのような判断を「科学的評価」として説明しようとする傾向があった。

3　価値問題に関する判断

科学技術に関する社会的判断を行う際には、リスクと便益に関する判断に加えて、価値に関わる議論になることがある（城山 二〇〇七ｂ：五三～五六）。

科学技術に関する社会的判断であるリスク管理に関しては、リスクと便益を幅広く明示化した上で、総合的判断が行われることを述べた。しかし、総合的判断を行う際に、他にどんな便益やリスクがあろうとも、いわば「切り札」として機能する重要な考慮要素がある。たとえば、人権や「人間の尊厳」に関わる価値の問題である。このような課題は、近年急速に進歩している生命科学・遺伝子工学の領域において、しばしば重要な問題として浮上している。

たとえば、ヒト受精卵や人クローン胚について、ヒトとは異なるとしても「人の生命の萌芽」として「人間の尊厳」を認めるべきか、また、ヒト受精卵や人クローン胚の扱いについて「人間の尊厳」を認めるべきとして、どのような場合に例外的に研究としての利用を認めるべきか（体外受精に伴う余剰胚を利用する場合に限るべきか、より広く認めるべきか）、研究利用のための例外を認める場合に研究目的をどの程度限定すべきか（生殖補助医療のための研究に限るべきか、成果の確実な医療・生命科学研究に限るべきか、より広く認めるべきか）について様々な議論がありうる。総合科学技術会議の生命倫理専門調査会においては、二〇〇一年から二〇〇四年にかけてそのような論点が議論された（島薗 二〇〇六）。他方、iPS細胞（人工多能性幹細胞）については、体細胞から樹立されるため胚を壊すことはないので、相対的に倫理的問題が少ないという点が長所として指摘されている（菱山 二〇一〇：二六）。

また、子供自身が、自分の障害のある人生または先天的障害について訴えるロングフル・ライフ訴訟がヨーロッパにおいて問題になっているが、オランダはこのような訴訟を認めているのに対して、フランスは禁止している（ベアーズ 二〇〇七）。フランスは、このような訴訟を認めることは生きるに値しない生という存在を認めることを意味し、これは人間に関する優生主義的評価を基礎としており、人間の尊厳に反するとする。それに対してオランダは、人間としてふさわしい能力を付与することを重視するエンパワーメントとしての人間の尊厳という観念に立ち、防ぎ得た障害を持って生まれた子供による訴訟を認めることは、人間の尊厳という価値にむしろ合致すると考える。これは、人間の尊厳として、人の固有かつ神聖な価値を重視し、人体の統合性自身を守るべき重要な価値として考えるか、自己決定や経済的解放といった価値を重視するのかに関する判断の違いを反映しているといえる。このような問題は、出生前診断技術が進歩し、出生前に障害があるか否かを判断することが技術的に可能になることによって、現実的問題として立ち現れてきている。

あるいは、現在の動物実験規制の背後には、「苦痛」の軽減という功利主義的思想がある。このような観点からは、可能な限り「苦痛」を削減することは求められるが、科学技術の発展に不可欠な実験の素材を提供する動物実験の禁止は、一般的には求められない。一方で、立脚する価値が「動物の権利」ということとなり、この動物の権利に人権と同様の重要性を付与する場合、動物実験にどのような便益があろうとも動物実験は認められない、という結論に至る可能性もある（大上他 二〇〇八）。

このような倫理・価値の問題は、脳科学等においても問題になっている。一つの問題は、BMI（ブレイン・マシン・インターフェース）といった技術を活用して、心身の正常な機能の回復という治療の範囲を超えて、人の能力を増強することが認められるかという、エンハンスメントに関わる問題である（菱山 二〇一〇：六六～六七）。また、脳に薬理的あるいは外科的な介入をすることによって、心の働きに人為的操作をすること（マインド・コントロール）が認められるのか、脳から心を読み取ること（マインド・リーディング）が認められるのかといった問題もある（菱山 二〇一〇：八一～八三）。

第3章　リスク規制の制度設計とダイナミズム

1　リスク規制の制度設計

リスク規制の制度設計においては、第2章で論じたリスク評価、リスク管理、およびリスク評価・リスク管理の双方に関わるリスクコミュニケーションという機能を、どのような組織間でどのように分担するのかというのが重要になる。

第一に、政府内で、リスク評価、リスク管理、リスクコミュニケーション機能をどのように分担するのかという課題がある。第一の方法は、リスク評価とリスク管理を別途の組織に担当させる（＝組織的分離）という方法である（リスクコミュニケーションは双方の組織が担当する）。他方、第二の方法は、リスク評価とリスク管理を同一の組織に担当させる（ただし、機能的分離はありうる）という方法である（リスクコミュニケーションも同一組織が担当する）。以下では、第一の方法を採用している例である食品安全規制と第二の方法を採用している例である原子力安全規制について検討する。現在の両体制の概要を比較すると表3－1のようになる。

なお、政府内での機能の分担を考える際に、政府間関係の次元、すなわち、国と自治体との役割分担という課題も存在する。原子力安全規制については、重要な課題であるので、この点についても言及する。

第二に、リスク規制を行っていく上で、民間組織がいかなる役割を担うのか、また、政府組織と民間組織がいかなる形で連携するのかという課題がある。専門的知識や現場情報が民間の学会や企業等に存在する場合、これを有効に活用する方法が必要になる。また、民間組織と連携することで、従来型のコマンド・アンド・コントロールとは異なる規制方式を活用することができる。

また、関連する課題として、リスク規制と保険制度をどのように組み合わせるのかという課題もある。保険制度においても、しばしば民間組織が一定の役割を担う。

2　食品安全規制における政府内制度設計と運用

BSEに起因する食品安全規制改革

BSE（牛海綿状脳症：狂牛病）の問題は日本や世界各国において食への不安を惹起し、様々な出来事を引き起こした（神里 二〇〇五）。そして、欧州各国やEU（欧州連合）においてBSE問題を契機に新たな食品安全機関が設立されたのと同様、日本においてもBSEの発生を契機に食品安全委員会が設立された（城山 二〇〇四ｈ）。二〇〇一年九月、BSEサーベイランスによる検査の結果、陽性事例が判明し、二〇〇一年一一月に厚生労働大臣および農林水産大臣の諮問機関としてBSE問題に関する調査検討委員会が設置され、二〇〇二年四月には報告書が提出された。この報告書では、BSE問題に関わる行政対応の問題点・改善すべき点として、以下の七点が指摘された。(1)危機意識の欠如と危機管理体制の欠落、(2)生産者優先・消費者保護軽視の行政、(3)政策決定過程の不透明な行政機構、(4)農林水産

表3－1　現在の食品安全規制と原子力安全規制の概要

	食品安全規制	原子力安全規制
リスク評価・リスク管理の組織的関係	分　離	一元化
組織形態	内閣府審議会 厚労省・農水省等審議会	三条委員会
設置場所	内閣府 厚労省・農水省 等	環境省
委員会事務局規模	60人程度	1000人程度

出典：筆者作成。

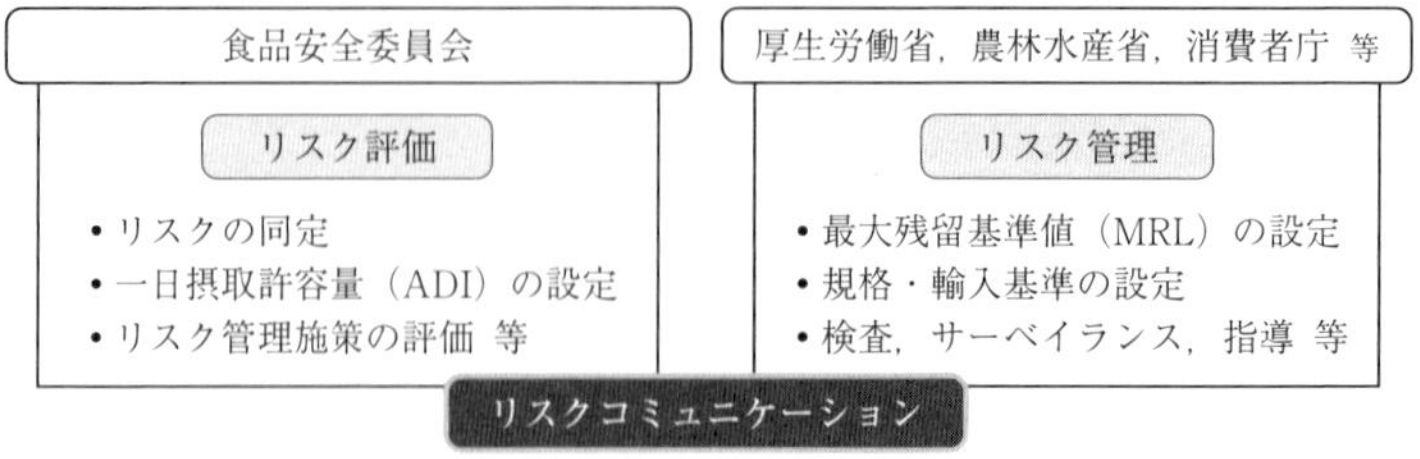

図3－1　食品安全行政組織図

出典：内閣府資料（http://www.cao.go.jp/about/pmf/pmf_22_kai.html）をもとに作成。

省と厚生労働省の連携不足、(5)専門家の意見を適切に反映しない行政、(6)情報公開の不徹底と消費者の理解不足、(7)法律と制度の問題点および改革の必要性。そして、食品安全行政のあり方に関して、(1)リスク分析手法（「リスク評価」「リスク管理」「リスクコミュニケーション」の三つの要素から構成される）の導入、(2)リスク分析をベースとした組織体制の整備（リスク評価の実施は、一貫性、独立性の観点から関係省庁から独立した行政機関で行うべき）についての提言が行われた。

この調査検討委員会の提言を受けて、二〇〇二年六月に、関係閣僚会議において「今後の食品安全行政のあり方について」がとりまとめられた。同とりまとめは、(1)食品の安全に関するリスク評価を行う食品安全委員会（仮称）の内閣府への設置、および緊急時に内閣全体として対応する危機管理の仕組みの整備、(2)消費者の保護を基本とした包括的な食品の安全を確保するための法律としての食品安全基本法（仮称）の制定を基本的内容としたものであった。その後、食品安全基本法、改正食品衛生法等が成立し、二〇〇三年七月に食品安全委員会が内閣府審議会（行政組織法八条委員会同様の諮問的機能を持つもの）として発足した。現在の食品安全行政は、図3－1のような組織構造となっている。

食品安全委員会の設計・運用　このような日本の食品安全委員会の設計・運用は、以下のような特徴を持っている（平川他 二〇〇五）。

第一に、リスク評価機関の食品安全委員会と、リスク管理機関の農水省および厚労省の間で組織的役割分担が行われている。日本の場合は、機能的分離だけではなく組織的分離も同時に行っている。なお、二〇〇九年の消費者庁の設置にともない、表示等に関する一定のリスク管理は消費者庁が担うこととなった（松尾 二〇一三：一三〇）。ヨーロッパではドイツが日本と同じ形態だが、イギリスは組織的分離をしていない。そして、食品安全委員会は、リスク管理担当省庁からは切り離され、内閣府に設置された。

第二に、食品安全委員会の委員は専門家によって構成され、利害関係者や消費者団体等のＮＧＯ（非政府組織）はメンバーとなっていない。この点、全体を管理・運営する運営委員会において消費者および生産者の出身者を含むＥＵのＥＦＳＡ（欧州食品安全機関）や、運営委員会やその下での科学委員会においても消費者等の代表を含むイギリスのＦＳＡ（食品基準庁）とは異なる。ただし、七人の委員のうち三人は、継続的に、食品の生産・流通システム等の専門家、消費者意識・消費者行動の専門家、情報流通の専門であった。また、食品安全委員会の下に設置された専門調査会のうち、企画専門調査会とリスクコミュニケーション専門調査会には、生産者や消費者の代表も参加していた（両専門調査会は二〇一一年に統合された）。

第三に、食品安全委員会をサポートする職員は比較的少数である。発足当初、二〇〇三年の定員は五三人であり、二〇一三年の定員も六〇人であった。他方、食品安全委員会の本体は、かなり高い頻度で開催され、業務量は多くなっている。常勤の委員はともかく、非常勤の委員に関してはかなりの負荷がかかっていると思われる。たとえば、設立当初の二〇〇三年七月から二〇〇四年六月の間で、食品安全委員会は五〇回開催されたが、同期間においてＥＵのＥＦＳＡやイギリスのＦＳＡは七回しか開催されていない。その後も、二〇〇七年度の開催回数は四七回、二〇一二年度の開催回数は四三回であり、高い開催頻度を保っていた（食品安全委員会 二〇一二：第一部資料編）。

3　原子力安全規制における政府内制度設計と運用

原子力船むつ事故・ＪＣＯ事故に起因する原子力安全規制改革

一九七四年の原子力船むつ放射線漏れ事故を受けて、一九七五年二月に総理大臣の下に有澤広巳を座長とする原子力行政懇談会（有澤行政懇）が設置された。有澤行政懇は、一九七六年七月に、原子力行政体制の改革、強化に関する以下の意見をとりまとめた。⑴原子力委員会の有していた機能のうち、安全確保に関する機能を分離し、原子力安全委員会を新たに設置するとともに、同委員会が行政庁の行う安全審査をダブルチェックする。⑵原子炉の安全確保についての行政庁の責任の明確化を図るため、実用発電用原子炉については通商産業大臣、実用船用原子炉については運輸大臣、試験研究用原子炉及び研究開発段階にある原子炉については総理大臣がそれぞれ一貫して規制を行う。⑶国民の安全性に対する不安を払拭し、原子力開発に対する理解と協力を得るため、国は公開ヒアリングやシンポジウムを開催するなどの施策を講ずる。このような方針に基づき、一九七八年に原子炉等規制法（炉規制法）が改正され、原子力安全委員会が設置され、原子力安全委員会は規制の主務大臣が行った安全審査をダブルチェックするという形で意見を述べることとなった（城山 二〇一〇ａ：四五〜四七）。

一九九九年九月に発生した東海村ＪＣＯ臨界事故は、初の死者を出すとともに、放射線が敷地外に放出され、住民の避難が行われた。その後、事故調査委員会報告では、⑴安全規制当局の陣容の強化充実、⑵原子力安全委員会の独立性の強化と事務局の抜本的強化と幅広い分野の専門家集団の確保、⑶審査指針類の総合的な整備と多重補完的安全規制体制の有効的発揮、⑷規制行政庁、原子力安全委員会の時代や社会の要請への対応と自己点検が求められた。さらに、二〇〇一年の中央省庁再編により、原子力安全委員会は内閣府に所属することとなり、原子力安全規制を担当する原子力安全・保安院が、経済産業省の一機関（資源エネルギー庁の「特別の機関」）として新設された。原子力安全・保安院の設置は、経済産業省内ではあるが、一定の「独立性」を持たせたものであるとされた（城山二〇一〇a：四七～四九）。

原子力安全委員会の設計と運用

第一に、原子力船むつ事故を受けた原子力安全規制改革によって、規制庁の審査を原子力安全委員会がダブルチェックするという組織的役割分担が確立した。この体制は、JCO事故後の中央省庁再編によっても、原子力安全・保安院と原子力安全委員会の関係として維持された。他方、リスク評価とリスク管理の組織的分離は行われず、原子力安全・保安院、原子力安全委員会は、これらの双方を担当した。そして、原子力安全委員会は、総理府・内閣府に設置されたが、原子力安全・保安院等の規制庁は、利用・推進を担当する省庁内に置かれ続けた。なお、原子力安全委員会によるダブルチェックには、単に科学的技術的知見の確実性を高めるだけではなく、公開ヒアリング等により社会的信頼を確保するという機能も期待されていた。また、二〇〇三年三月には、規制行政庁による後続規制（許可以降の規制）に対する原子力安全委員会の監視・監査を目的とした規制調査を行うための実施方針が決定された。

第二に、原子力安全委員会のメンバーは、技術系の専門家により構成された。ただし、たとえば、原子力安全委員会の下に二〇〇一年に設置された安全目標専門部会においては、法律・統計・リスクコミュニケーションの専門家や、消費者団体、労働組合関係者等のステークホルダー、マスメディアの関係者等も参加していた。

第三に、原子力安全委員会、原子力安全・保安院については、事務局職員の増強等が行われた。まず、中央省庁再編の結果、経済産業省の原子力安全・保安院の人員は強化され、その下に公益法人等からも機能を吸い上げた独立行政法人原子力安全基盤機構が設置された。また、原子力安全委員会についても、JCO臨界事故以降、事務局機能がかなり強化されてきた。具体的には、原子力安全・保安院、原子力安全基盤機構、原子力安全委員会は、

約三三〇名の職員を抱えるに至った。

メーカー等から多くの専門家を中途採用した。その結果、原子力安全委員会は約一〇〇名、原子力安全・保安院は約三三〇名の職員を抱えるに至った。

福島原発事故に起因する原子力安全規制改革

事故調査が進められた

二〇一一年三月の東日本大震災に起因する福島原発事故を受けて、政府、国会、等での事故調査が進められた（政府事故調 二〇一一、二〇一二；国会事故調 二〇一二）。並行して、政府では、事故調査委員会等の報告を待つことなく、原子力安全規制に関する組織等の改革の基本方針が、二〇一一年八月に閣議決定された。基本方針では、⑴規制と利用分離による信頼確保を目的とした環境省の外局としての原子力安全規制機関の設置、⑵原子力安全規制に係る業務の一元化による機能向上、⑶危機管理の体制整備、⑷人材の養成・確保、といった方向性が示された。そして、二〇一二年一月に原子力組織制度改革法案等の閣議決定が行われた（城山 二〇一二）。他方、国会での議論も並行して進められた。当時、野党であった自民党は、⑴原発事業者や経済政策その他を担う政府機関からの独立性の確保、⑵放射線モニタリング、セキュリティ、保障措置を含めた一元性の確保、⑶原子力安全規制の所掌事務と原子力災害対策本部長補佐の所掌事務の明確な分離、⑷新たな原子力キャリアパスの構築、という方針の下、公明党との共同により二〇一二年四月に対案となる法案を提出した。そして、各党間の調整が行われ、原子力規制委員会設置法案が二〇一二年六月に成立し、図3‐2のような組織構造を持つ原子力規制委員会が独立性の高い行政組織法三条委員会として設置された（城山・菅原他 二〇一五：一五〇〜一五二）。

成立した原子力安全規制体制は、以下のような特色を持っていた。第一に、環境省の外局である行政組織法上の三条委員会として原子力規制委員会が設置された。政府案では、原子力発電の振興を担ってきた経済産業省からの独立性が強調され、環境省の中に原子力規制庁を設置するという案がとられていたが、対案では、原子力発電の振興を担ってきた経済産業省からの独立性の確保だけではなく、環境省を含む他の政府機関から原子力規制組織が独

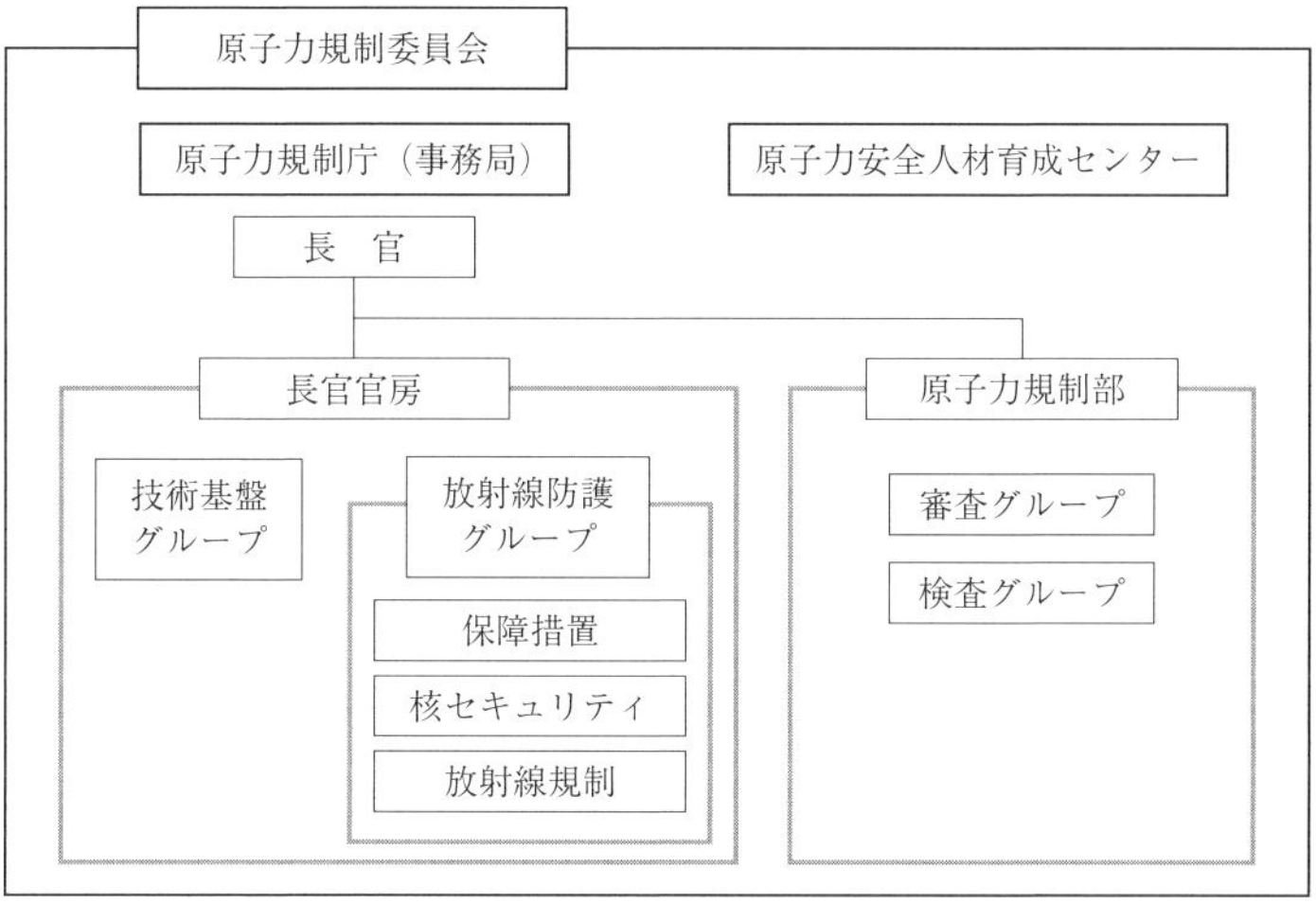

図３－２　原子力規制委員会組織図

注：平成29年７月１日時点。
出典：原子力規制委員会資料（http://www.nsr.go.jp/nra/gaiyou/nra_chart.html）をもとに作成。

立性を確保することが志向された。そのため、環境省に設置することとしたものの、担い手の人事面での独立性を担保するために、委員が独立して職権行使を行うことのできる行政組織法第三条に基づく原子力規制委員会を設置することとし、委員の任命については国会同意人事とすることとした。第二に、従来からの原子力安全規制に加えて、テロ対策等のセキュリティ、放射線審議会の機能、さらに、対案を踏まえて、核不拡散を目的とする保障措置、一定の環境モニタリングについても一元的に原子力規制委員会において実施されることになった。

原子力規制委員会の設計・運用と課題

第一に、これまでのダブルチェック体制を廃止し、原子力規制委員会が環境省の下の三条委員会として独立性を確保した上で、原子力安全規制を一元的に担う体制を構築した。また、原子力規制委員会は、リスク評価だけではなくリスク管理をも担う機関であるという点でも、一元化されていた。

　リスク管理においては、リスク評価を前提として、どのレベルのリスクまで許容するのかという線引きの判断を行う必要があるため、リスクと当該技術のもたらす便益とのバランスを考慮することも不可避となる。つまり、原子力規制委員会は、リスク評価だけを担う食品安全委員会の場合と異なり、科学的判断だけで完結することはできない社会的意思決定により正面から向き合うことが求められる。そのため、どのように社会の様々なステークホルダーと実効的なコミュニケーションを行っていくのか、どのようにして独立した規制行政機関として社会の信頼性を確保していくのかというのが、重要な課題となる。短期的には、規制当局が事業者の虜になってきたという批判（国会事故調 二〇一二）を前提とすれば、科学的判断に基づく独立性というものを戦術的に信頼回復へのプロセスにおいて重視するという判断はありうる。しかし、最終的には、社会の多様なステークホルダーとのコミュニケーションを前提として、バランスの取れた独立的判断を行うことへの信頼を確保する必要がある。

第二に、原子力規制委員会も、基本的には技術的専門家により構成される。ただし、核不拡散が所掌範囲に含まれていたこともあり、外交専門家が当初は委員として参加していた。また、核セキュリティに関する検討班には、政治学研究者や法学研究者も参加した。そして、委員会等の活動に関与する様々な専門家については、適切ではない利益相反を避けるため、事業者との関係を透明化することが求められた。二〇一二年一〇月には、「原子力規制委員会が、電気事業者等に対する原子力安全規制等に関する決定を行うに当たり、参考として、外部有識者から意見を聴くにあたっての透明性・中立性を確保するための要件等について」が定められ、外部有識者の電気事業者等との関係に関する情報を公開するため仕組みが確立された。

第三に、原子力安全規制では、人的体制の飛躍的増強が図られた。二〇一四年三月に原子力規制委員会と独立行政法人原子力安全基盤機構の統合が実施された。その結果、他の定員増も含めて、原子力規制庁の定員は五四五名から一〇二五名に増大した。また、実質的独立性を確保するための、運用上の工夫もみられた。たとえば、新規制基準策定のための検討チームは、原子力規制委員会委員、外部専門家、原子力規制委員会の原子力規制庁内部職員等により構成され、委員と事務局という区分を持ち込むことなく、対等かつ自由に議論を行えるよう工夫が試みられた。

第四に、原子力安全規制における政府間関係の問題、つまり、地方自治体の役割をどのように位置づけるのかという課題が残った。原子力安全確保のためのいわゆる深層防護の五層の体制のうち、従来位置づけが曖昧であった第四層（＝設計事象を超えるシビアアクシデント対策）については、原子力安全規制の体系の中に位置づけられ、原子力規制委員会の管轄範囲となった。しかし、ゼロリスクは不可能であることを前提にせざるを得ない現状において、安全確保のために不可欠である第五層（＝防災）については、原子力規制委員会はあくまでも指針を提示するにとどまり、委員会の公式の管轄範囲とはしなかった。そのため、原子力規制委員会の考慮事項の範囲は限定されることとなり、防災体制の整備やより幅広い総合的判断が必要とされる再稼動について、原子力規制委員会がリスク管理として判断することはできない構造となっていた。そのため、このような事項に関する政策判断は、自治体の首長、国の首相・大臣等による非公式の協議に委ねられることとなった。この非公式の協議は、従来、立地自治体が事業者との間で締結してきた安全協定に基づく協議とは異なり、国と自治体との協議であったが、自治体の役割が非公式的なものであるという点では、共通だった。

また、福島原発事故以前からの課題として、自治体が事実上、一定程度果たしてきた地域におけるリスクコミュニケーションにおける役割を、どのように制度化するのかという課題は残った。

4　専門家の調達・能力の確保

政府がリスク評価やリスク管理の判断を行うためには、一定の専門的能力や現場情報を確保する必要がある。国レベルの政府は、リスク評価・管理主体としての機能を、各省庁の担当部局の下で、審議会等の場の設定等を活用して担う。その際、政府自身は一定の専門的人材を内部職員として確保するとともに、自身で完結できるほど専門的人材を抱えていない場合も多いので、外部からアドホックに専門家を調達する。どのように技術的専門性を行政内に、あるいは審議会委員等を通してアドホックに確保するのかというのは、現代行政の重要な課題である（藤田二〇〇八）。

また、リスク管理の実施形態は、専門家のインセンティブ構造のあり方とも関わってくる。たとえば、中国の地方政府の環境規制においては、地方政府の環境部局が排汚費という排出量に依存している財源に依存していたことが、環境規制の厳格な実施を妨げていた（城山 二〇〇〇b：八六）。

食品安全規制における課題

食品安全委員会の事務局の職員は六〇名程度であり、専門的職員は限られている。そのため、食品安全委員会の下の専門調査会等においては、外部の非常勤の専門家に依存せざるを得ない。そのような専門家としては、大学や研究所の規制科学の研究者が期待されるが、大学に十分研究者のいない分野も多く、政府系の研究所に依存している場合も多い。たとえば、厚労省系列の国立医薬品食品衛生研究所の研究者に多くを依存している。

リスク管理とリスク評価を峻別するという観点からは、リスク評価を担う食品安全委員会で活動する専門家とリスク管理機関である農林水産省、厚生労働省等の審議会等で活動する専門家は重複しない方が望ましい。しかし、各分野の専門家数が量的に十分ではない場合には、リスク評価機関で働く専門家とリスク管理機関で働く専門家を明確に分けることは困難であり、双方の専門家が重複していることも多い。とくにＢＳＥのように専門家が限られているテーマの場合は、リスク評価機関とリスク管理機関の担当調査会・部会等の長は同一人物が兼ねることはしないという原則はあるものの、多くの重複が発生することになった。このような兼任は、リスク評価とリスク管理の効果的な連携を促進する働きをする可能性がある一方で、両者の独立性を脅かすおそれもある（平川他 二〇〇五）。

原子力安全規制における課題

原子力安全規制においては、福島原発事故以前から、原子力安全委員会、原子力安全・保安院といった規制行政庁、傘下の独立行政法人における能力の確保は一貫した課題であった。原子力安全規制には急速に発展する科学技術への対応が求められていたが、そのような規制能力は十分には確保されていないのではないかと考えられる事件もあった。たとえば、アメリカの民間規格をいわば「翻訳」していた日本の技術基準が、維持運用時における技術基準に対応していなかったことが、結果として基準達成状況に関する記録の改竄を誘発したともいわれている（城山 二〇〇三）。

しかし、各組織における人材育成は、容易ではなかった。たとえば、原子力安全・保安院、原子力安全基盤機構は、中央省庁再編以降、メーカー等から多くの専門家を中途採用したが、これらのメーカーの専門家をいかに規制の専門家に育て上げるのか、また、世代の偏りをいかに補正するのかという課題を抱えていた。原子力安全委員会も、ＪＣＯ事故以降、多くの技術参与を採用してきたが、これらの職員は非常勤であり、また、どのような役割を期待するのかをめぐっても試行錯誤がみられた。また、原子力行政の役割が縮小した文部科学省では、継続的な人材養成はより厳しくなっていた。

さらに、第一次的に安全規制を担う原子力安全・保安院、原子力安全基盤機構とダブルチェック等を担う原子力安全委員会という二セットの安全規制行政機関を抱えることが果たして資源配分として妥当であるのか、という問題もあった。これは、原子力安全委員会あるいはその下の審査会と原子力安全・保安院に関わる審議会のメンバーの相互独立性を確保するという運用上の試みが、専門家の絶対数が限られていることから現実的に限界に遭遇せざるを得ないという事態の中にも垣間みられた。

福島原発事故後の原子力安全規制改革により組織体制は大幅に強化された。原子力規制委員会の事務局である原子力規制庁が原子力安全基盤機構を合併することで、人的規模については一〇〇〇人以上の巨大な規制機関が誕生した。また、原子力規制委員会において、従来からの原子力安全規制に加えて、テロ対策等のセキュリティ、放射線審議会の機能、核不拡散を目的とする保障措置、一定の環境モニタリングについても一元的に実施されることになった。ただし、新たに設置された原子力規制委員会が形式的独立性を確保するだけではなく、実質的独立性を確保していくためには、規制当局が十分な能力を確保することが重要である。組織体制の変化により統合的な人材養成が可能になったことは、独立した専門的人材養成にプラスになると考えられる。しかし、それだけでは不十分であり、関係省庁や大学等とも連携した形で、また、国際的にもより深く協力した形で、能動的に人材養成政策を進めていくことが必要である。たとえば、必ずしも原子力安全に限定されないレギュラトリーサイエンスや危機管理の専門家のキャリアパターンを構築することも重要であろう。

5　政府組織と民間組織の関係設計

リスク規制を行っていく上で、民間組織がいかなる役割を担うのか、また、政府組織と民間組織がいかなる形で連携するのかという課題がある（Freeman 2000）。たとえば、民間組織の一つである学会といった専門家団体の役割として何を期待するのかという課題がある。原子力安全規制では、技術基準の設定に関しては、科学技術の進展に応じた迅速な対応が求められるとともに、行政の調達できる資源に制約があるため、民間機関を活用する試みが行われた。具体的には、日本機械学会、日本原子力学会といった学会が技術基準を策定し、それを国レベルの政府が審査基準として受け入れるという仕組みが作られてきた。他方、学会に対しては、基準策定プロセスにおける参加者の構成や開放性について、注文がつけられてきた（城山 二〇〇六a：八二）。原子力規制委員会においても、引き続き民間規格の活用は図られることになっている。しかし、民間規格策定においては事業者の役割も大きく、その点が修正されることはなかったため、福島原発事故後に設立された原子力規制委員会は、事業者による不適切な影響を回避するために、民間規格策定プロセスの評価だけではなく、より踏み込んで民間規格の内容の技術評価を行うこととした（原子力規制委員会 二〇一四年一一月一二日「原子力委員会における民間規格の活用について」）。

民間組織としては事業者団体の役割も重要である。たとえば、アメリカにおいて、各電力事業者やメーカーの経営最高責任者が積極的に関与した形で運営されているＩＮＰＯ（原子力運転協会：Institute of Nuclear Power Operations）の原子力安全規制における役割は興味深い。ＩＮＰＯにおいては、構成員である企業から自主的に事象報告や機器故障に関する情報が提供され、それらがＩＮＰＯにより分析され、その結果が各事業者の安全体制改善に生かされるとともに、政府による安全規制策定等にフィードバックされる。ただし、原情報に関しては、それらがそのまま公開されることはない。ＮＧＯ等から公開すべきだという提訴もなされたが、情報収集を促進するためには一定の情報の公開からの隔離も必要であるという点が裁判所によっても認められた。また、ＩＮＰＯでは、ＩＮＰＯによる事業者の安全体制の評価結果に即して保険の料率が変わるという仕組みも導入されている（鈴木他二〇〇五：一三～一七）。このようなＩＮＰＯによる自主的な規制メカニズムを分析したリー（Joseph v. Rees）は、このメカニズムを従来型の規制とは異なる共同体主義的規制（communitarian regulation）であると性格規定している（Rees 1994）。

日本においても、このＩＮＰＯをモデルとして、日本原子力技術協会が二〇〇五年に設立された。ただし、実質的な事業者間のピアレビューは不十分であり、事業者間の情報共有も十分行われていなかった。そのため、福島原発事故後の二〇一二年には、各社の最高経営責任者レベルが関与する組織として、自主規制組織である原子力安全推進協会も設置された。

また、原子力安全規制では、事業者の提案に基づいて規制行政庁が認可する保安規定において、事業者が品質保証体制を構築することが求められている。品質保証体制においては、個別に明示的な基準を設定するのではなく、事業者内部において（場合によっては外部の監査機関等も巻き込んで）継続的なコミュニケーション体制を構築することによって、間接的に安全の確保を含めた質の確保に寄与しようとしている。事業者における品質保証体制の活用は、交通安全分野や医療安全分野においても試みられている（城山 二〇〇七a：一〇六～一〇八）。ただし、品質保証活動を法制度として位置づけることにより、形式的な要件の確認が優先され、実効性が低下することが危惧されている。

6　保険制度との役割分担・連携

保険制度は、損害発生時の損害を補償するという面で、技術導入に伴うリスクの補塡や不安感の軽減に寄与するとともに、加入者・加入対象のリスクに応じた保険料割引・割増制度等を運用することによって、事故・損害抑止効果を持つという予防的な側面も有している（身崎・城山 二〇〇五：八四～八六）。さらに、新たな技術の社会導入を試みる事業者にとっては、事故等により損害が生じた場合に必要な費用について一定の予測ができることが事業参入の必要条件になるので、このような保険の存在は新たな技術を用いる事業者の参入を促すという産業政策的効果も持つことになる。

海事の場合

このような保険制度を民間で構築してきた歴史的事例として興味深いのは、審査・登録を行う船級協会を活用する海事の事例である（身崎他 二〇〇三：二〇二～二〇三）。ロイド船級協会（Lloyd's Register Shipping）は、基準に基づいて船舶の設計審査、登録審査、船級登録等を行い、また検査船舶に使用されるべき材料・機器などの検査や船級維持のための検査等を行ってきた。そして、これらの検査を行った船舶の明細を掲載した船名録（Register Book）は、保険引受時に船舶の明細を確認する等のために活用され、保険引受の可否を決定する大きな要素として利用されてきた。船舶・海運安全の世界においては、船級協会と保険会社が、民間レベルで公的規制に代替する機能を果たしてきたともいえる。

原子力の場合　原子力災害は、リスク評価が難しく、またその損害も一度発生すると巨額なものになる可能性があるため、一保険会社あるいは一国の保険会社全体でさえこれらの原子力危険をすべて引き受けることは不可能である。そのため、複数の保険会社で構成される各国の原子力プールの間で相互に再保険取引を行い、リスクを分散することによって、保険の運用を可能としている（身崎・城山 二〇〇五：八二）。

また、保険プールを活用したとしてもその損害担保能力には限界があるため、事業者の責任に上限を設け、それを上回った場合には国が補償するという枠組みを設けている場合もある。ただし、日本においては、一九六一年に成立した原子力損害の賠償に関する法律（原子力損害賠償法）において、事業者の無限責任による賠償義務が定められており、他方、国の支援は補償ではなく裁量的な援助と位置づけられている。立法が検討されていた段階で、法律学者は責任制限と国による補償措置を主張したが、大蔵省が反対し、また、産業界も、「バスに乗り遅れまいとする考慮からか、各社が競って原子力産業に飛びつ」いたからであるとされる（遠藤 二〇一三：一〇、五六）。

7　捕囚とその回避戦略

リスク管理の運用においては、現場における知識を活用し、また、規制コストを下げるという観点から、民間事業者の自主的活動への依存には一定の合理性がある。他方、民間事業者が安全規制を捕囚（capture）しうるという面もあり、しばしば批判の対象となってきた。福島原発事故後、原子力安全規制に対してもこのような批判が行われた。

このような捕囚を避けるためには、いざとなれば現場の自主規制に介入できるという抑止力を持つ必要がある。そのためには、いくつかの戦略がありうる。第一の戦略は、規制主体が規制に必要な能力を確保し、独立した判断が可能なようにすることである。食品安全規制、原子力安全規制における職員や専門家ネットワークの増強は、そのような目的を持つものであった。ただし、これまで述べてきたような限界もある。

第二の戦略は、様々な主体から良好な評判や信頼を確保することである（Carpenter 2010）。たとえば、アメリカでは、スリーマイル島原子力発電所事故の後に、ＮＲＣ（原子力規制委員会）やＩＮＰＯに原子力潜水艦を運用するアメリカにおける海軍の人材を持ってきた。これには、電力事業者から自律し、社会的にも信頼性のある人材を確保したという意味がある。他方、電力事業者から独立した原子力に関する独自の人材供給源が限られている日本の場合、この点での課題は大きい。原子力規制委員には電力事業者からは一定程度自律した研究開発を行ってきた日本原子力研究開発機構（第７章参照）の出身者が存在するが、日本原子力研究開発機構がどこまで社会的信頼を得ているのかについては、限界がある。

第三の戦略は、民間事業者を相互に分断して競わせることや、国際的に規制者が連携することで民間事業者に対抗する戦略である（村上 二〇〇九）。

最後に、第四の戦略は、科学者・技術者の個人の倫理に依存する戦略である。近年導入された公益通報者保護制度は、それを制度的に支援する枠組みともいえる。

第4章　幅広いリスクの評価と対応

1　複合リスクの課題

ネイテック（NaTech）　「ネイテック（NaTech）」とは、自然災害（natural disaster）がきっかけとなり技術的災害（technological disaster）を引き起こすことを指す（Cruz et al. 2004）。カリフォルニアやトルコの地震を契機として、地震に伴う有毒物質の流出による被害への関心が広がった。通常時における災害と異なるネイテック災害の特徴としては、単一あるいは複数地点における同時災害の発生、安全確保のための手段の能力確保を阻害する電力、水、交通手段、通信手段といった公共サービス供給途絶が挙げられている。

福島原発事故の場合　福島原発事故に至る経緯やその帰結は、複合リスク問題、すなわち相互に連動するリスクへの対応が課題となった事例であると位置づけることができる（城山 二〇一三c：三七～四三）。具体的に図示すると、図4-1のようになる。これは、主として地震・津波防災、原子力施設安全などに関わる「安全」の問題であるが、同時に、原子力施設の「安全」対策が対テロ対策と連動しえた点、事故対応の過程において自衛隊やアメリカの「セキュリティ」の観点からの対応が重要になった点などを考えると、「安全」と「セキュリティ」が連動している問題であったともいうことができる。

福島原発事故の原因として、シビアアクシデント（過酷事故）への対応（アクシデント・マネジメント）が不十分で

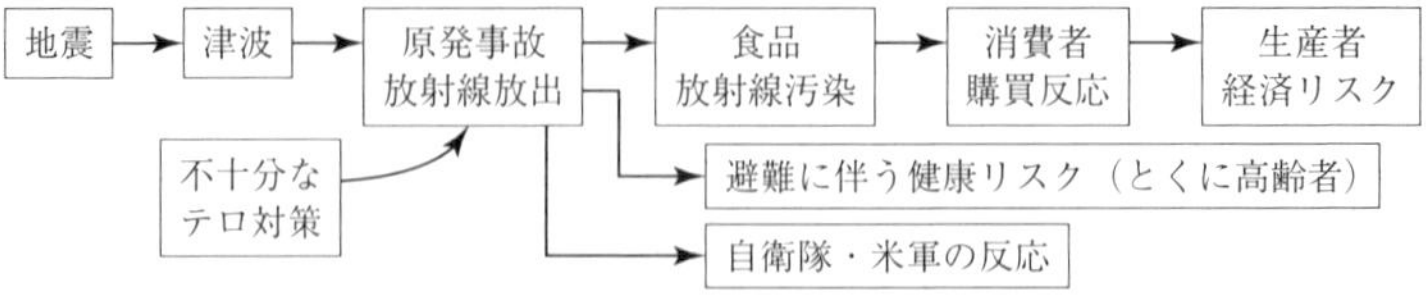

図4－1　東日本大震災におけるリスクの連鎖

出典：筆者作成。

あったことが指摘されている。シビアアクシデントとは，設計事象を超えた事象である。日本でも，一九九二年に事業者の自主的取組みとしてシビアアクシデントに対するアクシデント・マネジメントが導入された。しかし，アクシデント・マネジメントの対象から，当面，地震等の外部事象が排除され，対象は炉の爆発等の内的事象に限定されていた。その際の公式的理由は，対象事象の選定の前提として確率評価が必要だが，内部事象については確率論的評価が可能であるが，外部事象については確率的評価が困難であるというものであった。ただし，外部事象を対象としないという選択の背後には，事業者サイドの地元等におけるパブリック・アクセプタンス上の配慮もあったといわれる。事業者は立地説明の際に設計事象を超える外部事象は起こらないと説明していたため，そのような外部事象を想定してアクシデント・マネジメントを準備すること自体の説明が難しかったというわけである。

原子力安全規制が，津波等のリスクに対応できないという状況は，その後も続いた。一九九五年一月の阪神・淡路大震災の後，地震調査研究推進本部が総理府に設置され，二〇〇二年七月に「三陸沖から房総沖にかけての地震活動の長期評価について」が決定された。長期評価では，三陸沖北部から房総沖の海溝寄りのプレート間大地震（津波地震）に関して，同じ構造を持つプレート境界の海溝付近に同様の地震が発生する可能性があるとした。しかし，このような長期評価の結果は，防災政策に取り込まれることはなかった。資源上の制約から優先順位づけを余儀なくされた中央防災会議の専門調査会では，三陸沖から房総沖の中間に位置する福島県沖から茨城県沖にかけての海溝での巨大地震は，歴史上知られていないため，対応を求めないこととなった。

また、原子力安全委員会では、耐震指針検討分科会が二〇〇一年七月に設置され、耐震設計審査指針の改定作業を開始した。分科会委員には、多様な理学系の地震の専門家（地震学、地質学等）や工学系の専門家が参画した。しかし、様々な専門分野間コミュニケーションが難しかったため、改定作業には五年という長い時間がかかった。たとえば、理学系研究者と工学系研究者の間では、確率といった基本的な考え方についてさえ、異なった見方がされていた。データが十分ではない場合に用いられる方法にロジックツリーという手法がある。これは、因果関係の樹形図を図示し、その中の各々経路の可能性について専門家に意見を求め、その意見分布を基礎に確率を算出するという手法である。このロジックツリーについても、理学系研究者からはその客観性について懸念が表明されていた。また、活断層の定義と対象についてでは、理学系研究者の中での多様な意見のずれが続いた。その結果、津波について議論する時間は不足し、津波については「施設の供用期間中に極めてまれではあるが発生する可能性があると想定することが適切な津波によっても、施設の安全機能が重大な影響を受けるおそれがないこと」を「十分考慮したうえで設計されなければならない」と規定されるにとどまった（城山・平野他 二〇一五：四九～六七）。

以上のように、地震・津波に関する知識の展開に、原子力安全規制や防災対策が十分対応できなかった点に、複合リスク問題への対応の失敗が確認される。さらに、福島原発事故により生じた放射性物質の拡散を契機として、食品中の放射性物質への対応が問題となったが、食品における放射線物質の基準値の策定は、食品安全の専門家と放射線防護の専門家の考え方の違いや、放射線に関わる様々な専門家間の考え方の違いにより、調整が困難であった（松尾 二〇一五）。また、津波・地震や福島原発事故を契機として災害医療、患者の避難等が求められたが、ここでも、災害医療における被害想定と実際の被害のずれ、患者避難のための輸送手段不足、医療機器を稼動させるのに必要な電力供給の途絶といった複合的問題が確認された（田城・畑中 二〇一五）。あるいは、海水ポンプの同じ高さでの配置が津波対策上問題であると同時に、対テロ対策上も問題であったことは、安全上のリスクとセキュリティ上のリスクが連動していたことを示している。

2　多様なリスクと増幅メカニズム

安全リスクと安全保障リスク

東日本大震災・福島原発事故（自然災害→原発事故→社会的混乱）にみられるような複合リスク事例においては、様々なリスクが関連してくることになる。より一般的には、グローバル化に伴う人・モノ・情報の移動の増大や先進技術の急速な進化は、社会における異なる多様なセクターの連結度の強化をもたらし、この結果、「安全」領域がリスクとして扱ってきた対象の複合化が加速され、「セキュリティ」領域の対象も拡大してきたといえる（城山 二〇一五：一七〜一九）。

このように「安全」領域と「セキュリティ」領域では、対象の拡大と複合化が進展し、それぞれが「ハザード（hazard）」や「脅威（threat）」として扱う対象がときに重なりあうことになる。そして、双方の領域で、リスク・アプローチという共通の手法を用いることが試みられてきた。たとえば、ヘン（Yee-Kuang Heng）は、冷戦後の戦争をめぐる政治過程において利用された「リスク・アプローチ」に関する言説分析を行っている（Heng 2006）。また実務的には、たとえばアメリカでは、二〇一一年に国土安全保障省（ＤＨＳ）がリスク管理基盤（Risk Management Fundamentals）の指針を提示し、「セキュリティ」の対象であるテロやパンデミック等の問題に対してリスク管理の視点を導入し、多様なリスクを包括的に管理するアプローチ（comprehensive approach）を模索した。

「安全」領域および「セキュリティ」領域を対象とするリスクは、図４‐２が示しているように、認識的要素と物理的要素の相対的重要性や相互作用の相対的重要性に関して様々なバリエーションを有している。たとえば、ある種のリスクは物理的なハザードの性格が強く、対策による波及的相互作用は限定的であるのに対し、他の種のリスクは脅威への対応が相手の別の反応を誘引する要素が多く、リスク評価結果の伝達が評価対象の行動に影響を与えるという相互作用性を持つことになる。そして、反応を誘発する過程では、認識的要素も大きな役割を果たすことが考えられる（Brown and Cox Jr. 2011）。食品安全やテロのような分野は後者の性格が強い。さらに、「セキュリティ」領域が対象とする問題は、意図の評価などそもそも定量化の困難な要素が多い。

他方、通常物理的要素が重要であると考えられる分野においても、認識的要素や相互作用に注目することで、「リスク・アプローチ」の革新が可能になる面があるともいえる。たとえば、産業保安や労働安全においてヒューマン・ファクターが果たす役割に関する議論にみられるように、人間の認識的要素やそれらの相互作用は現場における安全の確保においても重要な要素であり、「セキュリティ」領域で得られた認識的要素や相互作用に関する知見は「安全」領域でも有益でありうる。

物理的要素と認識的要素	物理的要素が重要 ⟺ 認識的要素が重要
相互作用性	低い ⟺ 高い

図４－２　リスクの性格

出典：筆者作成。

増幅メカニズム——外生的相互作用と内生的相互作用

現代社会においては、特定の目的のために統合された、技術と制度の複合体である「システム」がその目的に応じて多様な分野ごとに構築され、それぞれ、「システム」は多様な「サブシステム」から構成されている。これまで論じてきた、原子力発電、食品安全、災害医療も、各々このようなシステムを構成しているといえる。

そして、東日本大震災・福島原発事故に伴う複合リスク現象では、自然災害（地震・津波）というシステム外部からの衝撃（外生的リスク）に対する原子力発電システムの対応や、システム間の相互作用を通してリスクが増幅していったといえる。このようなリスクの増幅は、同時に、システム内部の相互作用からも生じる（内生的リスク）。たとえば、二〇〇八年の

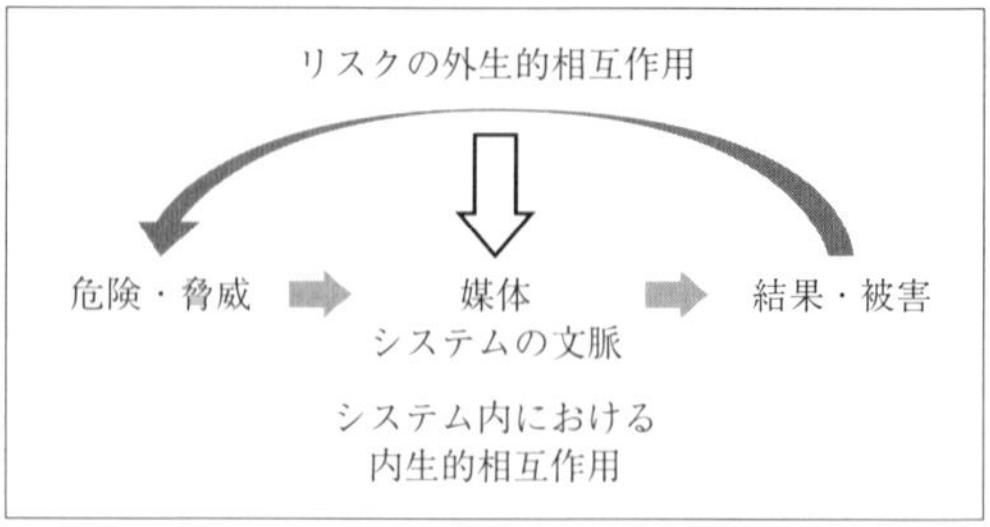

図4－3　リスク増幅のメカニズム

出典：筆者作成。

リーマンショックにみられるように、金融システムのような内部の構成要素が強固に、そして過度に連結したシステムでは、投資バブルの発生にみられるようにシステム内部の相互作用からもリスクが生じ、それらのリスクがフィードバックを重ねることで、増幅される。同様なメカニズムは、双方が防衛的動機を持ちながらも攻撃に陥りがちな安全保障ディレンマ状況にある安全保障システムにおいても観察される。このような相互作用の構造を図示すると、図4－3のようになる。

組織論においてペロー（Charles Perrow）は、システムの構成要素である部分が強く結合している（tightly coupled）システムにおいては、部分の失敗が予想外の形で複雑な相互作用（interactive complexity）を引き起こすので、事故が起こることが常態（normal accident）であるという議論をしている（Perrow 1999）。具体的には、スリーマイル島原子力発電所事故におけるメカニズムをこのような観点から分析した。このペローの議論も、内生的リスクに伴うリスク増幅メカニズムを論じていると位置づけることができる。

外生的リスクに伴うリスク増幅のうち、東日本大震災の津波に伴う原発事故のようなきわめて確率の低い起因事象は「ブラックスワン」といわれる（タレブ 二〇〇九）。他方、システム内部における構成要素間の動的なダイナミズムやそれに伴う内生的リスクは「ドラゴンキング」といわれる（Sornette 2009）。いずれにしろ、このような多様な要素が連結し、相互作用が複雑化したシステムへの対処は、常に変化を繰り返すことから完全な予測は不可能であり、従来とは異なる新たなガバナンスのあり方が問われているといえる（Helbing 2013）。

これらの増幅のメカニズムは、いくつかの観点から類型化することができる。第一は、物理的要素と認識的要素の相対的重要性である。東日本大震災・福島原発事故のような場合には、地震→津波→原発事故→放射線放出といった物理的要素に伴う相互作用の相対的重要性が高い。他方、金融危機のような場合には、認識的要素に伴う相互作用の相対的重要性が高い。ただし、東日本大震災・福島原発事故のような場合も、放射線放出に伴う患者の避難の意思決定といった側面では、認識的要素も重要であった。第二は、増幅の時間的スケールである。安全保障危機、自然災害の場合には、増幅は急速に起こる（勃発型：rapid/sudden）。他方、気候変動のような場合には、増幅はゆっくり起こる（じっくり発展型：slow developing）。また、公衆衛生のように、増幅が一度収まっても封じ込め度合いによっては再発する可能性があるような場合もある（波状型：wave/dynamic）。

3　横断的対応

オールハザード・アプローチの試み

海外諸国では、二〇〇〇年代以降包括的にすべてのハザードを対象とするオールハザード・アプローチ（all hazard approach）に基づく評価として、国家リスク評価（NRA：National Risk Assessment）を制度化する動きが進んでいる（城山 二〇一五：三五～三八）。

たとえばイギリスでは、二〇〇〇年の燃料危機と洪水を契機として議論が開始され、二〇〇四年に成立した民間緊急事態法（Civil Contingencies Act）に基づき、二〇〇五年以降毎年国家リスク評価を実施している。これは非公開であるが、二〇〇八年からは、国民向けに、公表される国家リスク一覧（NRR：National Risk Register）が作成されている。国家リスク評価の対象として、「民間緊急事態」は、⑴人々の厚生に重大な損害を与えるおそれのある出来事や状態（例：食料・エネルギー・コミュニケーション等の断絶、交通施設の破壊）、⑵環境に重大な損害を与えるおそれのある出来事や状態、(3)戦争やテロで、安全保障に重大な損害を与えるおそれのあるもの、と定義されている。つまり、事故、自然災害、人為的脅威が包括的に対象となっているといえる。抽出されたリスクについて、影響の大きさと発生確率が測定される。影響の大きさは、死者数だけに基づくのではなく、その評価に際しては、疾病・負傷、社会的混乱、経済的被害、心理的影響も加味される。テロなどに関しては専門家の主観的な判断も活用する（岸本・松尾 二〇一三）。

イギリスでは、民間緊急事態に対処し、復旧する能力を強化することを目的として、内閣官房の民間緊急事態事務局（ＣＣＳ：Civil Contingencies Secretariat）が調整を行い、国家レジリエンス能力プログラム（ＮＲＣＰ：National Resilience Capabilities Programme）を策定している。国家リスク評価の結果は、国家レジリエンス計画想定（ＮＲＰＡｓ：National Resilience Planning Assumptions）として利用され、対応の計画にフィードバックされる。国家レジリエンス能力プログラムにおいては、具体的には、二二の作業工程について、リード・エージェンシーを指定し、対応策を準備している。たとえば、化学・生物・放射線・核物質に関するレジリエンス（内務省担当）、避難（内閣官房担当）、洪水（環境食料地方省および環境庁担当）、警告・情報提供（内閣官房担当）、保健（保健省担当）、食料・水（環境食料地方省担当）、交通（交通省担当）、エネルギー（エネルギー気候変動省担当）、通信・郵便（ビジネスイノベーション技術省担当）、金融（大蔵省担当）等について、作業工程が準備されている（城山 二〇一五：三六〜三七）。

他方、シンガポールでは、テロリズムに対して「全政府アプローチ（whole of government approach）」で対応するため、二〇〇四年に首相府に国家安全保障調整事務局（ＮＳＣＳ：National Security Coordination Secretariat）が設置された。そして、国家安全保障担当大臣調整大臣が議長を行う閣僚レベルの安全保障政策委員会（Security Policy Committee）を支援することになった。国家安全保障調整事務局におけるシナリオプランニングを補完する戦略的課題の予測メカニズムとして、リスク評価ホライズンスキャニングプログラム（ＲＡＨＳ：Risk Assessment and

Horizon Scanning Program）が二〇〇四年に開始された。リスク評価ホライズンスキャニングプログラムには、政策決定者への注意喚起を行うシンクセンター、セミナー等により政府職員等における能力育成を行うソリューションセンター、情報共有・協働システム構築を行う実験センターという三つの組織が設置された（城山 二〇一五：三七～三八）。

日本における対応

分野横断的に知識を統合するというのは、そのための組織を作れば機能するという単純な話ではない。このことは、日本において、福島原発事故に関連して述べたように、地震研究調査推進本部における地震・津波研究が防災や原子力安全に繋がらなかったことからも容易に想像できる。機能する分野横断的組織を設置・運営するには、そこにもたらされる情報についての感受性を維持するための仕掛けを講じる必要がある。国家リスク評価等の制度化はそのような多様な気づきの機会を提供するメカニズムでもある。

日本においても現在、一定のリスクへの包括的アプローチが試みられつつある（城山 二〇一五：三八～四二）。二〇一二年一二月に発足した第二次安倍内閣では、国土強靱化担当大臣が設置され、「国土強靱化の推進」が掲げられた。組織的にも、二〇一三年一月に内閣官房に国土強靱化推進室が設置された。

ただし、前述のイギリス等の試みと比較した場合、日本の試みには特徴がある。第一に、対象を主として自然災害に限定している。「国土強靱化推進に向けた考え方」では、強靱化により備えるべき国家的リスクには、自然災害のみではなく、大規模事故、テロ等を含め様々なものが存在することを認識しているものの、国土強靱化担当大臣のもと、当面は大規模な自然災害を対象とする強靱化の構築について、検討を進めていくこととした。他方、内閣官房には、従来からの防災担当部局、新たに設置された国家安全保障局もあるが、これらと国土強靱化との関係は十分詰められてはいない。第二に、リスク評価を前提とすることなく、強靱化の対象を選択している。二〇一三年一二月に成立した国土強靱化基本法では、まず、第一七条第一項に書かれているように、「脆弱性評価を行い、その結果に基づき、国土強靱化基本計画の案を作成」することとされている。ただし、同条第三項にあるように、「脆弱性評価は、起きてはならない最悪の事態を想定した上で、科学的知見に基づき、総合的かつ客観的に行うものとする」とされた。つまり、起きてはならない最悪の事態については、所与のものとされ、リスク評価の対象とはされなかったが、その後の手段選択の段階では科学的知見の活用が求められることとなった。

レジリエントな仕組みの必要――時間軸を踏まえた対応の重要性

複合的リスク、増幅するリスクに対応するためには、特定リスクのリスク評価に基づく事前予防対応（prevention）だけではなく、多様かつ不確実なリスクに対して、より長期的な時間軸の下で、どのように事後の回復・順応を軟着陸（soft landing）させるかが重要である（Linkov et al. 2016）。

たとえば、原子力安全におけるシビアアクシデントに対するアクシデント・マネジメントもその例に当たる。設計事象を超える事故を防止することは現実的ではないが、もし起こった場合にどのように対応するのかを詰めておくのがアクシデント・マネジメントである。同様の事情は、国際保健における感染症対応においても見てとれる。感染症の発生を防止することは現実的ではないが、そのリスクの増幅状況に応じて、適時に対応することが重要になる。

このような時間軸を踏まえた対応のためには、動的に進展する状況について常時サーベイランスやモニタリングを踏まえて、様々な主体と連携しつつ対応をしていくことが必要となる。そのための具体的手段として、モニタリング、予測、官民連携、順応的規制等が存在する。

4　安全保障貿易管理――新たなリスクに関する官民連携によるリスク管理

両用技術のリスク評価・リスク管理

経済のグローバル化、ハイテク先端技術開発の加速化、電子メールなどの情報伝達手段の発達に伴い、軍事利用に転用可能な民生技術（「両用技術：dual use technology」）の軍事転用リスクは、新たな安全保障リスクとして重要性を増している。そのため、とくに二〇〇一年九月のアメリカ同時多発テロ以降、大量破壊兵器（ＷＭＤ：Weapons of Mass Destruction）に使われる技術に関する軍事転用リスク管理は一層の関心を集めることとなった（鈴木他 二〇〇四）。他方、このようなリスク管理は、リスク評価やリスク管理においてどのように民間組織と連携するかという点で、固有の困難を抱えている。また、そのための貿易管理の設計と運用に際しては、様々な公共政策目的間のトレードオフを扱わなくてはならない。安全保障と貿易促進、軍事的安全保障とエネルギー安全保障、あるいは安全保障と研究の自由とのトレードオフに関して、判断が問われている。以下では、そのようなリスク評価、リスク管理の特徴についてみてみることとしたい。

日本の安全保障貿易管理

日本における安全保障貿易管理は、外為法《がいためほう》（外国為替及び外国貿易管理法）において規定されている（城山 二〇〇七ｄ：六〇〜六一）。貨物の輸出については、外為法第四八条第一項において、「国際的な平和及び安全の維持を妨げることとなると認められるものとして政令で定める特定の地域を仕向地とする特定の種類の貨物の輸出をしようとする者は、政令で定めるところにより、経済産業大臣の許可を受けなければならない」と定められ、政令である「輸出貿易管理令」の別表第一において、規制対象となる特定の地域と貨物について規定されている。技術の提供については、外為法第二五条第一項において、「居住者は、非居住者との間で次に掲げる取引を行おうとするときは、政令で定めるところにより、当該取引について、経済産業大臣の許可を受けなければならない。一　国際的な平和及び安全の維持を妨げることになると認められるものとして政令で定める特定の種類の貨物の設計、製造若しくは使用に係る技術を特定の外国において提供することを目標とする取引」と定められ、政令である外国為替令の別表において規制対象の技術について規定されている。そして、対象貨物・技術の詳細については、「輸出貿易管理令別表第一及び外国為替令別表の規定に基づき貨物又は技術を定める省令」において定められている。

従来は、規制対象となる技術をリストアップする方式がとられてきたが、軍事利用と民生利用の区別は技術そのものではなく利用者の性格や様々な状況から判断せざるを得ないため、二〇〇二年四月には大量破壊兵器開発に関わるすべての貨物・技術を対象としてキャッチオール規制が導入された。具体的には、輸出貿易管理令別表第一の第一六項を改正し、一部の例外を除きほとんどすべての地域（一定地域「ホワイト国」を除く全地域）向け貨物・技術を規制対象に含めることによって対応した。そして、このような広い対象の中で、インフォーム要件（大量破壊兵器の開発等に用いられるおそれがあるとして経済産業省から通知された場合）あるいは客観要件（大量破壊兵器の開発等に用いられるおそれがあると知っている場合）に該当する場合は、輸出許可を受けなければならないとされた（輸出貿易管理令第四条一項三号）。客観要件は用途要件と需要者要件に分かれ、その詳細はいわゆる「おそれ省令（輸出貨物が核兵器等の開発のために用いられるおそれがある場合を定める省令）」に規定された。ただし、需要者要件に該当する場合（その判断を支援するため経済産業省では懸念される最終需要者を掲載した「外国ユーザーリスト」を公表している）でも、大量破壊兵器の開発等に関連する活動以外に用いられることが「明らか」な場合には、許可は不要とされ、明らかな場合の詳細についてはいわゆる「明らかガイドライン」において規定されている。

このような法令等に規定された安全保障貿易管理のための組織体制は、表４－１のようになっている。省庁において担い手となる組織は、経済産業省貿易経済協力局貿易管理部の安全保障貿易管理課および安全保障貿易審査課

表４－１　現在の安全保障貿易管理の組織体制

経済産業省貿易経済協力局貿易管理部 安全保障貿易管理政策課（2014年新設）― 防衛装備移転や安全保障貿易管理政策全般等 安全保障貿易管理課 ― 安全保障貿易管理に関する政策・制度の企画立案 安全保障貿易審査課 ― 個別の審査・許可 安全保障貿易検査官室 ― 企業の自主的輸出管理プログラム等
財団法人安全保障貿易情報センター（CISTEC）：民間組織（1989年設立） 企業の安全保障貿易管理業務の支援 安全保障貿易管理に関する調査研究や産業界の意見集約 海外の安全保障情勢等に関する情報提供
各企業―自主的なコンプライアンス・プログラム（CP）実施

出典：筆者作成。

であった。前者は安全保障貿易管理に関する政策・制度の企画立案などを担当し、後者は個別の審査や許可を担当する。また、安全保障貿易審査課の下には安全保障貿易検査官室が設置され後述の企業の自主的輸出管理プログラム等を担当している。さらに二〇一四年に、防衛装備移転や安全保障貿易管理政策全般等を扱う安全保障貿易管理政策課が新設された。また、実施においては、後述のように、民間組織が大きな役割を果たしている。

以上のような日本の安全保障貿易管理に関わる制度的枠組みは、リスク評価・リスク管理制度としてみた場合、以下のような特色を有しているといえる。

第一に、現在のキャッチオール規制は、複雑でわかり難い体系になっている。また、このようなシステムにおけるリスク評価は、経産省からのインフォーム要件の対象としての通知、用途要件や需要者要件の詳細に関する省令・リスト・ガイドラインにおける許可対象設定を前提として行われているが、この評価は、対象者の意図に関する評価を含むものであり、なかなか難しい。さらに、評価の前提となる情報取得に関する追加的困難もある。日本の場合、諜報機関を利用することができないため、海外の諜報機関からの情報に依存する必要が大きい。また、輸出された貨物等について海外における状況をチェックする政府レベルのメカニズムはないため、輸出された規制貨物等が実際に許可された目的のために使われているのかをチェックするためには、輸出した民間企業による維持管理等のための訪問の際に得られた情報に依存しなくてはならなくなっている。

第二に、比較的小規模な行政組織で安全保障貿易管理を担っている。二〇〇四年時点で、安全保障貿易管理課の人員は二六人程度であり、これで安全保障貿易管理に関する様々な国際レジームを担当していた。そして、安全保障貿易審査課の人員は二七人程度であり、それで年間八〇〇〇件以上の申請件数を処理していた。その他、企業の自主的輸出管理プログラムを担当する安全保障貿易検査官室にさらに二〇人程度の人員が配置されていたが、それらを加えても本省における担当者は約八〇人であり、地方経済産業局における担当者を入れても総計は一〇〇人以下の体制であった。そして、そのような小規模な組織の下で専門知識が不足するのを補うため、企業などの民間のエンジニアや専門家約七〇人を安全保障貿易管理調査員に委嘱していた。

民間組織の役割

日本においては小規模な行政組織で安全保障貿易管理を担っているため、安全保障管理体制がＣＩＳＴＥＣ（財団法人安全保障貿易情報センター）や自主的なＣＰ（コンプライアンス・プログラム）を行う企業といった民間組織の役割に依存している（城山 二〇〇七d：六一～六二）。

ＣＩＳＴＥＣは安全保障貿易管理の実施を支援する民間組織であり、一九八九年四月に設立された。二〇〇四年の時点で、ＣＩＳＴＥＣには約二三〇社の企業が参加しており、日本からの関係輸出の八〇％程度をカバーしていた。ＣＩＳＴＥＣの活動内容は、第一に、企業の安全保障貿易管理業務の支援である。個別の輸出や自主的輸出管理プログラムであるＣＰに関する相談業務を行うほか、輸出管理ツール（モデルＣＰ等）を提供し、安全保障輸出管理実務能力認定試験を実施する。また、企業の担当者や責任者への各種の研修会や説明会も行っている。第二に、安全保障貿易管理に関する調査研究や産業界の意見集約を行う。産業界からの意見を基礎に各種国際レジームにおいて提案を行うことも増えている。第三に、海外の安全保障情勢等に関する情報提供を行う。また、総合データベースや自主判定結果公表・登録制度による情報提供も行う。安全保障貿易管理においては情報の認識・共有という機能が重要であるため、このようなＣＩＳＴＥＣの活動は有効であった。しかし、最終的には、安全保障貿易管理の実施は、各企業の行動に依存することになる。

政府も企業の自主的輸出管理プログラムの強化を促す政策をとってきた。企業の自主的輸出管理のあり方については、一九九四年六月の通産大臣通達「不拡散型輸出管理に対応した輸出関連法規の遵守に関する内部規定の策定または見直しについて」において規定され、社内体制・手続きの整備、定期的な監査体制の確立、社内教育体制の構築、子会社や関連会社に関する対応を求めた。この通達を受けて、ＣＩＳＴＥＣは一九九六年七月に「モデル・コンプライアンス・プログラム（モデルＣＰ）」を発行した。とくに中小の企業にとってはこのような支援は不可欠であった。

ただし、モデルＣＰは一般的な事項を規定したものであり、実際のＣＰのあり方やその実施体制は各企業によって異なっている。各企業にとっては、法令遵守も重要な考慮事項であるが、それとともに、法令を遵守していたとしても仮に輸出貨物等が大量破壊兵器生産に利用されていることが発覚した場合の社会的圧力に関するリスクをどう見積もるのか、そのようなリスクと商業的チャンスの獲得といった利得のバランスをどう判断するのかという事項も重要な考慮事項となってくる。そして、このようなリスク判断は、企業によって異なりうる。また、輸出管理部門の社内における相対的な影響力や輸出管理部門・製造部門・営業部門間関係も重要であるが、これは企業により異なる。

経済産業省やＣＩＳＴＥＣは、ＣＰの実効性の向上を支援する試みを行っている。たとえば二〇〇三年一〇月以降、自主的にＣＰを作成した上で、その実施状況を自己審査し、かつ、経済産業省に届け出た企業名を、経済産業省のホームページにおいて公表している。

日本における安全保障貿易管理の課題

以上のような日本の安全保障貿易管理体制について、いくつかの課題を指摘することができる（城山 二〇〇七c：六三～六四）。

第一に、履行確保の検証の問題がある。日本においては、たしかに違反摘発の件数はそれほど多くはなく、また、企業のリスク判断に基づく保守的行動に支えられ、企業ＣＰはそれなりに機能していると判断される。しかし、違反件数が少ないというだけでは、履行確保が行われている証なのか、履行確保のモニタリングが不十分である証なのかは、明らかではない。履行確保の検証や自主規制等の透明性を高めることが必要であろう。

第二に、企業の自主的行動に関するインセンティブに配慮を払う必要がある。現在の企業ＣＰに関しては、自己審査を行う企業に関して名前を公表するという制度はあるが、それほど大きなインセンティブを企業に提供しているとは思われない。今後は、ＣＰを持つことの利益（通関手続きの簡素化など）を付与する工夫も必要になるであろう。

第三に、従来のような貨物や技術の輸出入だけではなく、様々な形での知識の移転が重要になりつつある。このような変化を受けて、国内においても「みなし輸出（deemed export）」に関する対応が取られるようになりつつある。たとえば二〇〇六年三月には、経済産業大臣より文部科学大臣あてに、「大学等における輸出管理の強化について」が発出されている。大学のような、従来組織的管理が十分行われていなかった組織において、いかにして実効的規制を行うのか、その際、研究の自由とのバランスをどのように確保するのかという課題がある。

第5章　事故調査・情報収集の制度設計と運用

1　責任追及と学習のディレンマ

科学技術の社会における利用に伴い、何か事故が起こった場合、一方ではその責任者を明らかにして制裁を加えることによって、社会的処罰感情に対応しようという動きがある。他方、事故原因の究明等を通して、学習を行い、今後の事故の再発を予防しようという動きも出てくる。この二つの動きは必ずしも矛盾するものではない。裁量を持っていた責任者を明らかにして制裁を加えることは、今後の安全ではない活動に対する抑止効果を持ち、最終的には事故の再発防止に寄与するかもしれない。しかし、この二つが矛盾することもありうる。事故原因究明のための調査が関係者からの幅広い情報提供を必要とする場合、関係者が、情報が制裁のために用いられることを恐れて、情報の秘匿を図るインセンティブを持ち、その結果、予防に資する十分な学習＝事故調査が行われなくなることもありうる（城山 二〇〇四a：一四一）。またしばしば、事故＝エラーは、原因ではなく結果であり（リーズン 一九九九：一七九）、そのような場合、エラーを引き起こした者に制裁を加えることは、必要な学習に繋がらない。

日本においては、事故が起こった際に原因究明と将来の安全対策のための事故調査が軽視され、法的責任追及が重視されてきたと主張されることも多い。たとえば、工学系の専門家を中心に、「通常運転時に事故発生に関与した当事者の責任は追及しないという立場を確立する」、「事故調査に重要な証言を得る場合には、それが刑事責任追及の材料にはされないことを保証する（免責する）必要が出てくることがあり得るが、刑事免責はわが国の司法制度の中には確立されていない。現状の司法制度のもと、免責を与えないで証言を得た場合、仮にその証言が重大な犯罪行為を含むものであった場合には、それを司法当局に通報しないことは犯人隠匿になるおそれもある。現在検討されている刑事免責制度とは性質が異なるが、交通事故調査においても積極的に免責制度を導入する必要がある」といった主張が行われてきた（日本学術会議 二〇〇〇）。

そして、このような主張の際には、しばしばアメリカのＮＴＳＢ（国家運輸安全委員会：National Transportation Safety Board）のような事故調査システムがモデルとして言及されてきた。また、アメリカにおいては、原因究明と将来の安全対策のための事故調査が重視され、法的責任追及の比重が小さいとされる。たとえば、「責任追及と原因究明を分離して進めるしかありません。そして、その有効な手だてのひとつが、アメリカで使われている司法取引制度です。司法取引制度は、犯罪、すなわち失敗の渦中にある当事者に免責の保証を与え、これと引き替えに真相を語らせるシステムです」という主張もその例といえる（畑村 二〇〇〇：一八九～一九〇）。

法的責任追及に傾きがちであるとして、当事者である医師等による批判が行われてきた分野に医療分野がある。医療行為は一定の副作用が不可避の判断プロセスであり、副作用を含めたトレードオフ判断について責任追及が厳しく行われると、萎縮医療に至るという議論が行われてきた。そして、アメリカの医学研究所が一九九九年に出版した『人は誰でも間違える』という報告書では、学習のための事故やインシデントに関する自発報告システムにおける情報を、法的な開示請求から守ることの重要性が指摘されていた（医学研究所／米国医療の質委員会 二〇〇〇）。

以下では、まず、アメリカにおける事故調査の実態を紹介することを通して、事故調査と法的責任追及の関係に関する議論の妥当性について検証したい。その上で、日本における事故調査と責任追及のあり方について確認する。また、情報共有に関しては、事故や事故に至らない事象（インシデント）に関する情報共有とそこからの学習も重要であり、この点に関する日米の各分野における状況についても触れることとしたい。その上で、比較に基づく考察を行うとともに、近年の日本における制度改正を検討し、その意義と限界を確認することとする。

2　アメリカにおける事故調査と責任追及

航空分野における事故調査と責任追及　航空安全に関するアメリカの事故調査システムにおいては、通常の事故調査の担い手であるＮＴＳＢ、主として行政的処分の担い手であるＦＡＡ（連邦航空局：Federal Aviation Administration）、刑事責任追及の担い手であるＦＢＩ（連邦捜査局：Federal Bureau of Investigation）等の役割が明確に分離されている。そして、通常時においてはＮＴＳＢが優先的調査権を持ち、テロ等の犯罪時にはＦＢＩが調査を主導するというように、役割分担が明確化されている（川出 二〇〇三：六二）。このようなシステムについて、アメリカでは事故調査システム、事故調査を実効的にするために、事故調査と刑事制裁とは切断されてきた、また、事故調査において生み出された情報が裁判過程において使われないようになっていた、と認識されることが日本においては多かった。しかし、これらの認識は、必ずしも正確ではない。

アメリカではたしかに、刑事責任が追及される場合は多くはない。重大な過失があるような場合でなければ刑事責任を問われることはない。航空安全については、例外的事例がないことはないが、テロやハイジャックを除けば航空事故について刑事訴追が行われた事例はきわめて少ない。このようにアメリカにおいては刑事責任追及への依存は少ないが、別途、広範な行政的責任追及とその帰結としての行政処分が存在する。ＦＡＡによる措置には、行政措置、法的措置の二つがある。行政措置には、警告（Warning Notice）と矯正措置を約束させるもの（Letter of Correction）という二つの処分があり、法的措置には、民事罰（Civil Penalty：刑罰としての罰金とは異なり、行政法規違反に対して科せられる金銭的ペナルティである）とFAAが発行したライセンスの停止・取消処分がある。実際に、FAAによるライセンスの停止・取消処分は、広範に用いられている（城山・村山他 二〇〇三：一五四〜一五七）。

医療分野における責任追及

医療安全分野においても、医療過誤に関連して刑事訴追されたケースはドラッグや飲酒の場合を除けばほとんどないようである。他方、行政処分はより広範に利用されている。アメリカでは一般に州政府が医療機関や医療従事者などの供給面を監督し、連邦政府が医薬品や医療機器などの製品を監督するという役割分担となっている。州政府において、医療従事者に対する規制と処分は医療免許委員会（Medical Licensing Board）が担ってきた。たとえばニューヨーク州の場合、BPMC（専門的医療行為委員会：Board for Professional Medical Conduct）が設置されている（城山 二〇〇五a：九〇：古場他 二〇〇四）。

証拠の流用制限

また、交通分野における事故調査情報の裁判における証拠の流用制限についても限界がある。アメリカにおける事故調査機関であるNTSBの報告書等は公開されるが、民事訴訟においてはNTSBの報告書を証拠として活用してはならないことが法律で規定されている。この意味では、事故調査と法的責任追及の一定の切断は行われている。ただし、このような切断は、関係者からの情報提供の促進のためではなく、NTSBの調査官が本来の任務にだけ時間を費やせるようにし、NTSBを本来の任務とは無関係の法的紛争から隔離するために行われている。また、一九九八年一二月の法改正によって、原因分析を含む最終報告書については証拠として使えないが、最終報告書を作成する過程で作られる事実報告書については活用が可能とされた。その結果、民事における証拠の流用制限は、実質的には空洞化しているといわれる（城山・村山他 二〇〇三：一五五）。

また、法的に証拠の流用制限が規定されているのは民事訴訟の場合のみであり、刑事訴訟に関する流用制限に関して明文規定はない。そして実態としては、実際に報告書の流用を認めた事件もある（川出 二〇〇三：六二）。さらに行政処分に関しても、事故調査は行政的制裁発動の端緒になることがある。たとえば、行政的規制の担い手であるFAAの調査官もNTSB調査チームに一当事者として参加するわけであるが、FAAの調査官がNTSB調査の過程で法規違反を疑う事実を発見した場合には、違反の疑いを執行部門に示唆する義務があり、NTSB自身も規制違反の疑いがあった場合FAAにその疑いを告知する義務がある。

パーティー・システムと被害者支援　交通安全分野において、NTSBは、旅客会社や航空機製造会社等も含めた関係当事者に事故調査に参加させるパーティー・システムという手法を採用している。この方式は、関係当事者の専門的知識・ノウハウを活用できる点や、迅速簡便に各当事者から関連する情報を提供させる点にメリットがある。他方、訴訟で不利になることを恐れて、関係当事者が情報を隠匿・歪曲する可能性も想定される。しかし、調査チームに参加する当事者の自由な質疑応答にさらされることによって不利な事実を隠し通すことは通常できない。また、NTSB調査官も経験を積んでいるため不審な点があれば容易に気づくため、NTSBは特定当事者の発言に左右されることなくすべてのメンバーの報告や発言の中から事実と考える部分を選び出して事実報告書を作成することができるとされる（城山・村山他 二〇〇三：一五二）。

また、NTSBは事故犠牲者や遺族に対する一元的支援機関としての役割も果たしている。一九九六年の法改正により、NTSBは、それまで連邦政府、地方政府、航空会社が個別に担っていた事故犠牲者や遺族への対応・支援業務を一元的に担うことになった。さらに、二〇〇〇年に連邦航空事故犠牲者遺族支援計画を定め、これに基づいて、事故犠牲者の安否等に対する情報提供や事故現場への交通手段の手配、心理的ストレスへのケアなどを実施することとなった。このような犠牲者に対する対応は、被害者の処罰感情への対応としても重要である。

3　日本における事故調査と責任追及

たしかに、日本においては事故が生じた際に、刑事責任追及により対応することが多い。他方、行政的責任追及は、必ずしも実効的ではなかった。航空安全に関しては、航空法三〇条に基づく航空従事者の業務停止の件数は、限定的であった。また、航空事業者の運航規程・整備規程違反に関しても通常は勧告による対応であり、事業改善命令の発令も二〇〇二年までで三件に過ぎなかった（服部 二〇〇三：一九一）。

日本においては、一九七四年に航空事故調査委員会が運輸省の附属機関として設置され、二〇〇一年には設置法の改正により、航空・鉄道事故調査委員会が国土交通省の附属機関とされた。この事故調査委員会の運用においては、事故後の対応に関しては、事故調査委員会と警察が相互補完的に協力する体制となっていた。つまり、事故調査と警察に関しては明確な管轄区分はなく、警察は「犯罪捜査に支障」をきたさない限り事故調査委員会に協力することとなっており、通常は警察が主導することが前提とされていた。この点に関して規定は下記の通りである（運輸安全委員会 二〇〇九）。

警察庁長官と運輸事務次官との間の「航空事故調査委員会設置法案に関する覚書」（昭和四七年二月）

（前略）

2．法案第一四条第一項および第二項ならびに法案第一六条第二項および第四項の規定による処分を行おうとする者は、当該処分が捜査機関の行う犯罪捜査と競合しない場合を除き、あらかじめ捜査機関の意見をきき、当該処分が犯罪捜査に支障をきたさないようにするものとする。

3．捜査機関から航空事故調査委員会委員長等に対し、航空事故の原因について鑑定依頼があったときは、航空事故調査委員会委員長等は、支障のない限りこれに応じるものとする。

4．航空事故調査委員会から捜査機関に対し、法案第一七条の規定による協力の要請があったときは、捜査機関は支障のない限り協力するものとする。

（後略）

このような体制となっている背景としては、事故調査委員会の人的資源が限定されていたという事情がある。事故調査委員会の事務スタッフのうち、航空部門を担当するのは約三〇人であり、また、事故調査委員会は地方に出先機関を持っているわけでもなかった。したがって、現場における証拠保全等においては警察への協力要請を行わざるを得なかったといえる。また、警察にしても、比較的まれにしか起こらない航空事故に関する専門能力は限られており、飛行データ記録装置、操縦室音声記録装置など解析を要するものについては、警察が委員会に対し鑑定嘱託の手続きをとる必要があった。

具体的な、事故調査委員会と警察の協力の方式としては、通常は、事故調査報告書が鑑定書として警察に提出されるだけのようである（服部 二〇〇三：一九〇）。これは、調査途上の資料は刑事責任追及から遮断されているので実質的には事故調査委員会の独立性がかなり保たれているともいえるが、事故調査報告の最終結果が刑事捜査に直結しているともいえる。

なお、後述のように、二〇〇八年にはさらに改組され、運輸安全委員会が事故調査機能を担っている。

4　事故およびインシデントに関する情報共有のメカニズムの試み

事故や事故に至らない事象（インシデント）に関する情報共有のメカニズムにおいても、当該情報の責任追及目的への利用可能性や情報の公開可能性は情報提供にネガティブな影響を及ぼしうる。したがって、これらの情報をどのような目的のために利用可能にするのか、あるいは公開にするのかというのも重要な制度設計上の配慮事項である。たとえば、航空安全分野においては、表5－1のようなメカニズムが日米において設置されている。

アメリカにおける航空安全分野　アメリカにおいては、航空安全分野に関して、二つの情報共有プログラムがある（城山 二〇〇四a：一四五～一四六）。第一のプログラムであるASAP（航空安全行動プログラム：Aviation Safety Action Program）は、航空会社や整備事業場毎に会社・事業場がFAAおよび従業員（パイロットや修理工など）と共同で運営するプログラムである。パイロット等の自己申告に基づいて運航情報（例：高度逸脱）等を収集する。二四時間以内に申告すれば、FAAの処分を免除することになっている（ただし、故意による行為、犯罪は免除対象外。また、犯罪の場合を除いて、FAAはインシデント報告を行政処分の根拠資料として使うことはできず、独自に証拠を収集しなくてはならない）。また、パイロットの特定はしないように、FAA、航空会社、従業者団体の三者が匿名性保持契約を結んでいる。そして、ASAPにおけるインシデント報告は、FAA、航空会社、従業者団体の三者が構成する事象検討グループ（Event Review Group）で検討され、事故防止対策のための自主的措置や是正措置の勧告の判断資料となる。

第二のプログラムであるNASA（アメリカ航空宇宙局）のASRP（航空安全報告システム：Aviation Safety Reporting System）は、パイロットの自己申告に基づくプログラムである。一〇日以内にNASAに申告すれば、

表5－1　日米における航空安全に関する事故およびインシデント情報共有メカニズム

	プログラム名	運営主体
アメリカ	ASAP（Aviation Safety Action Program）	会社事業場およびFAA・従業員団体
	ASRP（Aviation Safety Reporting System）	NASA
日　本	重大インシデント報告	国土交通省
	ヒヤリハット情報 航空安全情報ネットワーク（1999年～） 航空安全情報自発報告制度（2014年～）	 財団法人航空輸送技術研究センター 国土交通省航空局

出典：筆者作成。

ＦＡＡの処分を免除することになっている（ただし、故意による行為、犯罪、および事故になった場合は免除対象外）。これもパイロットは匿名が前提となっている。

いずれの制度においても、情報提供を自主的に行えば、行政処分を免除することとなっている。しかし、ＦＡＡは、前述のインシデント報告制度における免責は、刑事訴追を免除するものではないとしており、司法省も、インシデント報告制度によって報告されたインシデントだからといって刑事免責は保証されないとのスタンスをとっている。

日本における航空安全分野

日本においては、航空安全分野に関して、二〇〇〇年以来、事故および重大インシデントに関する情報が国土交通省により収集・公表されている（城山 二〇〇四c：六六）。重大インシデントとは、「航空機事故が発生する恐れがあると認められる事態」（航空法第七六条の二）であり、詳細は省令（航空法施行規則第一六六条の四）で規定されている。このような重大インシデントが発生した場合、航空機の機長は国土交通大臣に報告することが航空法で義務づけられている。そしてこれらの重大インシデント情報は、現在は国土交通省の運輸安全委員会ホームページにおいて提供されている。

また、通常のインシデント（しばしばヒヤリハットと呼ばれる）に関しては、各航空会社には、ニアミスを含む重大インシデントに至らない事象のほか、飛行中のトラブルを機長に報告させる社内制度（自発的安全報告制度）がある。匿名申告も可能で社内処分から切断されている。

そして、これらの航空会社が集めたヒヤリハット情報の一部に関しては、一九九九年一二月から航空会社間で共有化するために、「航空安全情報ネットワーク」が発足した。この運営は財団法人航空輸送技術研究センターが担っていた。また、報告した情報が責任追及等に利用されないように、報告を無記名とする、航空会社が報告する情報の選択と秘匿化を行う、航空行政当局がネットワークにアクセスする手段を持たない、といった措置をとっている。他方、航空局は、技術部長発言メモの形式で、航空局は提供された情報に直接アクセスすることはなく、また、センターに対しこれらの情報提供を求めることもない、航空局がなんらかの経緯によりネットワークに提供された情報を知ったとしても、当該情報のみにより行政処分を行うことはしないし、行政処分を目的としてさらにネットワークに報告された情報の提供を求めることはしない、という方針を示していた。その後、二〇一四年からは、国土交通省航空局の「航空安全プログラム」の開始に伴い、航空安全情報ネットワークは航空安全情報自発報告制度として運用されている。

アメリカにおける医療安全分野

医療安全分野において、アメリカでは、事故や事故に至らないインシデントに関する情報共有のメカニズムとして、病院内におけるインシデント報告制度と有害事象報告制度が存在する。ピアレビューに用いられるインシデント報告に関して民事および行政処分について証拠流用制限が規定され、有害事象報告についても、民事上の証拠開示から保護するとともに、行政処分のための利用も制限されてきた。しかし、アメリカにおいても刑事責任追及に関しては、証拠流用制限は規定されていない。また、医療有害事象報告については、公表された報告が行政処分発動の端緒としての機能を果たすこともあった。その意味で、証拠の流用制限は限定的なものであった（城山 二〇〇五a：九一）。

日本における医療安全分野

日本でも、医療事故に関する情報の収集について第三者機関による収集・分析や一部病院への報告の義務づけを求める「医療に係る事故情報事例情報の取扱いに関する検討部会報告書」が二〇〇四年に出された。報告書では、以下のような取組み方針が示された。(1)医療事故の発生予防・再発防止のためには、事故事例情報を収集・分析し、その改善方策等を社会に還元するためのシステムの構築が最も重要である。(2)このシステムでは、事故事例情報の収集・分析・提供を行うため、行政及び事故の直接の関係者から独立し、国民や医療関係者から信頼される中立的な第三者機関の設置が重要である。(3)第三者機関によって収集した情報は、処分に用いないものとする。そして、このような方針の下で制定された二〇〇四年九月の医療法施行規則の一部を改正する省令に基づき、二〇〇四年一〇月に財団法人日本医療機能評価機構を情報収集・分析の第三者機関とする医療事故情報等収集事業が開始された。

インシデントに関しても、国が主導してヒヤリハット情報の収集事業を行ってきた（医療安全対策ネットワーク整備事業：実施主体は当初は医薬品副作用被害救済・研究振興調査機構、その後、独立行政法人医薬品医療機器総合機構、二〇〇四年四月以降、財団法人日本医療機能評価機構）。その結果は、専門家により分析され、医療安全の推進に寄与するよう、ホームページや出版物を通じて広く公開されている。ヒヤリハット事例とは、(1)誤った医療行為等が、患者に実施される前に発見された事例、(2)誤った医療行為等が実施されたが、結果として患者に影響を及ぼすに至らなかった事例である、と定義された。また、情報が責任追及等に利用されないように、(1)収集した情報について、具体的な医療機関名が明らかになることはない、(2)収集した情報については、医療安全対策に係る目的以外には使用しない、(3)収集した情報の管理に当たっては、機密性の確保に努めると、通達において規定された（厚生労働省医政局長・厚生労働省医薬食品局長「医療安全対策ネットワーク整備事業の実施について」二〇〇三年八月一八日）（城山 二〇〇五a：八八〜八九）。

5　日米比較

以上、事故調査と責任追及、事故およびインシデント情報収集に関する日米の対応の違いを、航空安全分野および医療安全分野の素材を中心として検討してきた。日本とアメリカを比較することにより以下の点を指摘できる（城山 二〇〇四a：一四六～一四七：城山 二〇〇四c：六六）。

第一に、責任追及において刑事責任追及に依存する程度は、日米で大きく異なっている。日本においては刑事責任追及への依存度が高いが、アメリカにおいては、刑事責任追及よりも様々な行政的責任追及を幅広く利用している（さらに実態としては民事責任追及が大きな役割を果たしてきた）。何か事故が起こった際の刑事責任追及への依存はことをおさめるための安上がりな手段であったという意味では、これまでの日本においてそれなりに有効な手段であった。しかし、刑事手続きにおいては十分な科学技術的知識を活用できない恐れがあり、関係者の情報提供に関して萎縮効果を持ちうるという意味で副作用もあった。そのため、行政的責任追及等多様な手法を用いていく必要はあろう。

医療安全分野においては、行政的責任追及を強化する試みも行われてきた。行政的責任追及の前提となる調査権限に関しては、二〇〇五年一二月に公表された「医師等の行政処分のあり方等に関する検討会報告書」で、調査への非協力に対する間接強制調査権限（罰則により担保された行政調査の権限）の創設が提言され、二〇〇六年の医師法改正で間接強制調査権限が付与された。しかし、現状においては、刑事処分依存型の行政処分の運用に大きな変化はない（宇賀 二〇一〇a：一九）。

第二に、関係当事者による情報提供と責任追及のディレンマは、とくにアメリカにおいて認識されてきた。そのため、航空安全分野では、事故調査報告に関しては民事について証拠流用制限が明示的に規定され、インシデント報告については行政処分のための利用も明示的に制限されてきた。しかし、アメリカにおいても刑事責任追及に関しては、証拠流用制限は規定されていない。また、行政的責任追及に関しても、航空のインシデント報告は責任追及から切断されているが、航空事故調査や医療に関する有害事象報告は責任追及の端緒としての機能を果たしうる。その意味で、証拠の流用制限は限定的なものであった。日本においては流用制限が明示的に規定されることはなかった。航空事故調査報告は嘱託鑑定書としてしばしば刑事責任追及において利用された。航空のインシデント報告については行政的責任追及から切断することが方針として示されているが、技術部長発言メモという不明確な形式であり、刑事責任追及および民事責任追及については触れられていない。そして、日本で責任追及の核となっている刑事責任追及に関しては、証拠流用制限は、刑事責任追及という手法の性格から困難であった。

第三に、関係当事者に情報を提供させ事故調査を有効にするための手法は証拠の流用制限に限られるわけではない。たとえば、ＮＴＳＢの事故調査においては、パーティー・システムという当事者の参加を促す手法が有効であると思われる。日本においては、おそらく、各当事者が情報を隠匿したり歪曲したりする可能性や中立的外観の維持が重視されるため、このようなシステムは利用されていない。しかし、事故調査における情報収集の実効性に確保と有効な分析の必要（分析のためには個別事情が分かっている関係当事者の参加はやはり有効である）という観点からは興味深い選択肢であるといえる。

6　最近の日本における制度改正

表５−２にみられるように、最近の日本では各分野において公式的事故調査制度の拡充が行われた。以下では、

表5－2　最近の日本における公式的事故調査制度の拡充

分　野	運輸安全	消費者安全	医療安全
設置組織	運輸安全委員会	消費者安全調査委員会	医療事故調査・支援センター
組織形態	三条委員会	内閣府審議会 （八条委員会に相当）	一般社団法人・一般財団法人 （厚労大臣指定）
調査実施主体	運輸安全委員会	消費者安全調査委員会	基本的には各医療機関
設置年	2008年	2012年	2015年

出典：筆者作成。

運輸安全分野、消費者安全分野、医療安全分野における各々独自の展開を概観しておく。

運輸安全委員会の設置　二〇〇六年三月に運輸安全一括法案が採択された際の両院委員会附帯決議において、航空事故、鉄道事故について再発防止のために原因究明機能をいっそう高度化すること、事故調査をより円滑かつ的確に進めるために事故調査体制を一層整備することが求められた。また、二〇〇八年五月にＩＭＯ（国際海事機関）において、船舶事故に係る原因究明機能と懲戒機能を分離することを内容とする「海上事故及び海上インシデントの安全調査のための国際標準と勧告方式のコード」が採択され、二〇一〇年一月に発効することとなった。このような状況の下、航空・鉄道事故調査委員会を改組し、二〇〇八年に運輸安全委員会を国土交通省の外局として設置し、海難審判庁の原因究明機能も含めて、運輸安全委員会が担当することとなった（宇賀 二〇一〇b）。

運輸安全委員会設置法においては、原因究明と事故の再発防止が設置目的であることが明示されている。また、運輸安全委員会は、国家行政組織法三条に基づく委員会（三条委員会）として設立されており、委員長および委員は両議院の同意を得て国土交通大臣により任命され、独立して職権を行うと規定されている。さらに、事故調査調整官という参事官職が設置され、関係行政機関との調整、現場における初動捜査の支援等とともに、被害者およびその家族への情報提供を行うこととなった。なお、事故調査と犯罪捜査の関係については、二〇〇八年九月に警察庁長官と国土交通事務次官との間で「運輸安全委員会設置法の運用について」と題する覚書が取り交わされ、従前の運用を継続することとされた（宇賀 二〇一〇b：一八）。

消費者安全調査委員会の設置

二〇〇九年五月の消費者庁関連法案審議の際の参議院消費者問題に関する特別委員会附帯決議において、「消費者事故等についての独立した調査機関の在り方について法制化を含めた検討を行う」とされ、二〇一〇年三月に閣議決定された「消費者基本計画」において、消費者事故の独立した公正かつ網羅的な調査機関の在り方について、二〇一一年度のなるべく早い時期に結論を得ることとされた。これを受けて、二〇一〇年八月に消費者庁に事故調査機関の在り方に関する検討会が設置され、二〇一一年五月に「取りまとめ」と題する報告書が公表された（宇賀 二〇一一）。

報告書では、第一に、対象は消費者安全法第二条五項に規定された「消費者事故等」であって生命又は身体の被害に関するもの、すなわち、事業者が供給等する製品・食品・施設・役務等を消費者が使用等することによって生じた事故・事態であることが確認された。運輸サービスに関する事故や医療行為に関する事故（医療の不確実性に起因する事案を除く）も含むことになる。そして、既存の事故調査制度のない分野、既存の事故調査制度では十分な調査を進めることが困難な分野、所管が多岐にわたる横断的な分野における事故である「すき間事故」への対応を行うことで、網羅性を確保することを重視した（消費者庁 二〇一一）。第二に、調査方法に関しては、「背後に複雑なシステムがある以上、特定人の判断の是非のみに着目しても、再発防止のために有効な対策を見出すことは困難であって、人の関与もシステムや組織の一環として捉え、システムや組織全体を調査する必要がある」として、ヒューマンエラーに視野を限定するのではなく、「システム性事故」や「組織事故」の存在に留意すべきだとするとともに、専門性に依存しすぎることも避けるべきとした。また、パーティー・システムとの関係では、原因関係者等の事業者が事故調査において果たす役割も大きいとし、原因関係者である事業者の参加は確保するものの、事実認定や判断は事故調査機関構成員が行うことで「専門性」の確保と「独立性」および「公正性」の確保のバランスをとるという整理を行った（消費者庁 二〇一一；宇賀 二〇一二）。第三に、事故調査と刑事手続きとの関係については、双方は各々代替不可能な目的を持つ制度であり、双方の手続きの関係整理・調整が不可欠であるとされた。実際に、このような認識に基づき、二〇一二年一一月に警察庁と消費者庁の間で捜査と調査の円滑かつ的確な実施のための相互協力を規定する覚書が取り交わされた。また、刑事免責の是非、過失責任追及のあり方の見直しについては、刑事法制全体の議論に委ねるべきであるとした（宇賀 二〇一一：二四；笹倉 二〇一一a、二〇一一b）。

このような報告書の議論に基づき、七人の非常勤委員によって構成され、必要に応じて臨時委員、専門委員が任命される消費者安全調査委員会が内閣府審議会（八条委員会に相当）として二〇一二年に設置された。

医療事故調査制度の設置　犯罪捜査とは切り離された独立した学習のための医療事故調査制度の必要については、長く議論されてきた。二〇〇五年からは診療行為に関連した死亡の調査分析に関するモデル事業が実施され（畑中他 二〇〇六）、このような試行を基礎に、二〇〇七年に厚生労働省に、診療行為に関連した死亡に係る死因究明等のあり方に関する検討会が立ち上げられ、医療安全調査委員会設置法案（仮称）大綱案が二〇〇八年六月に公表された。この大綱案では、医療事故調査は原因究明と医療事故の防止を目的とするものであり、医療関係者の責任追及が目的ではないことが確認された。そして、医療者を中心とするが法律家や患者等の代表も入る医療安全調査のための中央委員会および地方委員会を設置し、調査は病院からの求めのある場合とともに遺族からの求めのある場合も開始され、報告書は医療機関と遺族に交付するとともに、個人情報を除いて公表するとされた。また、異状死届出を義務づける医師法第二一条は改正され、事故の当事者となった医療者は管理者に報告すれば、警察への届出はしなくてもよいことが明記された（樋口 二〇一〇）。しかし、単なる過失より以上の場合に、医療安全委員会から警察への通知の可能性があるということで、一部の医師から強い反対がなされ、この法案が成立することはなかった。

その後、二〇一四年六月に公布された「地域における医療及び介護の総合的な確保を推進するための関係法律の整備等に関する法律」により、医療法が改正され、医療事故調査制度については二〇一五年一〇月から施行されることとなった。この最終的に成立した医療事故調査制度は、医療機関が医療事故判断を行った場合は、医療事故調査・支援センターに報告し、医療事故調査等支援団体から支援を受けつつ事故調査を行い、その結果を遺族に説明するとともに、医療事故調査・支援センターにも報告するというものである。また、医療機関または遺族から依頼があった場合には、医療事故調査・支援センター自身がセンター調査を行うこともできるようになっている。この制度は、大綱案に比べて、より院内事故調査の色彩が強いものであった。ただし、センターへの報告と支援団体から外部の専門家を受け入れることで、公平性および中立性の確保に努めている。ただし、医師法第二一条の改正や報告書の公表を含まないものであった。

7　残された課題

運輸安全委員会、消費者安全調査委員会、医療事故調査制度の確立によって、従来、航空・鉄道事故調査委員会に限定されてきた公式的事故調査制度は、大きく拡充されてきたということができる。組織形態としては、運輸安全委員会は三条委員会となり、八条委員会であった航空・鉄道事故調査委員会よりも独立性を増している。また、様々な事故調査制度が全体としてカバーする範囲も、運輸サービスから消費者サービス、医療と広がっている。ただし、残された課題もある。

第一に、独立性および統一性を有する事故調査制度を構築するかどうかという課題である。運輸安全委員会は三条委員会として独立性を持つが、他方、運輸安全規制主体でもある国土交通省の下にある点では、独立性に限定がある。また、消費者安全調査委員会の管轄対象としては、運輸サービスを含みうるとしているが、現時点では、別個に組織化されている。将来的には、消費者安全調査委員会と運輸安全委員会を統合し、内閣府に設置するというのも独立性および統一性を確保するための選択肢としてはありうる。ただし、分野による必要な専門性の差異、常勤委員の必要性の程度、内閣府肥大化の問題等を考えると、これに反対する議論もありうる。また、医療安全については、トレードオフ判断に伴う専門性のため、消費者安全調査委員会の管轄外とされている。医療安全調査委員会大綱案から成立した医療事故調査制度への変遷をみても、医師・医療機関の自律性への配慮が一定程度必要な分野であり、別個の制度化を行う理由があるように思われる。

第二に、人材養成の課題がある。事故調査委員会に関して、どれだけ統一的な制度化を行うのかは別にして、「事故調査機関の在り方に関する検討会取りまとめ」が主張するように、多種多様な事故に対応するためには、事故調査のための人材バンクのようなネットワークを構築することが必要かつ適切である。個別分野の専門性だけではなく、調査体制の整備に関する専門性（多分野の専門家を調整し、調査チームを管理する専門性）も求められる（消費者庁 二〇一二）。また、医療事故調査の試行であったモデル事業の経験からも、法医学者、臨床医、解剖医の協力の重要性が指摘されている。このように、事故調査に協力できる多様な専門性を有する専門家のネットワークとともに、これらの専門家間の調整や多様な専門家のチームの管理を行うことのできる人材養成が必須となる。

コラム 「科学技術と政治」への誘い（1）——分野横断的共同研究

筆者が「科学技術と政治」というテーマに正面から向き合う機会となったのは、二つの分野横断的共同研究であった。

一つは、一九九六年に正式に発足した人間地球圏の存続を求める国際学術協力であるＡＧＳ（人間地球圏の存続を求める国際学術協力：Alliance for Global Sustainability）である。ＡＧＳは、東京大学、マサチューセッツ工科大学（ＭＩＴ）、スイス連邦工科大学（ＥＴＨ）間の共同研究の枠組みであり、これらの大学の研究者が国際的かつ分野横断的な研究チームを構築し、政策的社会的含意のある課題に取り組むことが求められた。様々なプロジェクトが組織されたが、その中で、中国の石炭問題（石炭利用に伴う硫黄酸化物や二酸化炭素の排出を削減するための技術的政策的方策とその実効性を規定する要因に関する研究）に取り組む研究チーム、環境規制の調和化と差異化の要因の研究に取り組むチーム、カーシェアリング等の新たな技術の社会的導入過程のプロセス管理の問題に取り組む研究チームに参加した。中国の石炭問題に取り組む研究チームには、ＭＩＴの国際政治経済学を専門とするオーエ氏（Kenneth Oye）、東京大学の化学工学を専門とする定方正毅氏、清華大学の化学工学の専門家等が参加しており、技術の社会的導入過程の問題に取り組む研究チームには、ＭＩＴの都市計画を専門とするサスカインド氏（Lawrence E. Susskind）、ローズ氏（David Laws）、ＥＴＨの環境科学を専門とするショルツ氏（Roland W. Scholz）が参加していた。後に、定方氏は中国の環境問題に関する新書（定方 二〇〇〇）を、サスカインド氏は合意形成手法に関する入門書（サスカインド・クルックシャンク 二〇〇八）を、ショルツ氏は複雑な人間・環境システムを理解するための方法論に関する体系書（Scholz 2011）を著している。

もう一つは、日本学術振興会を実施主体として二〇〇三年に発足した人文・社会科学振興のためのプロジェクト研究事業（人社プロジェクト）であった。人社プロジェクトでは、「諸学の協働」および「社会提言」が重視された。この中で、科学技術社会論を専門とする平川秀幸氏、原子力工学・技術政策を専門とする鈴木達治郎氏、企業における創薬の専門家である大上泰弘氏等とともに、科学技術ガバナンスプロジェクトを担当した。具体的には、食品安全規制問題、両用技術管理問題、動物実験規制問題等を取り上げた。食品安全に関しては、当時運用が開始され始めていた食品安全委員会を分析するとともに、原子力安全、沿岸域管理、医療安全等の他分野との比較も行った。両用技術規制については、主要先進国の安全保障貿易管理体制・政策の分析に加えて、アジア諸国に関する分析やアジアにおける国際的枠組みの可能性に関する分析を行った（鈴木他 二〇〇四）。また、動物実験規制については、現場の生命技術者の意識に関するアンケート調査等を行うとともに、技術者倫理の役割に焦点を当てた。最終的には、プロジェクトとして『科学技術ガバナンス』と題する書物をまとめた（城山 二〇〇七c）。また、平川氏は、科学技術と社会に関する新書を著している（平川 二〇一〇）。

このような社会へのフィードバックも志向する分野横断的共同研究を進めていくには、いくつかの鍵があるように思われる（城山 二〇一〇c）。第一に、他分野の「文法」を理解する必要がある。たとえば、ガバナンスといった概念の理解は社会科学の中でも行政学・政治学研究者、法学研究者、経済学研究者で異なり、用語の共通理解はなかなか困難であった。また、安全規制に関していえば、外部からは相互に近いと思われる原子力工学研究者と化学工学研究者、あるいは法医学者と病理学者と臨床医（内科医・外科医）も、見ている対象、観点が異なり、しばしば相互のコミュニケーションは困難を極めていた。ただ、このような分野横断的コミュニケーションは、国際共同研究の方が進むという面もある。単純明快にしか表現できない英語を用いてオープンに議論することで、国内の異分野間相互のコミュニケーションがより進んだ面もあった。第二に、社会への研究成果のフィードバックを目指すという場合、実際の課題解決までを目指すのか、あるいは、解決案のオプションの提示を目指すのか、あるいは、認識枠組みの提供を目指すのか（いわゆる啓蒙）といったいろいろな選択肢があり得るのであり、実際の課題解決にあまりに前のめりにならないことも重要である。理系主導のプログラムでは、実装（＝社会問題の実際の解決）が重視される場合も多いが、政策プロセスの研究者の目から見れば、研究の結果提供できるオプションの流れと、それが利用されるかを規定する政治的機会の流れは独立しており、政治的機会の流れのマネジメントまでを研究プロジェクトの目的の中に括り込むのは無謀な面がある。そのような考慮もあり、人社プロジェクトの創設段階では政策提言を目的とすべきという議論も多かったが、「課題設定型」研究に押し戻された。

第Ⅱ部　イノベーションとマネジメント

富山市内を走るLRT（ポートラム）（時事通信フォト）

第Ⅰ部では科学や技術に関する知識の存在を前提として、社会がこれらをどのように活用・規制するのかという観点から検討してきた。しかし、知識が生み出されるためには、科学者・技術者の研究活動を促さなくてはならない。第Ⅱ部では、そのような科学技術に関する知識生産の促進と技術の社会導入を促すイノベーションのメカニズムに注目する。

第6章では、まず知識生産の促進のためのメカニズムについて、研究の自由、知的財産権、学問的コモンズといった政策手段に即して検討する。第7章では、分野別技術ガバナンスのあり方を検討する。一定の技術を社会が利用する場合、しばしば技術のロックインが発生するが、このようなロックインは制度的にも担保される。分野別技術ガバナンスの分析では、分野別知識の特性、関係する主体や主体間のネットワーク、制度の関連に着目する。第8章では移行マネジメントについて検討する。移行とは、ロックインから抜け出すために、技術だけではなく社会制度等を変化させることを指す。移行のプロセスでは異なるレベルでの複数の変化の相互作用が大きな役割を果たす。第9章では、政策決定の前提となるテクノロジーアセスメント（技術の社会影響評価）の制度化のあり方について検討する。国会における制度化、行政における制度化、自治体における制度化、政府による資金枠の設定、個別研究開発機関や民間組織のイニシアティブの制度化、国際的制度化といった選択肢がある。第10章では分野を超えた調整メカニズムのあり方について検討する。調整メカニズムには、総合科学技術・イノベーション会議等による科学技術基本計画等の策定のような科学技術に関する横断的調整メカニズムと、宇宙、エネルギー、健康医療といった科学技術の各利用分野に即した調整メカニズムが存在する。これらの調整メカニズムは多様であり、また、相互に連関することとなる。

第6章　知識生産の促進――多様なメカニズムの存在

ここまでは、科学や技術に関する知識の存在を前提として、社会がこれらをどのように活用・規制するのかに関わる論点を検討して考えてきた。しかし、科学や技術に関する知識の存在は自明ではない。これらの知識が生み出されるためには、社会が科学者や技術者を養成し、その研究活動を促さなくてはならない。そのための枠組みや制度をいかに構築するのかという課題がある。効果的な科学技術政策にとっては、研究開発をいかに効率的に再編成するのかというのは根本問題である（ネルソン 二〇一二：六九）。

以下では、まず、知識生産の促進のためのメカニズムに関して、表6-1に示した五つの政策手段群に即して検討する。五つの政策手段群とは、研究の自由と統制、ファンディングの方式（コア・ファンディング支援とプロジェクト・ファンディング支援）、知的財産権と学問的コモンズ、大企業あるいは中小企業の役割への関与、技術強制と自主的対応である。その上で、このような政策手段の効果を測定する際に必要となる研究開発評価の課題について検討する。

1　研究の自由と統制

研究の自由

一方では、研究の自由、すなわち自律的な「科学の共和国」の重要性を指摘する議論がある（Polanyi 1962）。このような観点からは、研究開発機関は科学者・技術者が議会や行政府から一定の独立性をもって運営するべきだとされ、研究開発を中心としたアメリカのかつての原子力エネルギー委員会やＮＡＳＡ（アメリカ航空宇宙局）のような機関は望ましい組織モデルであるとみなされる（ネルソン 二〇一二：七二）。

「学問の自由」や「研究の自由」といった法概念の役割についても、このような文脈で再検討してみる必要がある（山本 二〇〇七）。これらの概念は、しばしば、「科学のための科学」や「研究のための研究」を正当化する概念として考えられてきた。しかし、そうではなく、知識生産を促すための組織原理として、再定位することができる。つまり、知的イノベーションを引き起こすには、ヒエラルキー組織の上位者の指示に従って研究を業務として遂行するだけでは不十分である。たしかに、研究においても作業として必要な部分はあるのであり、そのための支援メカニズムは不可欠であるが、肝心な部分のアイディアは自発的な探索活動の中から生じる。そのように考えると、「学問の自由」や「研究の自由」は、ボトムアップな形で多様な試行や実験を可能にすることにより、結果として社会にも寄与する知的イノベーションを促すという機能を持つといえる。そのプロセスでは分野横断的なネットワークの構築も重要である。また、学問や技術における「多様性（diversity）」の確保はこのような知的イノベーションに不可欠な条件である。そして、このような知識生産を促すためには、研究者等の関係者の自発的な試行やコミュニケーションを促す自由と自治的な組織形態が必要であるということになる。近年の産学連携の議論は、関与するアクターが産と学に限定されるべきかという課題はあるものの、多様な現場の連携を通して知を創出するという方法論としての側面を持つ。ただし、日本の場合、一九五〇～六〇年代の「産学協同」論は、産業界がこれを短期的な技術者不足への対応と理解し、職業教育の改善としての観

表6－1　知識生産促進の手段群

研究の自由と統制
コア・ファンディング支援とプロジェクト・ファンディング支援
学問的コモンズと知的財産権
大企業と中小企業の役割への関与
技術強制と自主的対応

出典：筆者作成。

点を欠いていたこともあり、学生運動等によって批判され、以後、タブー化されてきた（夏目 二〇一七）。

実は、前述のリスク評価のためにも、知識生産促進は不可欠である。リスク評価に必要な情報の生産を促すためには、多様な実験を許容していく実験法制が不可欠である。そのような法制がなく実験ができない場合には、リスク評価の前提となる知識について、輸入に依存せざるを得なくなる。日本においては安全規制が厳しいために、安全規制の許認可を求める申請をするのに必要なデータですら国内で実験して生み出すことができず、海外で行った実験データを利用してきたといったことが指摘されてきた。このようなことでは、リスク評価の基盤となる情報・知識の蓄積も進まないことになる（城山 二〇〇七b：五七）。

また、近視眼的に安全性を重視して実験的研究を制約することが長期的に革新の可能性を摘み、結果として社会の脆弱性を高めるのではないかといった考慮も必要になる。医薬品に関する段階的な治験は、まさにそのような考慮から、安全性の問題を認識しつつ実験的な研究を一定の枠組みの下で行おうとしている例であるといえる。

研究の統制

このような考え方を取ったとしても、「学問の自由」や「研究の自由」をあらゆる場面で尊重するというわけにもいかない。安全性や安全保障側面でのリスクとの比較較量は必要になる。安全保障へのリスクを考慮して学問・研究の自由を制約すべきかどうかも問題になりうる。たとえば、学問の自由や研究の自由の重要な一部である研究の公表を、研究成果がテロに使われる恐れがある場合には、安全保障上のリスクを重視して停止すべきかどうかということが課題となった。また、公表を制限する際に、政府が主体となるのか学会等が主体となるのかも、制度的な課題であった。

他方では、科学者・技術者ではない人によってなされる社会的、経済的価値の考慮が基礎研究への資源配分への決定において主要な役割を果たすべきだという議論がある。概して経済学者は独立した研究開発のガバナンスについては懐疑的であり、このような研究の統制に好意的である（ネルソン 二〇一二：七一、七三）。

この研究の自由と統制の問題は、本人・代理人関係の問題と解することもできる。本人である政治的意思決定者（科学者・技術者ではない人）との関係において、科学者、技術者といった専門家は代理人であるという位置づけになるが、このような専門家に研究開発の内容・方向性の決定に関してどのような裁量を与えるのか、そのような裁量行動をどのようにモニタリング、コントロールするのかという問題であると位置づけることができる（Guston 1996）。

2　ファンディングの方式――コア・ファンディングとプロジェクト・ファンディング

研究の自由と統制という問題は、具体的制度設計としては、大学や研究機関へのファンディングの方式をめぐる議論として立ち現れてくる。

ファンディングの類型

第一に、使途の指定されない自由度の高い資金配分方式があり、これはコア・ファンディングと呼ばれる。大学運営のための一般大学資金（GUF：General University Fund）等がそれに当たる。第二に、研究者・研究グループが研究資金の獲得を目指して競争することになるプロジェクト・ファンディングがある。プロジェクト・ファンディングは、直接政府資金（DGF：Direct Government Fund）とも呼ばれる。プロジェクト・ファンディングにおいては、当然のことながら、資金の使途は各プロジェクトの目的に限定される（小林 二〇一二b：一五〇～一五七；標葉・林 二〇一三：五六）。研究の自由を重視する主体はコア・ファンディングへの志向性が強くなり、研究の統制を重視する主体はプロジェクト・ファンディングへの志向性が強くなる。政府等の資金提供主体は、コア・ファンディングとプロジェクト・ファンディングの比率を、各々政策的観点から決めることになる。近年の一般的な傾向としては、コア・ファンディングからプロジェクト・ファンディングへの傾向がみられる。

さらに、競争的なプロジェクト・ファンディングにおいても、どの程度目的を限定するのか、どのように目的を限定するのかについては、様々な幅がある。一定の分野において学問的成果を求めるプログラムもあれば、特定の社会的目的に寄与することを求めるプログラムもある。たとえば、日本の資金提供機関でいえば、同じ文部科学省管轄下の組織であっても、日本学術振興会は前者の色彩が強く、科学技術振興機構は後者の色彩が強い。そして、各々のプログラムの性格に応じて評価が行われることになり、評価者の範囲（ピアである研究者だけなのか、社会のステークホルダーも加えるのか）や評価の視点（学問的観点だけなのか、社会的経済的インパクト等も考えるのか）等が変わってくる（標葉・林 二〇一三）。

ファンディングの主体

研究開発のファンディングを政府が行うのか、民間が行うのかという選択肢もある。先進国の多くでは、政府負担研究開発費は拡大を続けているが、日本は一九九〇年代には政府負担研究開発費を拡大させたものの、二〇〇〇年代にはほとんど増減がみられない（小林 二〇一二a）。そして、民間の企業等が研究開発を行う場合にも、中央研究所のような自由度のある環境において研究開発を行うのか、特定のプロジェクトの課題解決に資する研究開発を行うのかという選択肢がある。そして、エレクトロニクスや医薬品産業部門で日本の競争力が落ちた要因の一つとして、将来のシーズを生み出す中央研究所を廃止したことを指摘する議論もある（山口 二〇一六）。

3　知識生産のインセンティブ——知的財産権と学問的コモンズ

知的財産権運用の課題

知識生産を促す制度的メカニズムには、他にも、様々なものがある。研究者のインセンティブを高めるために知的財産権を活用すべきか、というのも一つの論点である。知的財産権を活用して研究者が研究成功への経済的インセンティブを得られるのであれば、このような仕組みを活用することで知識生産を促進することができる。

しかし、知識生産の主要な動機が経済的インセンティブではなく、知的好奇心の満足や専門家共同体の中での同僚からの評価であったりすると、知的財産権の活用は必ずしも機能しない。企業の研究者は利潤目的であるので、研究成果を特許として専有する傾向にあり、大学の研究者は知的好奇心があるため、研究成果を専門誌に投稿して知識を共有する傾向があるという議論がある。しかし、実際には、企業の研究者にも知的好奇心があり、知的挑戦・独立性といった内在的動機づけと給与といった外在的動機づけの双方が重要であり、論文発表を認めるのであれば二〇%給与が低くてもよいという日本の研究者へのアンケート調査結果も出されている。また、同様の観点に基づいて、職務発明制度はマネジメント上の障害とされ、二〇一五年の特許法改正では、職務発明の際には、必ずしも金銭的な「相当の対価」を提供するのではなく、「金銭その他の経済的利益」を提供することとされた（後藤二〇一六：一二四～一二五、一三一）。

また、企業がイノベーションから利益を確保する方法としても、特許の活用の比率は大きくなく、営業秘密（とくに工程イノベーションに関して）とするか、あるいは論文として公表することによる他者特許を回避するといった戦略がむしろ選択されていることが示されている。ただし、医薬品では特許が例外的に効果的であると認識され、選択されている（後藤 二〇一六：一五九～一六一；Levine et al. 1987）。さらに、細分化された対象ごとに知的財産権を設定すると、様々な要素の組み合わせによる知識の構築が困難になるという課題もある。

学問的コモンズ　以上のような課題を持つ知的財産権に対して、伝統的な研究者共同体の知識の流通原理は、学問的コモンズ（共有地）の活用であった。研究者共同体においては、誰の発見かという名誉は倫理的にも重視されてきたが、基本的には知的財産権を取得して成果を秘匿するのではなく、なるべく早期に研究成果を研究者共同体で共有化し、それらを無償で利用してさらなる研究成果の創出を促すという方式が活用されてきた（Heller and Eisenberg 1998）。知識生産のために、学問的なコモンズを維持するのか、知的財産権をより活用するのかというのは、重要な制度設計における選択である。知的財産権制度を活用しつつ、関係者間で特許等のプールを構築して、相互に利用できるようにするという選択肢もある。

4　市場構造のダイナミズムへの関与

大企業と中小企業　市場構造とイノベーションとの関係としては、シュンペーター（Joseph Schumpeter）の命題として、一見相反する二つの命題が知られている。まず、一九一一年刊行の『経済発展の理論（*The Theory of Economic Development*）』において、企業家と小規模企業による競争が牛み出すイノベーションとそのメリットについて論じている。他方、一九四二年刊行の『資本主義、社会主義、民主主義（*Capitalism, Socialism, and Democracy*）』では、市場支配力を持つ大企業の存在がイノベーションを促すために必要であると述べている。実証的には、競争が中程度であるときにイノベーションが最も盛んになり、それより競争性が高くても低くてもイノベーション活動は低調になるという研究もある（大橋 二〇一四：一六四）。

中小企業の役割は国によっても異なる。前述のように第三次産業革命において、アメリカでは、中小企業の研究費の割合増加、中小研究開発専業企業の増加といったイノベーションシステムの変化がみられるのに、日本では、大企業が自社研究に依存する基礎研究重視に向かった（第1章参照）。このようなアメリカの状況の背景には、バイオテクノロジーにおいては例外的に特許が利益確保のために活用されているため、中小企業が研究開発に専念できるという事情もあった。

独占禁止法の役割　市場構造とイノベーションの関係は、独占禁止法の関心事項でもある。近年の合併審査では、価格上昇の可能性だけではなく、将来の技術開発競争への影響を評価し、問題が懸念される場合には、関連する製品生産工場等の第三者への売却等を促している（後藤 二〇一六：一七三、一七七）。独占禁止法は、市場に任せておいた場合に発生しうる大企業による独占・寡占への対抗的介入ための政策手段として、イノベーション促進のためにも重要たりうる。

5　技術強制の可能性と自主的対応

環境規制への自動車業界の対応　一九七〇年代からの窒素酸化物、炭化水素、一酸化炭素に関する自動車初期排出規制および、それに対応するために技術的に不可欠な触媒装着車が必要とする無鉛ガソリンの供給に関しては、日本はアメリカやヨーロッパに先駆けて対応した。アメリカでは、カリフォルニアを中心とする光化学スモッグへの関心や、ニクソン（Richard M. Nixon）とマスキー（Edmund Muskie）との大統領選に向けた競争を背景に、一九七〇年大気清浄法（＝マスキー法）が成立した（一九七六年の NOx 規制値としては〇・二五 g/km が規定されていた）。

しかし、大統領選挙熱がさめ、業界の反対が強まる中で、マスキー法の実施は遅れ（最終的には一九八三年実施）、またその内容も緩和（NOx〇・六五 g/km）された。また、触媒装着車用無鉛ガソリン供給は一九七四年から始まったが、車のライフサイクルが日本に比べて長く、中小の製油所も多かったため、有鉛ガソリンは一九九〇年代に至るまで供給され続けた。他方、日本では、アメリカで提案された（そして決して実施されることのなかった）マスキー法の内容を維持し、若干時期を遅らせた自動車排出ガス基準（日本版マスキー法）を設定し、一九七八年に達成した。たとえば一九七八年のガソリン車の NOx 規制値はすでに〇・二五 g/km であった。光化学スモッグ事件等による地方政治圧力の増大、マスキー法の提案国であるアメリカに対する輸出の必要、技術検討会という政府・企業間あるいは企業間情報共有レジームのもとでの企業間競争（先発のトヨタ・日産と後発のホンダ・マツダの間で）が背景にあった。また、燃料に関しても、一九七〇年の牛込柳町事件（結果としては誤りであったが自動車からの鉛が中毒の原因だと考えられた）により低鉛化が進み、触媒車対応無鉛ガソリンも一九七五年から供給され始め、無鉛ガソリンへの転換も急速に進んだ。

環境規制においてはリスク・トレードオフの存在が認められた。自動車環境規制の場合、窒素酸化物（完全燃焼の産物）を削減することと炭化水素・一酸化炭素（不完全燃焼の産物）を削減することとの間、排出規制と燃費規制との間（燃費の良いディーゼル車には排出上の問題がある）でトレードオフが認められた。このような技術選択に規定されたトレードオフはある時点では確実に存在するのであるが、通時的には、このようなトレードオフの主張が規制強化反対の理由としてなされたにもかかわらず、技術革新によってトレードオフの心配が杞憂に終わった例も多くみられる。典型的な例が、燃費の改善と各種排出物の削減を同時に求められた日本における初期自動車排出規制であった。これは多くの自動車会社にとって半ば規制によって強いられた対応だったわけであるが、結果として燃焼プロセスの研究が進むことで燃費も向上し、一九八〇年代に日本の自動車産業が国際的競争力を獲得する淵源となった（城山 二〇〇〇a）。

技術強制と自主的対応　このような事例を参照して、政策的に企業レベルでの技術革新を促すために現存技術の存在しない高いハードルを設定する「技術強制」を行うことは可能なのではないかとの議論もされている。ただし、これはあくまでも結果論に過ぎなかったともいえる。

他方、企業戦略としては、一九九〇年代後半のトヨタのハイブリッド車導入過程にみられるように、省エネ法のような基準に基づくのではなく、規制環境の不確実性を縮減し、評判を確保し、比較優位を持つ技術を創出するという誘因により、率先して環境政策に自主的に対応することもありうる（Yarime et al. 2008）。また、温暖化対策のように長期の交渉が行われる領域においては、交渉の存在自身が長期的には規制導入のリスクを表象しているため、企業が経営リスクマネジメントとして技術開発を行い、その成果を自主的に市場に投入するインセンティブを持つというダイナミズムもありうる。

6　研究開発評価とその限界

ファンディングをはじめとする様々な知識生産促進のための政策手段が活用されるようになってくると、これらの政策手段の効果等に関して、様々な段階で様々な形態の評価を行う必要が出てくる。それに伴い、いくつかの課題が現れてくる。

研究開発評価の方法　第一に、研究開発の学問的評価をどのように行うのかという課題がある。たとえば、論文の場合、被引用数や掲載される雑誌のインパクトファクターという指標をどのように考えるのかという課題がある。このような指標を考えた専門家自身は、被引用数は論文や研究成果の質（quality）や重要性

（importance）の指標ではなく、インパクト（科学的知識への影響）の指標であり、また、論文以外の要因の影響も受ける「不完全な指標」であるとし、またインパクトファクターを論文の評価や執筆者の研究能力の評価に利用することは危険性があると指摘していた。しかし現実には、不完全な指標が不適切な形で使われることも多い（調 二〇一三）。

社会的経済的インパクトの評価

第二に、研究開発の社会的経済的インパクトをどのように測定するのかという課題がある。たとえば、アメリカのＮＳＦ（国立科学財団）の行うプロジェクト採択審査基準には、一九九八年より「知的メリット（intellectual merit）」と「広範囲の影響（broader impact）」があるとされているが、後者をどのように測定・判断するのかという課題である（標葉・林 二〇一三：五九～六〇）。たとえば、効果・便益といったインパクトには不確実性が存在する。とくに、最終的なインパクトに至るまでには様々な要因が介在する長期的な評価は困難である。そもそも、研究開発が公的に支援されるのは、不確実性が高い場合である。そして、技術はしばしば、研究開発者の意図を超えて、予想外の利用が行われることも多い。また、イノベーションが次のイノベーション（フォローオン・イノベーション）を連鎖的に生み出して継続的な便益が実現されるような場合もある。そのような連鎖的効果の評価の試みも行われてはいる（大橋 二〇一四）。

多次元的評価の課題

第三に、多次元的評価が困難であるという課題がある。経済学の観点からは、代替的選択肢を列挙し、費用と便益の観点から評価し、最適な解を明らかにするという政策分析が行われてきた。ただし、これには目的に関する合意、すなわち目的を一次元的に評価できることが必要になるが、現実にはそれは難しい（ネルソン 二〇一二：一七～一八）。そのため、価値に基づくトレードオフ判断が不可避である多次元的評価が不可欠になる。

たとえば、日本では、食品のリスク評価に関しては、安全性だけではなく、経済的、社会的、倫理的、文化的要素がＯＬＦ（other legitimate factors）として考慮事項に挙げられ、診療報酬制度における医療技術評価（ＨＴＡ）に関しては、有効性、安全性、普及性、技術の成熟度、倫理性・社会的妥当性、経済性（予想される医療費への影響）が考慮事項として挙げられたが、これらをどのように総合的に評価するのか、そしてそのような評価結果をどう適用するのかに関する議論は欠けていた。また、原子力委員会による二〇〇四年の核燃料サイクルの再評価では、安全確保、エネルギーセキュリティ、環境適合性、経済性、核不拡散性、技術的成立性、社会的受容性、選択肢の確保、政策変更に伴う課題、海外の動向、という一〇項目が評価基準として設定されたが、結論としては、「蓄積してきた社会的財産」という若干異なる評価の観点が重要な役割を果たし、一〇項目の評価基準の適用に関しては曖昧さが残った（城山他 二〇一〇：二〇四〜二〇六）。

逆にいえば、多次元的評価を行う際には、場合によっては価値判断を伴う政治的判断が不可避となるのであり、そのためのプロセスが必要になるといえる。

このように、評価が困難であるということは、本人・代理人関係において、専門家の一定の自律性が不可避であることを意味する。逆にいえば、自律的なアセスメント・評価とそのフィードバックのメカニズムが重要であるということになる。

第7章　分野別技術ガバナンスの構造

1　分野別技術ガバナンス構造の分析枠組み

一定の技術を社会が利用することとした場合、その技術がその後の社会の技術選択を一定期間規定するという技術のロックインが発生する。このようなロックインは、技術的に生じるだけではなく、技術標準や安全規制等の策定を通して、制度的に担保されることになる（第1章参照）。また、科学技術の研究開発の段階においても、研究開発活動はファンディング等に関する制度によって枠づけられる。使途の指定されない自由度の高い資金配分方式であるコア・ファンディングが活用できる場合もあれば、研究資金の獲得を目指して競争することになるプロジェクト・ファンディングが活用されることもある。また、政府資金が活用できる場合もあれば、民間資金に依存する場合もある（第6章参照）。そして、そのような研究開発や利用の制度枠組みに応じて、様々な関係者が関与することになる。

本章では、このような技術、制度、関係する主体のあり方を技術ガバナンスと考える。以下では、まず、分野別技術ガバナンスの構造を分析する視角の手がかりとして、表7－1に示している技術システム論、イノベーションシステム論、分野別イノベーションシステム論、社会技術システム論を検討した上で、技術ガバナンスの構造の分析視角を整理する。その上で、日本における原子力技術、宇宙技術に関する分野別の技術ガバナンスの構造を検討

表7－1　分野別技術ガバナンス構造分析の視座

	分析単位	分析の焦点
技術システム論	技術システム	物理的人工物・組織・科学・立法的人工物
イノベーションシステム論	技術イノベーションシステム	主体・ネットワーク・制度
分野別イノベーションシステム論	分野別イノベーション生産システム	分野の知識・主体・制度
社会技術システム論	社会技術システム	需要サイド・三層構造 (ランドスケープ・レジーム・ニッチ)

出典：筆者作成。

する。

技術システム論

技術システム論では、技術が社会的に利用される段階においては、技術は物理的な技術以外の様々な構成要素を含む技術システム（technological system）として存在するとされる。技術システムの構成要素には、電力システムの場合でいえば、変圧器や送電線のような物理的人工物（physical artifacts）の他に、製造工場・電力会社・投資銀行のような組織、書籍・論文・大学研究教育プログラムのような科学、規制法のような立法的人工物（legislative artifacts）も含まれる。そして、これらは相互作用するとともに、相互に依存している（Hughes 1999a：51-52）。

たとえば、アメリカにおける電力システム構築・利用に関しては、エジソン（Thomas Edison）が発明を担い、インスル（Samuel Insull）が管理運営を担い、ミッチェル（S. Z. Mitchel）が資金調達を担った。そして、エジソンはシステム的アプローチを採用し、課題に即して分野横断的に対応することとした（Hughes 1999b：50, 53）。

イノベーションシステム論等

このような技術と組織等の相互作用については、様々なイノベーションシステム論の中で議論されてきた。ベルク（Anna Bergek）等は、イノベーションシステムを共通目的（a common purpose）に寄与する構成要素の集合と定義し、その構成要素は主体（actors）、ネットワーク（networks）、制度（institutions）であるとする。ただし、各主体が必ずしも同一の目標を共有するわけではないという点も強調する（Bergek et al. 2008：408）。

その上で、技術イノベーションシステム（technological innovation system）という分析単位を設定する。分析単位の設定に際しては、第一に、技術あるいは知識の幅について明確にする必要があるとする。製品で見るのか、分野で見るのかといった選択がある。また、どの程度の集約度で考えるのか、どのような幅の応用を考えるのかにも選択がありうる。たとえば、再生可能エネルギーといった単位設定をするのか、風力発電という単位設定をするのかといった選択が必要となる（Bergek et al. 2008: 411-412）。第二に、主体、ネットワーク、制度といった構成要素の構造を特定する必要があるとする。主体としては、企業、大学、研究機関、公的機関、利益集団、ベンチャーキャピタル等が存在する。ネットワークには公式非公式のネットワークが存在する。そして、文化、規範、規制といった制度が存在する（Bergek et al. 2008: 411-413）。

また、マレルバ（Franco Malerba）は、分野別イノベーション生産システム（sectoral system of innovation and production）という分析単位を設定する。この分析単位を設定する際には、第一に、この分野の知識のあり方がメルクマールになるとする。知識によって、接近可能性（accessibility）や累積（cumulative）性が異なる。たとえば、累積性のある分野は安定的であるが、累積性が低い分野は新規参入の多い分野となる。また、分野により需要のあり方や補完性も異なる。第二に、主体としては、企業と非企業があり、企業は利用者と供給者に、非企業は大学、金融機関、政府機関、ベンチャーキャピタル等に分かれる。そして、バイオテクノロジーにおいては大学も重要であるといったように、分野と主体も関連してくるとする。また、制度には、公式性、拘束度に関して様々なものが存在する（Malerba 2002：251-257）。そして、特許の有効性が分野によって異なるように、分野と制度も関連してくる（Levine et al. 1987）。

さらに、ギール（Frank W. Geels）は、社会学的観点も踏まえて、社会技術システム（sccio-technical system）という分析枠組みを提示する。この枠組みでは、第一に、既存のイノベーションシステム研究は生産サイドに関心があったのに対して、需要サイド＝利用者を明示的に入れようとする。第二に、主体の認識や文化についても注意を払う。第三に、ランドスケープ、レジーム、ニッチという三層構造が導入される。この三層間の相互作用等を通して、ランドスケープを構成する環境要因変化やニッチにおける実験がレジームとの緊張関係を引き起こし、レジームの変化に至るという枠組みを提示した（Geels 2004：898～902，913）。

以上、技術別あるいは分野別のイノベーションシステム論等を紹介してきた。他方、国レベルで共通な国別イノベーションシステム（national system of innovation）に関する議論も行われてきた（Freeman 1995）。いかなる場合に国の共通性がみられ、いかなる場合に分野の差異が生じるのかというのは重要な分析課題である。また、地域という単位でのイノベーションシステムを考えることもできる。

分野別技術ガバナンス構造の分析視角　以上の技術システム論、イノベーションシステム論等も踏まえて、分野別技術ガバナンス構造の分析視角として、以下の点を指摘することができる。

第一に、分野と分野別知識の性格に応じた特性を明らかにすることが分析の際の視角となる。この点は、イノベーションシステム論、分野別イノベーションシステム論のいずれにおいても指摘されてきた。ただし、分野の幅については、多様な選択がありうる。以下の日本における事例の検討においては、原子力技術、宇宙技術という幅で分野を設定して考えてみる。国別イノベーションシステムや地域別イノベーションシステムを分析する際には、個別分野の知識の性格ではなく、大学といった社会における横断的な知識生産システムの性格を明らかにすることが分析の際の視角として重要になる。

第二に、ガバナンス構造を考える上で最も重要な要素として、関係する主体のあり方や主体間のネットワークのあり方を明らかにすることが分析の際の視角となる。各分野における公的研究開発機関のあり方・自律性、民間企業の研究開発への関与の仕方、官民の利用者のあり方・役割、研究開発や利用に関わる各省庁のあり方、技術利用に関わる安全規制等の担い手のあり方、これらの主体相互のネットワークのあり方等が、具体的な分析の焦点となる。

第三に、制度のあり方も分析の際の視角となる。技術標準、安全規制等リスク規制のあり方、事故の際の補償制度のあり方や官民関係のあり方等が、具体的分析の焦点となる。

なお、以上のようなガバナンス構造の分析とは別にガバナンスの機能の分析がある。ここまでの各章で行ってきたリスク評価・管理・規制（第２章〜第４章）、事故調査・情報収集／共有（第５章）、知識生産（第６章）に関する分析は、科学技術に関する個別のガバナンス機能に関する分析であったと位置づけることができる。

2　原子力技術ガバナンス

二元体制の成立と運用

サンフランシスコ平和条約（一九五二年四月発効）により、原子力研究が可能になったことを受けて、日本学術会議は原子力研究の取り扱いについて議論を開始した。そのような状況の下で、一九五四年三月の衆議院予算委員会において、原子力予算が提案され、同年四月に成立した。そして、一九五五年一二月には原子力基本法、原子力委員会設置法等が成立した。

一九五六年一月に原子力委員会が設置された。また、濃縮ウランの提供を中心とした日米原子力協定が締結されたことに伴い、その受入れ機関として一九五六年一〇月に財団法人原子力研究所が設立され、その後、科学技術庁の下の特殊法人である日本原子力研究所（原研）となった。このような政府の動きに呼応して、産業界では日本原子力産業会議が一九五六年三月に設立された。

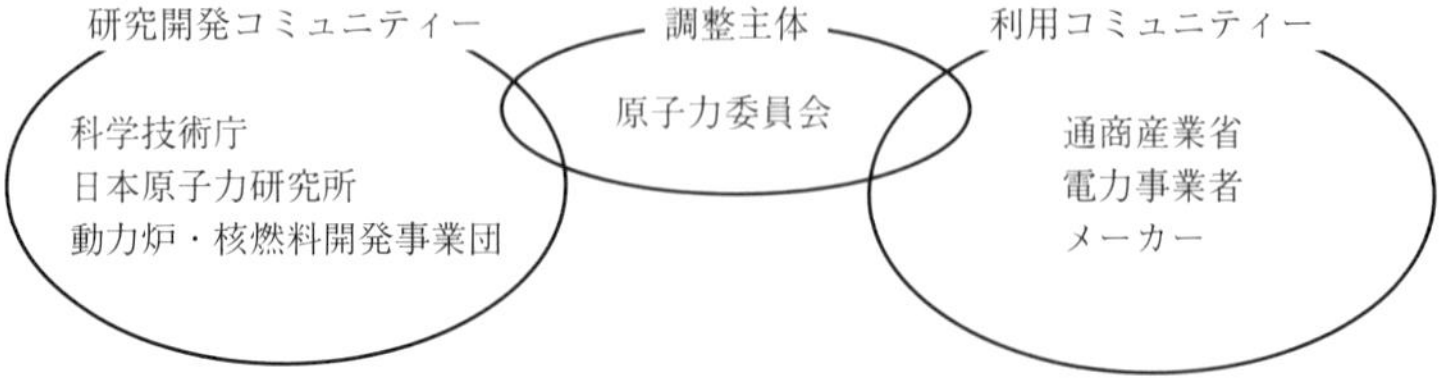

図7-1　原子力技術の二元体制

出典：筆者作成。

原子力発電の実施主体としては、政府二〇%、民間八〇%の出資による官民合同の日本原子力発電株式会社（原電）が一九五七年一一月に設立された。同時に、各電力会社社内での検討も進んでいた。東京電力は一九五五年一一月に原子力発電課を設置し、東電原子力発電共同研究会を組織した。関西電力も一九五四年に技術研究所内に原子力グループを設置し、一九五六年四月には、工業技術院電気試験所、三菱電機、三菱重工等と協力して原子力発電研究委員会を組織した（加治木 二〇一五：一四～二二）。

このような中で、一九五七年までには図7-1のような二元体制の原型が形成されていた（吉岡 二〇一一：三二）。二元体制とは、一方に科学技術庁、原研、後に一九六七年に設置された動力炉・核燃料開発事業団（動燃）が存在し、他方に通商産業省、電力事業者等が存在するという体制である。前者は原子力技術の研究開発に重点を置き、後者は原子力技術の利用に重点を置いていた。そして、原子力委員会が両者の調整を担い、二〇〇〇年まで「原子力の研究、開発及び利用に関する長期計画」（長計）を策定していた（二〇〇五年から二〇一四年に再編されるまでは原子力政策大綱を作成してきた）。

一九五七年に成立した炉規制法（原子炉等規制法）により、安全規制についても原子力委員会が大きな役割を担っていた。原子力事業については総理大臣が許認可を行うこととされていたが、総理大臣は科学技術庁長官に補佐されており、安全規制に関する事項も含め、原子力委員会（科学技術庁長官が委員長）の意見を聴き、尊重しなければならないこととされていた（城山 二〇一〇a：四五）。また、一九六一年に成立した原子力損害賠償法により、事業者の無限責任による賠償義務等が定められた。

このような二元体制の下で、科技庁・原研・動燃は研究開発を進めて行った。原研は、一九五〇年代末にＧＥ（General Electric）の沸騰水型原子炉（ＢＷＲ：Boiling Water Reactor）を採用し、初の動力試験炉（ＪＰＤＲ：Japan Power Demonstration Reactor）をターン・キー方式（全工程および全設備の設計・製作・機能に関して主契約者のＧＥが責任を負い、全出力一〇〇時間運転を支障なく終わった時点で原研に引き渡すという方式）で設置した。しかし、ＪＰＤＲは、一九六三年一〇月に初の原子力発電に成功したが、三日後には、ミスオペレーションが多い、労動組合がいつストライキをやるか分からず不安である、組織命令系統が確立しておらず業務に支障がある等を理由として、ＧＥ本社からの指令によって運転が停止されてしまった。このように、原研は、労働問題といった内部事情により、軽水炉の実際の担い手として機能することが難しかった（加治木 二〇一五：一七）。そのため、後に研究開発の重要なテーマになってきた高速増殖炉に関しては、動燃が研究開発を担うこととなった。

他方、通産省、電力事業者等は、海外の軽水炉技術導入・利用を進めていった。政府は当初、海外からの技術導入に慎重な姿勢も示していた。しかし、一九六〇年六月には、原子力委員会において、技術導入を認可して原子力産業の育成を図るとの方針が決定され、一九六一年には、東芝とＧＥ、三菱とＷＨ（Westinghouse Electric）の原子力発電に関する技術提携が認可された。なお、官民連携方式の実施主体として設立された原電は、当初、以後主流となるＢＷＲや加圧水型原子炉（ＰＷＲ：Pressurized Water Reactor）とは異なるタイプであるコールダーホール改良型炉を採用したため、ＢＷＲやＰＷＲに関して設計・製造・運用方法を学習するという役割を十分には果たせなかった（加治木 二〇一五：一七～二一）。ただし、通産省と電力会社間の対立もあった。たとえば、通産省は一九五七年に電源開発が軽水炉に参入することを支援したが、電力事業者は反対した（サミュエルズ 一九九九：三二一）。

高速増殖炉の帰趨と二元体制の弱体化

二元体制において科技庁・動燃が重視してきたのは、高速増殖炉（ＦＢＲ：Fast Breeder Reactor）の研究開発であった。高速増殖炉は、燃えにくいウランをプルトニウムに転換してウラン資源の利用効率を高めることができる技術であり、日本の原子力政策において中核的技術として位置づけられてきた（城山・鈴木 二〇〇八：一五〜一八）。原子力委員会による一九六七年長期計画において、高速増殖炉が「将来の原子力発電の主流となるべきものである」と明確に位置づけられるとともに、高速増殖炉の自主的開発を国家プロジェクトとすることが決定された。ただし、時間が経過するに従って、実用化目標年次はどんどん遅れていった。一九六一年長期計画では、実用炉の目標年次は一九七六〜七九年頃と記されていたが、一九六七年長期計画では、最終的な実用化は一九八〇年代後半と一九六一年長期計画より一〇年ほどの遅れがみられた。さらに一九八七年長期計画では、実用化達成時期目標については、二〇二〇〜三〇年頃までに高速増殖炉のための技術体系の確立は目指すものの、実用化に向けては市場メカニズムによることから時期については未定とされた。

発電システムとしての高速増殖炉に関する技術的性能についての見通しを得ることを目的として、原型炉「もんじゅ」の開発が一九六八年に開始され、一九八三年には原子炉設置許可が行われ、一九九四年には運転において初臨界を達成した。しかし、一九九五年にナトリウム漏洩事故が発生し、運転を停止した。この事故を契機に、高速増殖炉計画全体に対する批判が高まり、一九九六年二月には高速増殖炉懇談会が設置され、同年一二月に「高速増殖炉研究開発の在り方」と題する報告書が提出された。この報告書では、原型炉に続く実証炉の計画については、「実用化時期を含めた開発計画について、安全性と経済性を追求しつつ、将来のエネルギー状況を見ながら、柔軟に対応していくことが必要である」とした慎重姿勢が示され、原子力委員会も了承した。

高速増殖炉の開発においては、一九八〇年代から、動燃だけではなく、潜在的な利用者である電力事業者が重要な主体となっていった。高速増殖炉研究開発懇談会（一九八一年設置）の議論を踏まえた一九八七年の原子力長期計画では、実証炉段階では原型炉段階までのように動燃が一元的開発主体として設計・R＆Dから建設・運転まで担当するのではなく、事業主体については電力事業者が主導的役割を担い、実証炉の設計・建設・運転を担当するとされた。高速増殖炉に関して慎重になる過程では、このような電力事業者の関与を背景として、高速増殖炉の実用化に慎重な電力事業者がユーザーとしての影響力を発揮したと考えられる（城山・鈴木 二〇〇八 二〇～二二、二四）。その後、二〇〇五年政策大綱でも、高速増殖炉のオプションは維持されたが、導入年次が二〇五〇年頃とさらに大幅に遅れるなど、より慎重な態度がとられるようになった。そして、福島原発事故後、二〇一六年一二月には、「もんじゅ」の廃炉が決定されることとなった。

このような「もんじゅ」の政策的位置づけの変遷には、二元体制における科技庁・動燃コミュニティーの相対的な弱体化が反映されているといえる。制度的にも、二〇〇一年の中央省庁再編によって、科技庁と文部省は合併して文部科学省となり、旧科技庁は独立性を失った。また二〇〇五年には、原研と核燃料サイクル機構（動燃が一九九八年に改組したもの）も合併し、日本原子力研究開発機構となった。

福島原発事故後の原子力委員会再編成と産業構造の変容

二〇一一年三月の福島原発事故を受けて、政府では原子力安全規制に関する組織等の改革の基本方針が同年八月に閣議決定され、二〇一二年一月には原子力組織制度改革法案等の閣議決定が行われた。その後、野党であった自民党・公明党による対案との調整が行われ、原子力規制委員会設置法案が二〇一二年六月に成立した。その結果、原子力安全規制の担い手の制度的独立性は大幅に増大した。当初は原子力委員会の審議を踏まえて総理大臣が持ってきた安全規制権限は、原子力船むつ事故後の安全規制改革により通産大臣が持つ規制権限を原子力安全委員会がダブルチェックする体制となったが、今回は、原子力安全規制が原子力利用サイドである経済産業省から独立し、環境省の下の原子力規制委員会により担われることとなった（第３章参照）。

福島原発事故後の組織再編は、原子力安全規制サイドには限られなかった。二〇一三年七月には原子力委員会の在り方見直しのための有識者会議が設置され、二〇一三年一二月には「原子力委員会の在り方見直しについて」と題する報告書がまとめられた。その内容は下記の通りであった（原子力委員会の在り方見直しのための有識者会議 二〇一三）。

第一に、これまでの原子力委員会は、原子力長期計画、省庁再編後は原子力利用の包括的な基本方針を定めた原子力政策大綱を決定してきたが、エネルギー基本計画や科学技術基本計画がある中で、これまでのような原子力政策全体を見通した網羅的な原子力政策大綱は作成しないこととした。これに関連して、所掌事務として規定されていた関係行政機関の原子力利用に関する経費の見積りおよび配分計画に関することについても、見積りは予算の優先順位づけ等の役割を果たしていないことから、廃止することとした。

第二に、平和利用の確保に関する国際的信任を確保するという役割については、日本が原子力利用を平和目的に限り行うにあたり、プルトニウム利用の透明性向上の取組みは今後とも重要な業務の一つであり、原子力委員会が担う意義があるとして、重視することとした。そして、平和利用にかかる政策の観点から核燃料サイクル政策等についても独自の立場から意見を言うことはあり得るとした。

第三に、省庁横断的課題や長期的な取組みとなるバックエンドを中心とした核燃料サイクル政策については、各省との役割分担の下で、実施に責任を持つ省庁とは異なる立場で、技術オプションの評価等を行う意義はあるとした。これについては、エネルギー政策所管省庁の責任で行うべきという議論もあったが、原子力委員会の役割が残ることとなった。

全体としては、二元体制の弱体化も反映して、原子力委員会に期待されてきた技術政策の方向性、資源配分の調整に関する機能は不要になり、原子力委員会は基本的に平和利用に関する国際的信任の確保という限定された役割に特化することとなったといえる。実際に、このような方向性に沿って改正原子力委員会法が成立し、二〇一四年一二月に施行された。

原子力技術ガバナンス全体として考えると、福島原発事故後の規制体制の再編の中で、安全規制サイドの人員は大幅に増強されたが、推進や運営に関する人員が強化されることはなかった。福島事故対応の中で必要とされた賠償や廃炉対応も、行政組織の外で原子力賠償・廃炉等支援機構という認可法人が中心となって行っている。また、規制サイドに関しても、二元体制の下で原研が基盤的安全研究とその担い手である研究者を維持してきたが、二元体制が弱体化する中で、そのような原研による基盤的安全研究とその担い手の維持が弱体化しているという課題もある。その結果、分野別技術ガバナンスの構造としては、ややバランスを失ったものとなってきているともいえる。

さらに、事故対応に巨大な資源が必要とされる中で、民間企業が事業としてどこまで原子力発電を担えるのかという基本問題（「国策民営」のフィージビリティー）が再度問われている。そして、これは日本だけの問題ではなく、グローバルな原子力技術に関する産業構造の問題ともリンクしている。

3　宇宙技術ガバナンス

二元体制の成立と運用

宇宙技術開発は、一九五六年に設置された科学技術庁の主導の下で進められた。科技庁が主導して一九六〇年に宇宙開発審議会が総理府に設置された。宇宙開発審議会は一九六四年二月に決定した三号答申において、科技庁内の宇宙開発推進本部設置、東京大学宇宙航空研究所（ＩＳＡＳ：Institute of Space and Astronautical Science）設置に繋がる提言を行い、同年、各々が設置されることになった。さらに、一九六八年には科学技術庁長官を委員長とする宇宙開発委員会が総理府に設置され、一九六九年には、科技庁宇宙開発推進本部、電波研究所や民間、研究者から人材を集めた実施機関である宇宙開発事業団（ＮＡＳＤＡ：National Space Development Agency）が設置された。

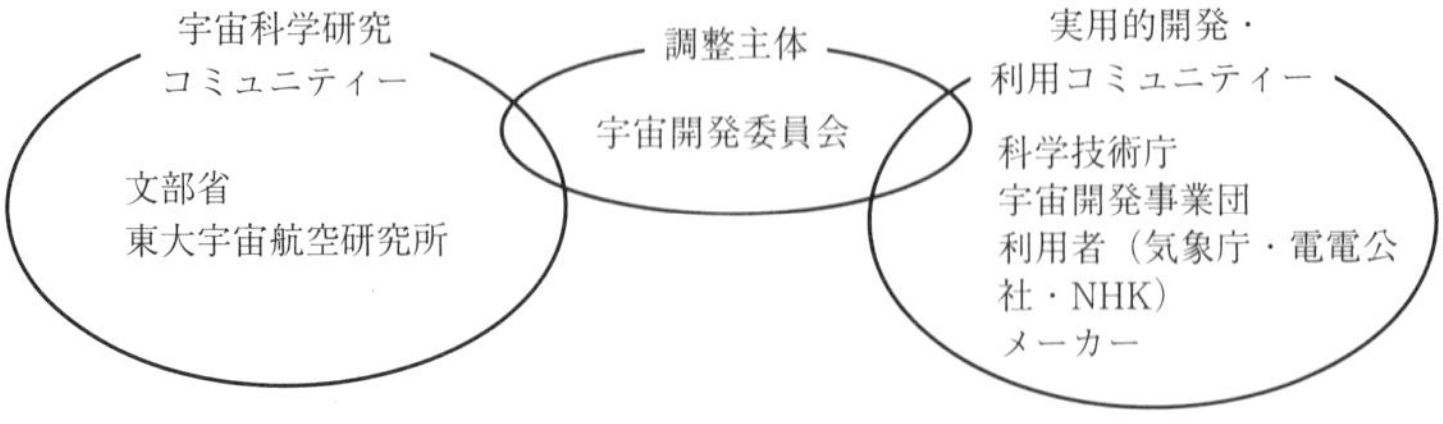

図7－2　宇宙技術の二元体制

出典：筆者作成。

宇宙技術のガバナンスの構造も、原子力技術ガバナンスとは異なる意味ではあるが、図7－2のような二元体制となっていた。まず、文部省、東京大学宇宙航空研究所を中心とする宇宙科学研究を目的とするグループが存在した。東京大学生産技術研究所は糸川英夫の下、国際地球観測年への貢献を目的として固体ロケット等の開発を行うこととなり、一九五五年度に予算が文部省に計上された。そして、一九六四年には東京大学に生産技術研究所の取組みを引き継ぐ形で、宇宙航空研究所が設置された（その後、一九八一年に大学間共同利用機関である文部省宇宙科学研究所に改組された）。宇宙航空研究所は一九七〇年には固体燃料を用いたロケットによって日本初の人工衛星「おおすみ」を打ち上げた。

もう一つのグループは、科学技術庁、ＮＡＳＤＡを中心とする実用的な開発・利用を目的とするグループである。一九六六年八月には、宇宙開発審議会により「人工衛星の打ち上げ及びその利用に関する長期計画について」という建議が行われ、人工衛星の打上げが初めて公式表明された。そして、一九六八年に設置された宇宙開発委員会は一九六九年一〇月に宇宙開発計画を決定した。この計画では、以後五～六年間における人工衛星と人工衛星打上げ用ロケットの開発等に関する計画が定められ、新たに設置されたＮＡＳＤＡは人工衛星打上げ用のロケットと人工衛星の二つの開発を進める組織であり、研究とは異なり開発事業を担う組織であると性格規定された。

そして、宇宙開発委員会によって一九七〇年に見直された宇宙開発計画では、ロケットの自主開発路線からアメリカからのロケット技術導入へという路線変更が行われた。背景としては、自主開発ロケットの目的達成にはスケジュールの見直しと性能向上が必要であると明らかになったこと、気象庁などの利用者側から昭和五〇年代前半という予想より早期に大型衛星を打ち上げたいとの要望が出てきたことがあった（杉田 二〇一六：一四）。

また、アメリカからのロケット技術導入に関して、協力が得られる見込みとなったという事情もあった。一九六七年一一月の佐藤栄作首相とジョンソン（Lyndon Johnson）大統領との日米首脳会談共同声明を受け、一九六九年一月にジョンソン駐日大使を通して対日協力の申し入れが行われ、一九六九年七月に「宇宙開発に関する日米間の協力に関する交換公文」が取り交わされた。この協力による技術移転の対象としては、デルタロケットレベルまでが含まれることになり、これはアメリカのヨーロッパに対する技術移転の範囲を超えるものであった。その背景には、中国の核実験を契機に日本でも核拡散が進むのではないかという危惧があり、核拡散を防ぐことも意図してロケットに関する技術移転において優遇したという事情もあった（黒崎 二〇〇六：一〇九～一一〇）。

実用衛星の開発では、静止衛星技術の獲得が目的とされるとともに、それに基づく社会目的のための利用、つまり、気象（「ひまわり」シリーズ）・通信（「さくら」シリーズ）・放送（「ゆり」シリーズ）衛星の開発・利用が進められた。実用衛星の開発に際しては、気象庁、電電公社、ＮＨＫなどの利用者の要望が方向性を規定するものとなった。そして、製造については、日本電気が静止気象衛星の契約を受け、三菱電機が静止通信衛星を、東芝が放送衛星を担当することとなった。当初は、大部分の作業は各々の提携相手であるアメリカのメーカーにより行われ、打上げもアメリカで行われた（杉田 二〇一六：二七～二八）。

研究開発志向への転換と利用重視への再転換　一九七〇年代の技術導入期を経て、一九八〇年代には、自主技術獲得を目的とした開発が科技庁・ＮＡＳＤＡ・民間企業のコミュニティーにおいても本格化した。Ｈ‐Ⅰロケットの開発は、基本技術の国産化を目指して一九八一年に開始され、一九八六年には初号機の打上げに成功した。衛星開発においては、一九八一年二月に打ち上げられた技術試験衛星等により大型衛星の製作技術等を習得した。

しかし、このような自主技術の利用促進路線は、一九九〇年の日米衛星調達合意により、軌道修正を迫られることになった。アメリカがＮＴＴによる衛星調達に関して公正性が担保されていないという問題提起を行ったことから、政府の直接もしくは間接的な監督下にある機関（ＮＴＴを含む）によるすべての非研究開発衛星については、調達を公開、透明、かつ無差別の方法で実施するということとなった。つまり、実利用に直結する非研究開発衛星に関しては、国の研究開発プログラムの対象とすることができなくなった。その結果、国の宇宙技術に関する研究開発プログラムは、実利用との連携の路を閉ざされ、研究開発志向がより強いものとなった。

このような状況の下で、二〇〇一年一月に中央省庁再編により文部省と科学技術庁が統合され、文部科学省となり、二〇〇三年一〇月には、宇宙開発事業団（ＮＡＳＤＡ）、航空宇宙技術研究所、宇宙科学研究所の宇宙三機関が統合され、新たに独立行政法人宇宙航空研究開発機構（ＪＡＸＡ）が発足することとなった。宇宙科学と実利用の二元体制と性格づけることのできた日本の宇宙活動は、組織的には統合されることとなった。

また、二〇〇八年五月には、議員立法により宇宙基本法が制定され、同年八月に施行された。宇宙基本法は、基本的施策として、⑴国民生活の向上等に資する人工衛星の利用、⑵国際社会の平和・安全の確保、我が国の安全保障に資する宇宙開発利用の推進、⑶民間事業者による宇宙開発利用の促進等を掲げており、全体としては、研究開発自体ではなく、実社会における利用促進に再度焦点を当てたものとなった。しかし、日米衛星調達合意の制約もあり、利用における重要な分野は安全保障であった。また、組織構造の面では、宇宙基本法に基づき総理大臣を本部長とする宇宙開発戦略本部が設置され、文部科学省等に加え、経済産業省、内閣府の役割が増大した。その後、二〇一二年七月に内閣府に宇宙政策委員会が設置され、文部科学省の宇宙開発委員会は廃止された。

宇宙活動法の成立と規制機能の析出

このように利用が再び重視される中で、宇宙に関する産業構造も分散化が進みつつある。ロケット打上げについては民営化が進められ、宇宙技術を利用したサービス提供の担い手となるより多様な主体の参画が期待されている。

そして、そのような多様な主体の参画が期待される中で、宇宙基本法の第三五条において規定された「宇宙活動に関する法制の整備」として、二〇一六年一一月に宇宙活動法（人工衛星等の打ち上げ及び人工衛星の管理に関する法律）が成立した。宇宙活動法により、人工衛星等の打上げに関しては総理大臣の許可を得ることとなった（第六条）。そして、ロケットの安全基準等の技術基準については内閣府令で定めることとし、内閣府令を制定する際には宇宙政策委員会の意見を聴かねばならないこととなった（第五五条）。また、人工衛星等の打上げを行う者はロケット落下等損害を賠償するための措置（損害賠償担保措置）を講じなければならないこととなった（第九条）（行松 二〇一七）。つまり、多様な民間事業者の参入がより見込まれることを背景に、規制機能が析出されることとなったといえる。ただし、規制機能は内閣府が実質的に担うこととなっており、原子力技術分野にみられる規制と推進の分離は行われていない。また、宇宙技術に関する専門的知識を有するＪＡＸＡが規制支援を行うという制度設計もありえたが、最終的にはＪＡＸＡも被規制者として位置づける制度設計が行われた。その結果、ＪＡＸＡの打上げも許可を得る必要があることとなったが、ＪＡＸＡが行う打上げに関しては、申請手続きを簡略化できることとした（第一九条）。

宇宙条約第六条では、自国の宇宙活動について国が国際的責任を有し、非政府団体の宇宙活動に対しては国の許可及び継続的監督が必要とされている。また、宇宙損害責任条約第二条では、打上げ国は、自国の宇宙物体が地表において引き起こした損害、又は飛行中の航空機に与えた損害につき無過失責任を負うとされている（第13章参照）。宇宙活動法は、宇宙活動における民間の役割が増大する中で、このような宇宙条約等の義務のために国内的な仕組みを整えるものであったといえる。

第8章　移行マネジメント——技術の社会導入のダイナミズム

1　移行の分析枠組み

社会において技術や制度は、しばしば、ロックインを引き起こし、環境条件の変化にもかかわらず、固定化されることになる（第1章参照）。また、各技術に関する分野別技術ガバナンスはこのような技術と諸制度を支える様々な主体や主体間関係の構造を示している（第7章参照）。

移行とは何か

このようなロックインから抜け出すために、技術だけではなく各種制度も含めた社会システムレベルあるいはこれらを支える分野別技術ガバナンスの構造変化、つまり移行（transition）が必要とされる。移行とは、既存の構造・制度・文化・実践が破壊され、新たな構造・制度・文化・実践が確立される転換プロセスであるとされる。そして、社会的移行は、社会システムの文化・構造・実践を構造的に変える、変化のプロセスとして定義される（Loorbach 2007：17）。移行の実現には長い時間がかかり、具体的には、二五年から五〇年といった時間的スケールが念頭に置かれている（Voss et al. 2009：277）。移行研究において事例として取り上げられるエネルギー、健康・医療・介護といった分野は、このような長い時間スケールでの移行が必要とされる分野である（Verbong et al. 2012：Broerse et al. 2017）。

移行の段階

移行のプロセスは、図８－１にみられる四つの段階として認識されている。各移行段階で、変化の性質や速度が異なる（Loorbach 2007：19：Voss et al. 2009：283）。第一段階は、発展前段階である。発展前段階では、社会レベルでの目に見える変化はわずかだが、多くの実験が実施される。第二段階は、離陸段階である。離陸段階では、変化プロセスが始まり、システムの状態が変化し始める。第三段階は、加速段階である。加速段階では、互いに反応しあう社会文化的・経済的・生態学的・組織的変化の累積により、構造的変化が目に見える形で現れる。この段階には、集合的な学習プロセス、普及、埋め込みプロセスが存在する。第四段階は、安定段階である。安定段階では、社会的変化速度は低下し、新たな動的平衡に達する。

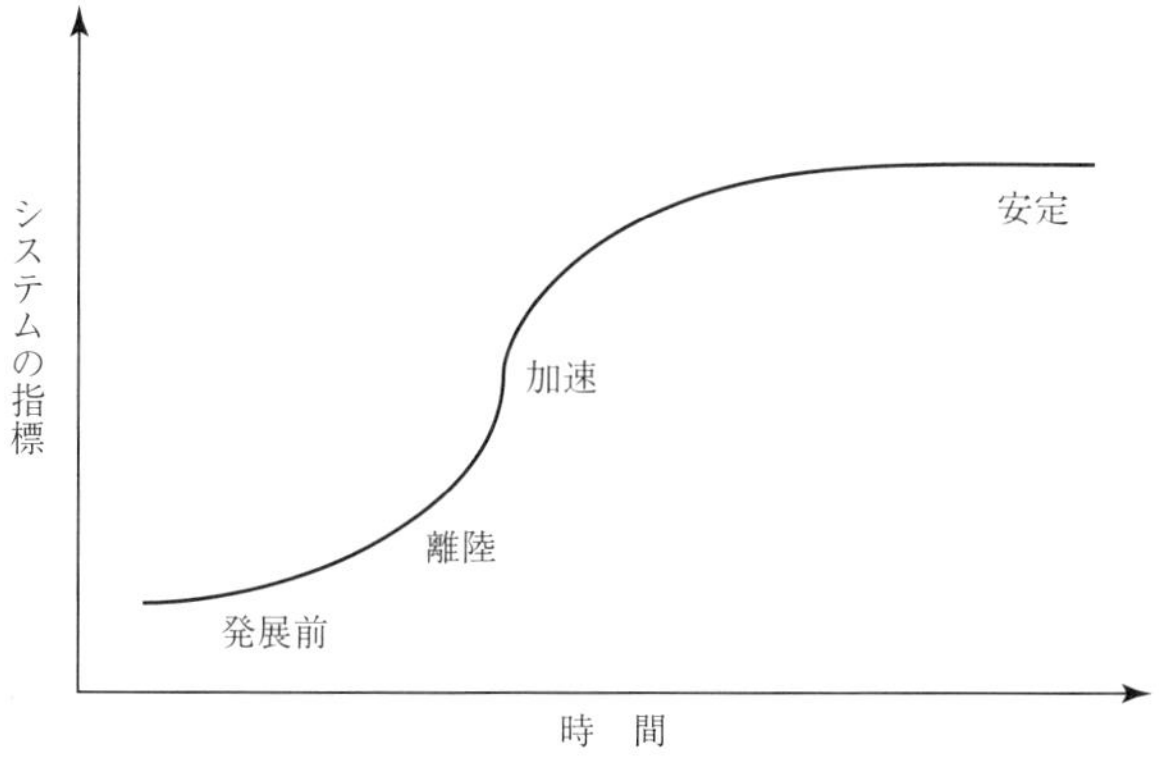

図８－１　移行の四段階

出典：Loorbach 2007：19.

これらの四段階は、機能に即して次のように整理される（Loorbach 2013）。第一段階は、問題構造化段階であり、ここではビジョン形成が行われる。第二段階は、イメージ形成の段階であり、連合形成が行われる。第三段階は、アクター動員の段階であり、プロジェクトが実施される。第四段階は、モニタリング、評価、学習の段階である。問題構造化段階においても政治的要素が埋め込まれており、これは重要な段階である（Voss et al. 2009）。また、従来の研究の中心は問題構造化段階であったが、近年ではアクター動員の段階＝加速段階も注目されつつある（Loorbach 2013）。

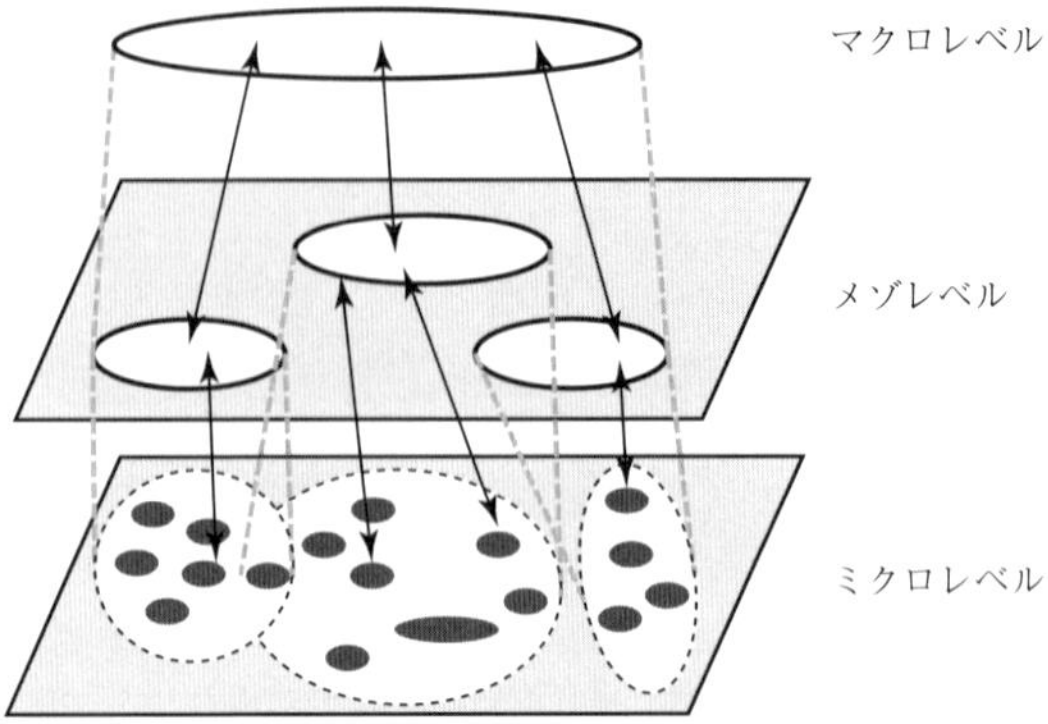

図8－2　異なるレベル間の関係

出典：Loorbach 2007：20；Geels 2002.

移行の重層的メカニズム

移行のプロセスにおいては、異なるレベルでの複数の変化の相互作用が大きな役割を果たす。具体的には、三つのレベルの相互作用が観察される（Loorbach 2007：20；Geels 2002；Voss, etc. 2009：283）（図8－2）。

中心となるレベルは、レジームが位置するメゾレベルである。レジームは、物理的インフラと非物理的インフラ（ネットワーク・力関係・規制なども含む）の双方を含む一定の分野における支配的な文化・構造・実践を指す。これらの制度化された構造は社会システムに安定性を提供する。同時にレジームは、通常、イノベーションによって構造が根本的に変わるのを防ぐ、一定の頑強性を持っている。

次に、イノベーションが行われるミクロレベルがある。このレベルにおいてニッチと呼ばれる保護された場が確保され、そこで新規の実験、テストが行われる。そのような場においては、新技術とともに新ルール・法律、新組織、新プロジェクトや新たな概念・アイディアが試みられる。海外においては、比較的コストに関する配慮が少なくて済む軍事部門での調達が、ニッチとしての役割を果たすことも多い（Kemp, etc. 1998：183）。

さらに、高次のレベルとして、ランドスケープが存在する。これは、変化のプロセスが起こる全体的な社会的環境である。グローバル化、情報化、高齢化といった動向は、ランドスケープの例といえる。ランドスケープは社会的価値、政治的文化、経済的発展や傾向等によって構成される。ランドスケープレベルは、通常、自律的に発展するが、変化の余地や方向性を規定することで、レジームとニッチに直接的に影響を与える。

レベル間関係の検討に際しては、さらに、以下の点に留意する必要がある。第一に、レベルの数は三つには限られない。第二に、メゾレベルについては、複数のレジームが併存している。たとえば、財政レジーム、地方分権レジームのようなものもあれば、農業レジーム、商工業レジーム、エネルギーレジーム、環境レジーム、医療レジームといった分野別のレジームもある。さらに医療レジームを細分化して考えると、その中に、医療従事者による医療供給レジーム、企業による医薬品・医療機器等レジーム、医療財政レジーム等が存在すると考えられる。そして、これらのレジームは相互に連関している。

2　移行マネジメントにおける仕掛け

移行のプロセスの管理、すなわち移行マネジメント（transition management）は、トップダウンとボトムアップの双方を組み合わせた性格を持つ。一方では、ランドスケープの変動を背景として、トップダウンのマネジメントが行われる。他方、ニッチにおける社会実験を基礎として、それらがボトムアップでより広範に展開される。たとえば、日本における特区という制度的仕組みは、このようなニッチを制度化したものといえよう。移行マネジメントにおいては、時間的な流れの中で、どのようなタイミングで介入を行うのかが、重要なマネジメント判断となる（Loorbach 2010：168）。以下では、移行マネジメントにおいて重要ないくつかの仕掛けについて検討する。

移行アリーナ

移行マネジメントの初期の問題構造化段階、ビジョン形成の段階においては、通常のルーティーンの政策形成の場とは異なる、移行アリーナ（transition arena）が重要になる（Voss, etc. 2009：277）。移行アリーナには実験的な試みを行っているフロントランナーが参加する。フロントランナーは、通常の政策形成過程の参加者とは異なる。移行アリーナは、保護された空間あるいはニッチとなり、その中で代替ビジョン

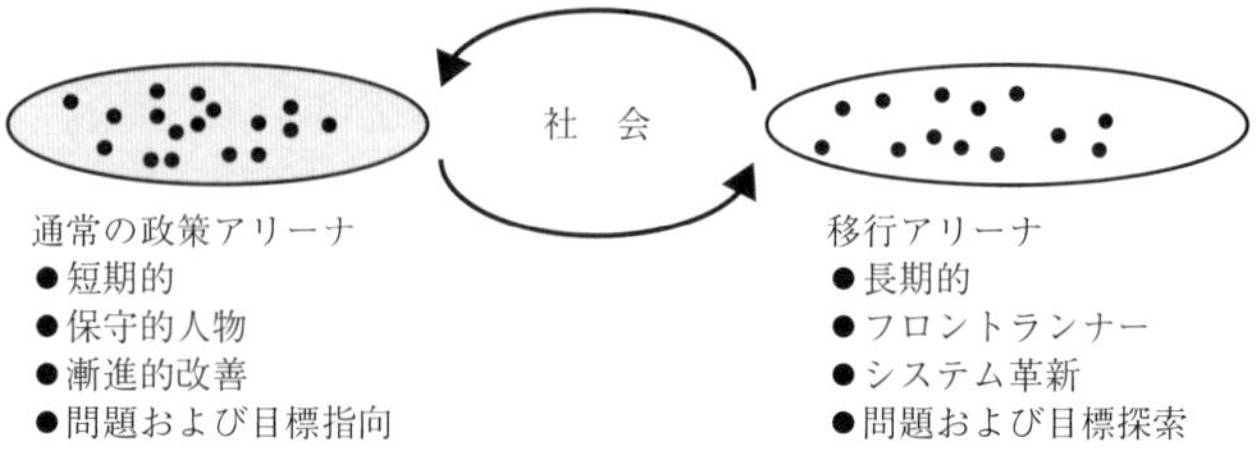

図8－3　通常の政策アリーナと移行アリーナ

出典：Loorbach 2007：85.

やアジェンダ、および行動が検討され、試行される。移行アリーナでは、通常の政策または支配的な論理とは別の政策・論理の下で様々な参加者が互いに影響しあい、協力し、議論し、そして競争する（図8－3を参照）。そして、移行マネジメント過程と通常の政策形成過程との間にあるインターフェースの管理も移行マネジメントの一部である（Loorbach 2007：85）。

通常の政策形成の場とは異なり、移行アリーナは非公式的性格を持つ。そして、このような移行アリーナに参加するフロントランナーは、通常の政策形成の場には参加しない外部者であるといえる。ただし、移行アリーナは外部者によってのみ構成されるわけではなく、通常の政策形成過程参加者と外部者を橋渡しする機能を果たす場合も多い。外部からの刺激と内部からの動きが連携する必要があり、非公式ネットワークの役割も大きい（Loorbach 2010：168, 172）。逆にいえば、参加者の選択が重要となる（Voss et al. 2009：296）。

戦略的ニッチマネジメント

戦略的ニッチマネジメント（SNM：Strategic Niche Management）とは、「新技術の適切性について学習し、新技術の開発や応用を進めるために、実験により見込みのある技術を開発・利用する保護された場を構築し、展開させ、管理しつつ終了させること」である（Kemp et al. 1998：186）。戦略的ニッチマネジメントは、移行マネジメントのうち、ニッチにおいて実験を行い、学習するという内部的側面に注目した方法論であるといえる（Broerse et al. 2017：13）。

戦略的ニッチマネジメントは、ニッチにおける時限的実験を通して、具体的には、以下の四つの目的を達成することを意図している。第一に、技術とともに制度において必要とされる変化を明らかにすること、第二に、技術的経済的フィージビリティーや環境上の利益といった社会的意義を学習すること、第三に、当該技術や関連する補完的技術の発展や、社会組織の変化を促進すること、そして第四に、当該技術に対する顧客層を構築することである（Kemp et al. 1998：186）。

共進化

前述のように、レジームレベルでは多様なレジームが並存している。多様なレジームは相互に緊張を引き起こすことがある。同時に、このようなレジームの相互作用が、システムの構造転換の契機となることもある。

レジーム間相互作用は、外部者の役割として位置づけることもできる。つまり、並存する他のレジームの主体が、外部者として機能することもある。その結果、並存するレジームが相互作用しながらシステム転換を遂げることとなる。このようなプロセスは「共進化（coevolution）」と呼ばれる（Voss et al. 2009：277）。このようなモデル化の背後には、複雑システム理論（complex systems theory）あるいはシステム思考（systems thinking）と呼ばれる考え方がある（Loorbach 2010：164）。

共進化の最近の試みとしては、情報技術の家庭等への浸透を通して、電力利用状況をリアルタイムで明らかにすることで、エネルギー利用の効率化や居住者の見守り機能の強化を連携して実現する試みを挙げることができる。あるいは、農業と商業との相互連携を通して農業分野および食品産業分野の改革を図る農商工連携、六次産業化プログラムも、分野間の共進化の活用を意図しているものといえよう。

しかし、複合的なシステムに対して全体として適切に対応するのは容易なことではない。たとえば、健康・医療・介護分野においては、様々な改革の試みが行われてきたが、それらはしばしば問題の一面（たとえば、コスト抑制）に焦点を当てており、結果として全体としては成功しない場合も多かった（Broerse et al. 2017：Introduction）。

フレーミング（問題定義）の役割　「フレーム」とは問題を認識する方法・枠組みであり、フレームが異なることによって主体の異なった判断や選択が導かれることを「フレーミング効果」と呼ぶ。不確実性が不可避な中で問題をどのように定義するのか（＝フレーミング）は、ステークホルダーの範囲を規定するとともに（フレーミングによってステークホルダーの範囲が変わっている）、それらのステークホルダーの反応に影響を与える（城山 二〇〇八：六九～七五）。たとえば、ＬＲＴ（Light Rail Transit）あるいは路面電車に関しては、環境にやさしい交通手段という枠組みの下で提示するか、より幅広く高齢者にも配慮したまちづくりの手段という枠組みの下で提示するかによって、反応するステークホルダーの範囲や、これらのステークホルダーの反応が異なってくる（上野他 二〇〇七：加藤他 二〇〇九）。

ステークホルダーのフレーミングによって、一定の技術・政策オプションがいかなる社会的価値に貢献するのかの認識にも違いが生じてくる。また、フレーミングは、問題間の繋がりの認識にも影響を与える。移行マネジメントにおけるフロントランナーや外部者は、既存の政策のフレーミングとは異なる新たなフレーミングを持ち込むという、リフレーミング（reframing）の機能を担っているといえる。

では、ステークホルダーの範囲や支持者を広げるために、フレーミングを広げればいいのかというと、必ずしもそういうわけでもない。フレーミングを広げすぎることで、ステークホルダーの範囲が広がると、調整が難航するという問題もある。実際に、ステークホルダーの範囲を際限なく広げることは、意思決定を阻止するための有効な戦術でもある。バランスのとれたフレーミングとは何かということは、現場の文脈に即して、実践的に探られる必要がある。

政策選択と展開　多様なフロントランナーが集い、多様な選択肢を検討する発展前段階、離陸段階では、一定の曖昧さが許容される。新たな技術を導入するに際しては、たとえば、環境を保全するのか、エネルギー供給を確保するのか（エネルギー安全保障）、市民の保健・衛生を確保するのか（人間の安全保障）、あるいは経済性を確保するのか等、様々な目的があり得る。一定の曖昧さが許容され、多様な選択肢の試行が許される発展前段階、離陸段階では、技術選択に関してこれら各種政策目的間での「同床異夢」を求めることが可能な場合も多い（第1章参照）。

しかし、一定の「臨界点（tipping point）」を超えて、新たな技術・制度の実施・普及を図る加速段階では、様々な政策目的間での一定の同床異夢を維持しつつも、一定のトレードオフ中での政策選択を行い、スケールアップを行う必要に迫られる場合もある（Voss et al. 2009：280）。とくに既得権層との関係では、加速段階では、実験を行っていた段階とは異なり、利益の根本的対立もありうる。逆に、移行の途中の段階で、既得権層に捕囚（capture）されるおそれも指摘されている（Voss et al. 2009：285）。たとえばオランダ政府が主導した再生可能エネルギー技術導入のための移行プログラム（二〇〇〇～〇九年）においては、既存のエネルギー大企業も大きな役割を果たしていたこともあり、結果としての移行の程度については不十分な面もかなりあったとされる（Van Der Loo and Loorbach 2012）。

他方、限定された参加者であるフロントランナーがこの臨界点でも大きな役割を果たし、移行が促進される場合、限定された参加者が大きな役割を果たすという点を民主的統制という観点からはどのように評価するのかという課題もある。この点では、移行アリーナと公式の民主的制度との関係をどのように設定するのかということも重要な論点となる（Voss et al. 2009：296）。

なお、技術導入に伴う利益の対立状況は、既存技術のライフサイクルの長さや、そのようなサイクルの中でどのような時点で新技術導入を試みるのかによっても変わってくる。既存技術のライフサイクルの終盤に新規技術の導入をうまく調整できれば抵抗は少ないが、新規技術導入時点が既存技術のライフサイクルの初期である場合は、摩擦が生じがちとなる。また、ライフサイクルが短い場合には新規技術の導入が容易なタイミングが比較的頻繁に到来するのに対して、ライフサイクルが長い場合には容易なタイミングは限定される。

ロックインされた技術・制度・主体間関係に揺らぎを与え、移行を実現することは、それ自体が望ましいことであるというわけでは必ずしもない。移行の結果、より望ましくない状態にロックインされることもありうる。

移行の行き先設定

これは、移行の行き先の設定をどの時点で行うのかというタイミング設定の課題とも関わってくる。トップダウンによるグランドデザインは事前に行き先を決める方式であり、漸進的対応は移行のプロセスの中で行き先をボトムアップに微修正しながら決めていく方式ともいえる。事前に行き先を決める場合は決定時点での諸条件に拘束されるおそれがあり、他方、漸進的対応の場合は、漸進的に進められてきた経緯に拘束されるおそれがある。移行マネジメントの実態は、一般的にはこの二つの混合形態である。

3　都市レベルでの共進化の事例分析

ここでは、日本における移行マネジメントの二つの事例について、とくに分野間のレジームの相互作用、共進化に焦点を当てて紹介し、最後に若干の比較検討を行ってみたい。事例は、都市レベルにおけるリサイクル技術導入を伴うエコタウン構築事業（北九州市）、ＬＲＴ（Light Rail Transit）導入を伴うコンパクトシティー構築事業（富山市）の二つである。各々の経緯の概略は、表８－１、表８－２の通りである。

北九州市と富山市は、いずれも内閣府が近年主導している環境モデル都市プログラム、環境未来都市プログラムに参加している自治体である。環境モデル都市は、温室効果ガス排出の大幅な削減など低炭素社会の実現に向け、

表８-１　北九州エコタウン構築事業の経緯

1987年	末吉興一市長当選
1989年	響灘地区開発構想研究会設置
1992年	響灘地区開発基本構想策定
1995年	第１次官民連携検討会開催，容器包装リサイクル法成立
1996年	響灘開発基本計画策定，第２次官民連携検討会開催
1997年	エコタウン事業開始――北九州市は第一号認定自治体に認定
1998年	株式会社西日本ペットボトルリサイクル稼動開始
2002年	北九州エコタウン事業第２期計画開始――アジアにおける国際資源循環・環境産業拠点都市指向
2007年	日中都市循環型協力事業開始―青島市，天津市，大連市との協力事業
2008年	環境モデル都市認定
2011年	環境未来都市認定

出典：筆者作成。

表８-２　富山市コンパクトシティー構築事業の経緯

1995年	富山駅南北一体的まちづくり事業検討開始
1999年	「都市マスタープラン」「富山市中心市街地活性化基本計画」策定――公共交通機能強化に言及
2002年	森雅志市長当選
2003年	コンパクトなまちづくり研究会設置
2004年	コンパクトなまちづくり研究会報告書提出
2005年	周辺自治体との合併後の市長選でコンパクトシティーを掲げて森市長再選
2006年	富山港線 LRT 化完成
2007年	中心市街地にある多目的広場（グランドプラザ）オープン
2008年	環境モデル都市認定
2009年	市内電車環状線化事業完成
2011年	環境未来都市認定 富山市中心市街地の小学校跡地に介護予防センター設立 高齢者用「おでかけ定期券」の対象を LRT に拡大
2015年	北陸新幹線開通に伴い新幹線高架下に LRT 駅設置

出典：筆者作成。

高い目標を掲げて先駆的な取組みにチャレンジする都市・地域として，二〇〇八年度に一三都市が選定された。環境未来都市は，環境側面だけではなく，環境，社会，経済の三側面に優れた，より高いレベルの持続可能な都市として，二〇一一年度に一一都市・地域が選定された。これらは，小規模な補助金と，しばしば規制改革に関する特区とセットで運用されることで，各都市・地域における実験的試みを支援するとともに，都市・地域間相互での学習を促している。また，北九州市の場合は早くから活動を開始しており，すでに一九九七年にエコタウン事業の認定自治体となっていた。

北九州市のエコタウン構築事業　北九州市は，かつては公害都市であったが，現在は環境と経済が両立したグリーン成長を達成している都市であると認識されている。このような移行の契機となった北九州エコタウン事業とその展開のプロセスについてみてみたい（Shiroyama and Kajiki 2016）。

北九州市の北西部に位置する響灘地区には広大な埋め立て地が存在していた。しかし，一九八〇年代には，産業構造の転換によって計画の見直しが必要となり，新たな活用策が議論されるようになった。一九八七年に当選した末吉興一市長による「北九州ルネッサンス構想」では，埋め立て地の有効利用による環境産業の育成・振興が示され，一九八九年には響灘地区開発構想研究会が設置された。その後，一九九二年には「響灘地区開発基本構想」がまとめられ，静脈産業の育成が提案され，一九九六年には「響灘開発基本計画」が策定された。

具体的提案は，民間レベルで検討が進められた。新日本製鐵（新日鐵）と三井物産子会社出身の二人の民間人が研究会を組織し，環境産業の具体化の検討を開始した。その後，北九州市役所職員もメンバーに含めた官民連携の検討会が一九九五年に開催され，さらに一九九六年には，市の支援を得るために，市からの出席者を部長や課長レベルに格上げした検討会が開催された。この，検討会における議論をもとに新日鐵等は，一九九五年六月に国レベルで成立した容器包装リサイクル法を踏まえ，それまで可燃ゴミとして捨てていたペットボトルのリサイクル事業を構想するに至った。この民間レベルの研究会、官民連携の検討会が、移行アリーナとしての役割を担った。

その後の新日鐵社内での合意形成は必ずしも容易ではなかった。新日鐵本社との議論では、スチール缶の製造とリサイクルに取り組んできた新日鐵がペットボトルという競合分野に取り組むことの矛盾等が指摘された。しかし最終的には、ペットボトルリサイクル案件を社内ではリサイクル案件ではなく土地売却案件とリフレーミングし、新日鐵本社が所有していた響灘地区の土地を八幡製鉄所に売却する案件として位置づけることで合意が得られた。そしてペットボトルリサイクル事業は八幡製鉄所の管理下で事業を行い、本社への影響を遮断することとした。その結果、一九九七年四月に、民間五社と北九州市の共同出資によって株式会社西日本ペットボトルリサイクル（NPR）が設立された。

このような取組みは、市と中央省庁の連携により後押しされた。北九州市は、国との人事交流により中央省庁とのネットワークを持っていた。一九九六年の段階で、廃棄物を他の産業の資源として活用して全体として廃棄物を出さない生産を目指す「ゼロエミッション構想」を検討していた通産省の担当課長に、新たなリサイクル事業の具体案のインプットを行った。そのため、一九九七年七月に国のエコタウン事業が始まると、すでにペットボトル事業の計画が完了していた北九州市は、その第一号認定自治体となった。また、市職員が横断的視野を持っていたことも、新たなリサイクル事業に市民の理解を得るのに寄与した。北九州市は一九八九年度から市職員による「出前講演」を取り入れ、市民グループや団体に対して、市の計画や事業等について説明し、市職員が自分の担当分野を超えて市民の様々な疑問や意見に対応する機会を設定することで、市職員の能力向上を図ってきた。このような経験は市民にリサイクル事業の性格に関する説得力のある説明を行い、環境とビジネスを繋いで構想していく上で重要であった。

NPRの工場は一九九八年四月に稼働を開始し、その後、OA機器、自動車、家電、蛍光灯、医療用具の六つのリサイクル工場の設置も進んだ。また、二〇〇二年には北九州エコタウン事業第二期計画が始まった。この計画は、従来からの取組みをさらに広げつつアジアにおける国際資源循環・環境産業拠点都市を目指すものであった。さらに二〇〇七年からは日中都市循環型協力事業として、技術面だけではなく社会システム構築やリサイクル市場の確立といった制度面も含む中国の三都市（青島市、天津市、大連市）との協力事業も始まった。

富山市のコンパクトシティー構築事業

富山市は持ち家志向が強い土地柄であり、地形的にも平坦であったことから、職住分離による周辺地域のベッドタウン化が浸透し、自動車交通網の充実が求められてきた。その結果、高度経済成長期からバブル経済期にかけて自動車移動を前提とした拡散的な都市構造が築かれた。しかし、運転できなくなった高齢者は都市サービスを享受することができるのか、また、人口減少の中で拡大し続ける拡散した都市インフラをコスト的に維持できるのか、といった課題に直面することとなった。そのため富山市は、拡大し続ける都市からコンパクトに凝縮された都市を目指すことにシフトした。

コンパクトシティー化のイニシアティブをとったのは、二〇〇二年に当選した森雅志市長であった。二〇〇三年はじめには、企画管理部が事務局を担い、都市整備部、建設部、当時の環境課などからの多様な職員から構成される分野横断的なプロジェクトチームとして、コンパクトなまちづくり研究会が庁内に設置された。この移行アリーナと性格づけることのできる研究会は、集約型都市構造について検討し、二〇〇四年の「コンパクトなまちづくり研究会報告書」においてコンパクトシティーというアイディアを具体化した。この検討では、顧問として参加していた国土交通省からの出向者もいわば外部者として大きな役割を果たした（Shiroyama 2017）。

その後、二〇〇五年四月に富山市が周辺七市町村と合併した際に行われた市長選の公約としても、コンパクトシティーが掲げられた。市長は、再選後、新たな市域の様々な場所でタウンミーティングを行った。コンパクトシティー計画に対しては、市の投資が中心部に集中するのではないかとの危惧もあったが、市長は、投資が中心部に集中するのではなく、むしろ投資の効率化により、周辺部の投資が増えること等を丁寧に説明してまわった。

二〇〇四年の報告書の一つの項目が、ＬＲＴによる公共交通のサービスレベル向上（富山港線のＬＲＴ化、既存路面電車のＬＲＴ化、富山港線との接続）であった。ＬＲＴについては一九九〇年代末から議論されていたが、当初のフレーミングは南北一体化という狭いものであった（深山他 二〇〇七）。しかし、二〇〇四年の報告書ではコンパクトシティー化という横断的フレーミングの下に位置づけられた。検討結果については随時、施策に反映されることとなった。富山港線のＬＲＴ計画は、二〇〇三年五月に市長が議会において表明し、必要な予算の確保を行っていた。二〇〇六年四月には富山港線のＬＲＴ化が完成した。その結果、富山港線の利用者数は増加し、とくに日中の高齢者利用が増えたことは特徴的であった。二〇〇九年一二月には市内電車環状線化事業が完成し、さらに、二〇一五年三月の北陸新幹線開通に伴い、新幹線高架下に路面電車の駅が設置された。

また、ＬＲＴの整備とあわせて、まちなか居住への補助金提供や中心市街地における多目的広場の建設といった都心および公共交通沿線居住推進のための様々な施策も行われた。コンパクトシティー化の目標として、都心・公共交通沿線居住促進地区に居住する富山市の人口を二〇〇五年時点の二八％から、二〇年後の二〇二五年には四二％とすることが決められた。実際に、二〇一六年時点でのこの地区の人口割合は三七％であり、着実に上昇している。また、二〇一五年以後三年連続で中心部の地価が上昇し、市にも固定資産税の増加といった若干のメリットをもたらしている。

コンパクトシティー計画は当初は都市基盤整備、建設、交通といった分野に焦点を当てていた。しかし、実施が進展する中で、福祉・健康政策といった様々な分野の政策へのインパクトが明らかになってきた。前述のように、ＬＲＴ化により新たに高齢者の外出が促された。また都心・沿線居住推進地区では、要介護者の比率が小さくなるという傾向もあるようである。

このように、ＬＲＴといった公共交通施策から始まったコンパクトシティー政策は、居住政策、福祉・医療政策と徐々に展開してきた。そのため、市役所内の体制においても、二〇〇三年の研究会に原型がみられるように、部局を超えたタスクフォース等が活用され、このような課題のスピルオーバーに能動的に対応できるようになっている。

北九州市と富山市の比較

北九州市および富山市の事例を比較しつつ検討すると、以下の点を指摘することができる。

第一に、個々のプロジェクトを包括的な枠組みに位置づけることがフレーミングとして重要であった。北九州市では一九九六年の「響灘開発基本計画」において、リサイクル・再資源化産業の誘導・支援が位置づけられたことが重要であった。富山市では二〇〇四年の「コンパクトなまちづくり調査研究報告」がそのような枠組みの役割を果たした。

第二に、アイディアの源泉として、外部者の役割も重要であった。北九州市では、リサイクル事業のアイディアそのものは民間企業の経営者層から距離のある担当者から出てきた。富山市では、国土交通省からの出向者が、コンパクトシティーという枠組みの下で施策を構造化する上で重要であった。

第三に、分野横断的な連携・協力が重要であった。北九州市においては、住民の依頼によって行う職員による出前講演は、市職員が自己の管轄分野だけではなく、分野横断的視座を育む研修の機能を果たしてきた。そして、官民連携の検討会等にみられるように環境、産業等の課題に横断的に対応できるようになってきた。富山市においては、コンパクトなまちづくり研究会に原型がみられるように、部局を超えたタスクフォース等が活用され、都市計画、交通、環境、福祉のような様々な課題に横断的に対応できる体制が形成されてきた。また、タスクフォースにおける活動を通して、職員が分野横断的視座を持つようになった。

北九州市の民間レベルの研究会や官民連携の検討会、富山市のコンパクトなまちづくり研究会は移行アリーナであったということができる。また、具体的成果を出し、それを可視化した上で次の課題に着実に対応していくという漸進的なプロセスマネジメントが重要であり、これは具体的なコンテクストにおける共進化のプロセスでもあった。

第四に、首長のリーダーシップも重要であった。北九州市および富山市においては、市長のリーダーシップも、分野横断的協力を可能にする重要な条件であった。さらに、国の政策との連動も重要な役割を果たした。北九州市においては中央省庁との人事交流が、富山市においても国土交通省からの出向が国との連携を促した。

第9章　テクノロジーアセスメントの制度化

1　テクノロジーアセスメントとは何か

科学技術の研究開発や利用に関する意思決定を行うためには、その前提として、広義のアセスメントの機能、すなわち、科学技術の多様な社会的政策的影響や科学技術への多様な社会的期待を明らかにすることが求められる。そして、社会的影響としては、リスクだけではなく、むしろ多様な便益を可視化することが重要になる（Tran and Daim 2008）。

このような観点から必要になる制度・活動として、テクノロジーアセスメント（技術の社会影響評価）がある。テクノロジーアセスメントとは、独立した立場で科学技術の発展が社会に与える影響を広く洗い出して分析し、それを市民や政治家、行政あるいは研究開発者に伝え、相互の議論や意思決定・政策決定を支援する活動だと定義することができる。具体的には、図9-1に示しているように、科学技術やその社会的影響について分かっていることと分かっていないことを整理する、科学技術の発展によって生じる社会的政策的課題を明確にする、科学技術と社会に対する多様な認識や価値観を可視化する、利害関係者それぞれの相互理解や協働、知識交流を促す、イノベーションや新しい制度設計を支援する、幅広い市民とのコミュニケーションを深めるといった役割を果たしうる。

また、将来の技術の社会影響を明らかにしようとするならば、将来の技術、将来の社会像についての認識を持つ

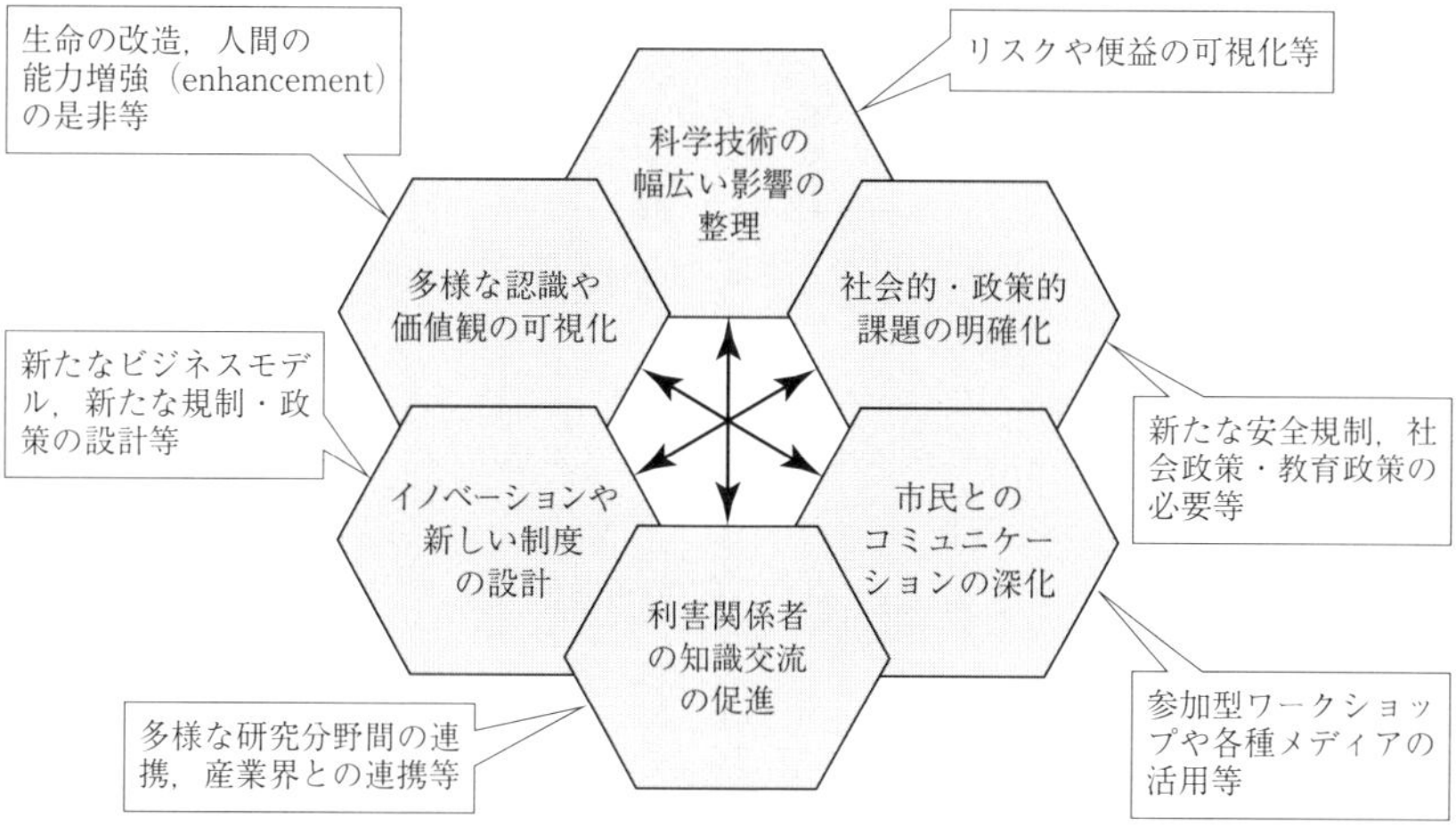

図9-1　テクノロジーアセスメントの役割

出典：筆者作成。

ことが必要になる。そのための手段が技術フォーサイトあるいはフォーサイトである。技術フォーサイトが「多大な経済社会的便益をもたらすような戦略的研究分野や新興技術を見極める目的で、科学、技術、経済、社会の長期的将来を探る」系統的試みであると定義されていることからも分かるように、技術フォーサイトにも社会の将来を探る側面が含まれている。さらに、近年の実践では「技術」という冠を外してフォーサイトと称している場合も多いことからうかがえるように、特定の技術や社会的課題に集中する実践ではなく、様々な技術を広く俯瞰するとともに、将来社会における技術のあり方を全体として捉え直そうというものとして把握する傾向が強くなっている（城山他 二〇一一：二〇四）。日本では、文部科学省科学技術政策研究所が継続的に科学技術予測を行ってきたが、近年の科学技術予測は、シナリオ分析等により将来の社会像を考えた上で、需要側の視点も含めて行われている。

テクノロジーアセスメントは、意思決定・政策決定の前提となる支援活動であって、意思決定・政策決定そのものではない。この点で、テクノロジーアセスメントと科学技術に関する意思決定・政策決定の関係は、リスク評価（アセスメント）とリスク管理（マネジメント）の関係と同様である。また、テクノロジーアセスメントは一つである必要はない。科学技術に関する意思決定・政策決定においては、その決定の透明性、開放性を確保するために、多元的にアセスメントを行うことも重要である（新藤 二〇〇二：一九一）。

このようなテクノロジーアセスメントやフォーサイトは、研究開発評価とともに戦略的知性という大きな概念的枠組みの中で捉えられることもある。戦略的知性とは「政府の科学技術政策過程における意思決定やマネジメントに用いられる外部からの明示的な情報や知識、それを生み出す組織やその活動」と定義することができる（吉澤 二〇〇九：城山他 二〇一一：二〇四）。

以下、本章においては、まず、海外諸国や日本において、テクノロジーアセスメントあるいはテクノロジーアセスメント的活動がどのように行われてきたのかを検討する。その上で、日本においてテクノロジーアセスメントをより幅広く制度化する際の選択肢と運営上の課題について検討する。最後に、最近の日本における新たな試みについても検討する。

2　テクノロジーアセスメントおよびテクノロジーアセスメント的活動の歴史

アメリカ

アメリカでは、一九七二年に議会の技術評価局（ＯＴＡ：Office of Technology Assessment）が設置され、一九九五年まで存続した（城山他 二〇一一：二〇五～二〇七）。ＯＴＡの意思決定機関としては、上院・下院議員から構成されるＴＡ理事会（Technology Assessment Board）があり、そのメンバー構成を民主党員・共和党員が同数になるようにすることで、運営の超党派性を確保していた。初期のＯＴＡでは、外部のシンクタンクに調査研究を委託する方式がとられることが多かった。しかし、外部のシンクタンクはテクノロジーアセスメントが利用される政治的な文脈に関する問題意識に欠けており、必ずしも役に立つ結果が得られなかったため、その後は、ＯＴＡの職員自身が調査研究を行い、ステークホルダーと専門家からなる諮問委員会が助言を行うという方式がとられることとなった。また、ＯＴＡへのアセスメントの依頼発注は議会の委員会が行うこととし、ＯＴＡは議員個人からの依頼には対応しなかった。この点で、議員個人からの依頼に対応する議会調査局（ＣＲＳ：Congressional Research Service）とは異なっていた。

一九一六年に設立された全米研究評議会（ＮＲＣ：National Research Council）は、全米科学アカデミー（ＮＡＳ）、全米工学アカデミー（ＮＡＥ）、ＩＯＭ（Institute of Medicine：現在はＮＡＭ：National Academy of Medicine となっている）といった全米アカデミーの諸組織の提言機能を担っている。ＮＲＣは連邦政府機関からの多くの研究委託を受けている。ＮＲＣでは、報告書を執筆するのは内部の職員ではなく、任命された専門家である委員会委員であり、これらの委員は組織の代表ではなく個人専門家として参加する。そして、多くの場合、委員自身が実際に報告書を執筆し、コンセンサス方式で報告書を採択する。

アメリカでは、政府を介在させず、ＮＧＯ（非政府組織）と企業が連携してテクノロジーアセスメント的活動を行うといったプログラムも現れている。たとえば、環境ＮＧＯであるＥＤＦ（Environmental Defense Fund）は、大手化学メーカーであるデュポン（Du Pont）と連携し、市場に導入しようとしているナノ物質について、製造から廃棄物処分に至るまでのライフサイクルでのリスク評価枠組みを構築し、評価を実施するとともに、その結果を公表するというプログラムを二〇〇七年から本格的に開始した。

ヨーロッパ——イギリスとオランダ　ヨーロッパでは、一九八〇年代以降、各国で議会が関与する様々な形態のテクノロジーアセスメントが試みられてきた。そのうち、ここでは、議院内閣制下における議会テクノロジーアセスメント組織であるイギリスの例、行政と議会の双方に報告するとともに、ステークホルダーが積極的に関与する興味深い方式を採用しているオランダの例をみておきたい（城山他 二〇一一：二〇七～二〇九）。

イギリスでは、寄付金を資金源として、一九八九年に議会科学技術室（ＰＯＳＴ：Parliamentary Office of Science and Technology）が実験的な組織として設立された。一定の試行的活動の後、一九九二年にＰＯＳＴはテクノロジーアセスメントを行う議会内の機関として正式に認められ、議会からの予算が期限付きで承認された。さらに、二〇〇〇年よりＰＯＳＴ常設化に向けての議論が行われ、二〇〇一年に常設化された。その背景には、ＢＳＥ（狂牛病）問題、エネルギー問題といった科学技術に関する社会問題が発生していたという事情もあった。ＰＯＳＴ理事会（POST Board）は、議員（議会の政党比率を反映した委員構成）、議会外の有識者（科学技術コミュニティーの代表）等で構成されている。ＰＯＳＴは、専門家による重厚なレポートを提供することよりも、議員のニーズに対応した数ページのＰＯＳＴノートの作成に注力することでその存在価値を見出してきた。

オランダでは、教育科学省の決定により、一九八六年六月にラテナウ研究所の前身となるＮＯＴＡ（The Netherlands Office for TA）がオランダ王立芸術科学アカデミーに設置された。当初案では、教育科学省内の設置が求められていたが、議会が行政府からの独立性を要求した結果、双方の妥協としてオランダ王立芸術科学アカデミーに設置されることとなった。そして、教育科学省への助言に加えて、一九九〇年には議会に対しても助言を行うこととした。その後一九九四年には、ラテナウ研究所と改称し、公衆議論の喚起も目的に追加された。ラテナウ研究所理事会は、有識者や産業界の出身者から構成されている。さらに二〇〇四年からは、教育科学省の要請により、新たな業務として科学システム評価（Science System Assessment）にも取り組むこととなった。テクノロジーアセスメントの手法としては、ステークホルダーを巻き込んで研究開発過程へのフィードバックを試みる手法を重視しており、最近は、参加型テクノロジーアセスメントの実践や想像力などに訴える芸術的手法等（技術祭の開催・映画の上映など）を用いて市民や社会の意識喚起を進めることも試みている。

日本におけるテクノロジーアセスメント的活動

日本においては、一九六〇年代末にテクノロジーアセスメントの概念がアメリカから紹介されて以来、多くのテクノロジーアセスメント的活動が行われてきた。

科学技術庁計画局は一九七〇年にテクノロジーアセスメントの研究を開始し、一九七一年四月に出された科学技術会議（第10章参照）の諮問第五号答申では、「計画の策定、研究開発の実施および評価、研究成果の社会・経済への適用など、政策実施のあらゆる機会を通じて、テクノロジーアセスメントを導入することが必要である」とした。一九七三年版の『科学技術白書』でも「テクノロジー・アセスメントとは、（中略）効用と好ましくない影響とを、技術的可能性及び経済性を含めて、社会的観点など多面的に事前に点検し、評価して、マイナス面があれば、それをできるだけ小さくし、科学技術を人間の福祉により役立てようという概念であり、科学技術が社会システムの中で健全に発達することを目標とするものである」と述べられており、テクノロジーアセスメントは幅広い社会影響を対象とすることを明確に認識していた。そして、科技庁計画局が一九七一年四月に設置したテクノロジーアセスメント総合検討会では、農薬、高層ビル、ＣＡＩ（コンピューター支援教育：Computer Assisted Instruction）の事例研究を行った。これらの中でも、農薬に関する事例研究は、技術の社会、文化、精神、ライフスタイル等への影響を幅広く対象としていた興味深いものであったが、政策決定へのフィードバックまでは実験として考えられていなかったため、この試行的テクノロジーアセスメントの結果が実際に影響を及ぼすことはなかった（城山他 二〇一〇：二〇〇）。

また、通産省も一九七一年五月にテクノロジーアセスメント研究会を発足させ、テクノロジーアセスメントの調査研究を開始した。興味深い試みの一つは、サンシャイン計画に関連したテクノロジーアセスメントである。太陽エネルギー技術のテクノロジーアセスメントにおいては、太陽エネルギー利用推進の目的は資源枯渇への対応と環境保全であり、前者の目的のために資源節約が前提となっていなければならず、ソーラー・ハウスについては「建物の断熱化」といった点についても対象に含める必要があるといった指摘が行われた。また、サンシャイン計画が太陽エネルギーを利用した冷暖房などシーズ側からのテーマしか念頭になく、冷暖房装置の要らない住宅の研究開発などのテーマがない点を問題だと指摘した。しかし、この事例においても有効なフィードバックのメカニズムが存在しなかったため、テクノロジーアセスメントの結果が政策決定において有効に使われることはなかった（城山他 二〇一〇：二〇一）。

他方、認可法人として一九七四年に設立された総合研究開発機構（NIRA）の原子力政策における活動は、非公式ではあるが実際に政策に影響を持ったテクノロジーアセスメント的活動として興味深いものであった。一九七四年四月、日本原子力学会に原子力システム調査研究専門委員会が設置され、一九七五年四月、総合研究開発機構の中にほぼ同じメンバーによる原子力システム研究委員会が設立された。原子力システム研究委員会のメンバーは大学や公的・民間研究機関、原子力関連企業、科学技術庁、環境庁、原子力委員会、原子力産業会議における専門家や関係者であり、ワーキンググループには通産省関係者も参加した。そして、「原子力システムの分析と評価」という報告書を取りまとめたが、これは技術的側面ばかりでなく、原子力開発・再処理・廃棄物処理における自然的制約、環境や安全性、制度的課題、社会的受容について幅広く論じているものであった。その後、一九七七年四月に発足した原子力長期戦略委員会には、通産省の主要関係者も参加し、「原子力開発の長期戦略を考える」をまとめた。この結果は、通産省によって、核燃料サイクルに重心を置いた路線から軽水炉の改良も重視した路線に転換するために戦略的に利用された（城山他 二〇一〇：二〇六）。

テクノロジーアセスメントの必要性は科学技術基本計画においても継続的に指摘されてきた。二〇一一年に決定された第四期科学技術基本計画においては、「第五章　社会とともに創り進める政策の展開　第二節　社会と科学技術イノベーションとの関係深化（一）国民の視点に基づく科学技術イノベーション政策の推進 ② 倫理的・法的・社会的課題への対応」において、「科学技術が進展し、その内容が複雑化、多様化する中、先端的な科学技術や生命倫理に関する問題、東京電力福島第一原子力発電所の事故を受けた原子力の安全性に対する不安など、科学技術と国民の関わりは、倫理的、法的、社会的にますます深くなりつつある。このため、国として、科学技術が及ぼす社会的な影響やリスク評価に関する取組を一層強化する」とし、具体的推進方策として、「国は、テクノロジーアセスメントの在り方について検討するとともに（中略）政策等の意思決定に際し、テクノロジーアセスメントの結果を国民と共有し、幅広い合意形成を図るための取組を進める」とした。また、二〇一六年に決定された第五期科学技術基本計画においても、「第六章　科学技術イノベーションと社会との関係深化　④　倫理的・法制度的・社会的取組」において、「科学技術の社会実装に関しては、遺伝子診断、再生医療、ＡＩ等に見られるように、倫理的・法制度的な課題について社会としての意思決定が必要になる事例が増加しつつある（中略）社会における科学技術の利用促進の観点から、科学技術の及ぼす影響を多面的に俯瞰するテクノロジー・アセスメント（中略）を促進する」としている。

3　制度化の選択肢

前述のように、テクノロジーアセスメントは、意思決定・政策決定の前提となる支援活動であって、意思決定・政策決定そのものではない。そのため、テクノロジーアセスメント組織や活動は、科学技術に関する意思決定・政策決定からは一定の「適切な距離」を持つことによって、幅広い議論を可能とし、結果として、意思決定・政策決定にも寄与することができる。近くなくてはテクノロジーアセスメントの結果が意思決定・政策決定に反映されることはないが、近すぎると斬新かつ柔軟なテクノロジーアセスメントを行うことが難しくなる。また、このような制度化のあり方は一様ではなく、分野ごとの特質を踏まえてなされるべき面もある。たとえば、原子力や宇宙といった集権的にシステム化された技術と異なり、研究開発における分権性が高い生命科学・医療や情報技術分野においては、ボトムアップな形でテクノロジーアセスメントを埋め込む必要性がより高い。さらに、テクノロジーアセスメントを実施するタイムスパンにも、年次予算へのフィードバック、中期的計画へのフィードバック、個別の技術開発へのアドホックな対応等様々な幅がある。また、テクノロジーアセスメント組織の規模も様々である。テクノロジーアセスメントの実践を担う主体が複数共存し、それらがネットワークを構築しつつ連携するという方策もあり得る（城山 二〇一〇b：二～三）。

以下では、テクノロジーアセスメントを日本においてより制度化する際にどのような方式があり得るかについて検討する（表9-1参照）。これらの選択肢は相互の排他的なものでは必ずしもなく、相互に連携しつつ同時に追求することも可能である。また、これらの制度化は、必ずしも法律等の改正を必要とする公式的制度化だけではなく、運用の改善によって実現できるものも含まれる（城山 二〇一〇b：三～五）。

国レベルでのテクノロジーアセスメント組織の制度化

第一の選択肢は、国レベルでのテクノロジーアセスメント組織の制度化である。国の組織として設置する場合、設置場所は、国会内か行政組織内かに大きく分けられる（城山 二〇一〇b）。

国レベルでの議会内のテクノロジーアセスメント組織という選択は、一九九五年までのアメリカや近年のいくつかのヨーロッパ諸国においてみられる。日本でも一九九四年六月に設置された共産党を除く超党派の国会議員と学識経験者が参加する科学技術と政策の会が「科学技術評価会議」設置法案の国会提出を試みたが、うまくいかなかった（城山他 二〇一〇）。

欧米の場合、テクノロジーアセスメント組織の理事会は超党派的に構成され、運営されている場合が多い。日本

表9－1　テクノロジーアセスメント制度化の選択肢

- 国　会
  - 国会内委員会
  - 国会図書館調査機能強化
- 行政府
  - 内閣府（総合科学技術・イノベーション会議事務局）
  - 文部科学省（科学技術政策研究所，科学技術振興機構）
  - HTA（ヘルステクノロジーアセスメント）等個別分野
  - 日本学術会議（内閣府の「特別の機関」）
- 自治体
  - 例：北海道エネルギー問題委員会，遺伝子組み換え作物コンセンサス会議
- 政府による資金枠の設定
  - 政府研究開発投資における一定の資金枠
  - 実施機関は多様―大学，研究所，NPO 等
- 個別研究開発機関や民間組織のイニシアティブによる制度化
  - 例：EDF とデュポンのナノリスク評価プログラム
  - CTA，RTA の制度化
  - 研究開発独立行政法人や大学におけるテクノロジーアセスメントの実施
- 国際的制度化
  - 例：ICON（International Council on Nanotechnology）
  - 例：PAI（Partnership on Artificial Intelligence to Benefit People and Society）

出典：筆者作成。

でも科学技術基本法や研究開発力強化法の制定は超党派的に進められてきた。国会のテクノロジーアセスメント調査能力の強化に関しても、国会の超党派的関心を踏まえた上で進めることはありうると思われる。実際、衆議院には科学技術・イノベーション推進特別調査会が設置されており、国会図書館においては科学技術に関する調査の強化が進められている。また、二〇一一年の福島原発事故後の国会事故調の活動は、特定テーマに関する時限的なテクノロジーアセスメントという側面も持っていた。

国レベルで行政組織内に置くのであれば、総合科学技術・イノベーション会議の事務局を務める内閣府に設置するという選択肢がありうる。ただし、その場合には、テクノロジーアセスメントにおいて必要な「適切な距離」をどのように確保するのかという課題がある。あるいは、意思決定・政策決定から一定の距離を持った組織として、現在、文部科学省の下にある科学技術政策研究所や科学技術振興機構に設置するという選択肢もありうる。たとえば、韓

国においてはＫＩＳＴＥＰ（韓国科学技術評価計画研究所：Korea Institute of S&T Evaluation and Planning）という組織において、二〇〇一年科学技術枠組法に基づいて二〇〇三年からテクノロジーアセスメントが行われている。この場合は、特定の省庁を超えた俯瞰的視座をどのように確保するのかという課題が残る。あるいは、後述の医療技術評価（ＨＴＡ：Health Technology Assessment）の厚労省による利用にみられるように、個別分野にルーティーンとして入れるという方策もありうる。

内閣府の所轄の「特別の機関」として設置されている日本学術会議を活用するという選択肢もある。日本学術会議法によると、その目的は、「独立して」、「科学に関する重要事項を審議し、その実現を図ること」（第三条第一項）とある。政府は日本学術会議に諮問することができるが、日本学術会議は諮問を待たずに政府に勧告をすることもできる。日本学術会議の事務局体制を強化し、社会課題に迅速に対応できる体制ができれば、ある程度機能することが期待しうる。ただし、メンバーは専門家に限られており、ステークホルダーが入らないという点で限界がある。

国レベルとは別に、自治体レベルでのテクノロジーアセスメントの制度化もありうる。テクノロジーアセスメントにおいては、アセスメントの文脈となる現場状況を踏まえることが重要であり、自治体という単位設定にも大きな意味がありうる。たとえば北海道の泊原子力発電増設計画を契機に設置された知事の私的諮問委員会である北海道エネルギー問題委員会では、一九九七～九九年に賛否中立様々な立場の有識者を広く集めて公開で北海道のエネルギー政策についての議論を行った。また、北海道は二〇〇六～〇七年に遺伝子組み換え作物コンセンサス会議を主催した。

テクノロジーアセスメント活動のための資金枠の政府による設定

第二の選択肢は、テクノロジーアセスメント活動のための資金枠の政府による設定である。多様な視角を確保するためのテクノロジーアセスメント活動の資金を政府内で自由度のある枠として確保しておき、具体的実施は他の組織に委ねるという方式である。アメリカの二一世紀ナノテクノロジー研究開発法のように、研究開発費に対して一定の比率でELSI（倫理的法的社会的課題）研究のための資金を提供する方式もある。文部科学省では、二〇一一年度以降、科学技術イノベーション政策分野における政策形成の基盤となりうる根拠（エビデンス）の構築を目的として「政策のための科学」が推進されている。この枠組みの中で、「根拠に基づく政策形成」の基盤となる情報・根拠を提供する取組みとして、テクノロジーアセスメントの実践を促進することもありうる。

こうしたテクノロジーアセスメントの実施機関としては民間の大学、研究所、NPO（非営利組織）等が考えられる。多様なテクノロジーアセスメント実施機関が存在することは、テクノロジーアセスメントがより幅広い視角を多様な回路を通して社会に提示し、社会活動として定着する上で有用である。その際、社会的情勢や組織経営における感度や自由度を維持するために、追加的な財源として民間からの助成を受けられるようにしておくことも有意義であろう。

個別研究開発機関や民間組織のイニシアティブによる制度化

第三の選択肢は、個別研究開発機関や民間組織のイニシアティブによる制度化である。官民の個別の研究開発機関（大学、研究開発独立行政法人、民間企業研究所等）が、自らの研究開発課題に関するテクノロジーアセスメントを行い、その結果を自らの研究開発に反映させるという選択肢がある。CTA（Constructive Technology Assessment）やRTA（Real-time Technology Assessment）はそのような試みであると位置づけることができる（Schot and Rip 1997；Guston and Sarewitz 2002）。たとえば、理化学研究所の革新知能統合研究センターでは、社会における人工知能研究グループを設置し、倫理・法・社会・制度に関する研究を行っている。また、民間組織のイニシアティブの場合、国からの直接のテクノロジーアセスメントのための資金には必ずしも頼らない形でテクノロジーアセスメントが実施される。アメリカにおける化学メーカーのデュポンと環境NGOのEDFの協働によるナノ物質のリスクアセスメントの枠組み構築は、そのような試みであったといえる。

このような研究開発機関や民間組織の自発的テクノロジーアセスメント活動の場合、公共目的を含む視野の幅広さを確保するための一定の独立性を、どう確保するかといった課題がある。個別研究開発機関や民間企業からのプロジェクト資金のみに依存する体制になると、短期的で直接的な成果を求められるようになり、社会的に必要な課題設定への寄与が十分できなくなるおそれがある。これを回避するために、テクノロジーアセスメント自身を目的とする公的資金枠の活用を含めて資金源の多様化を図ることによって、テクノロジーアセスメント活動の自律性を確保することもありうる。また、研究開発機関によるテクノロジーアセスメントに際しては、個々の研究開発機関の研究開発対象の分野の専門家だけではなく、研究分野レベルで幅広い関係者の参画を確保することで、幅広い視座を得るという方式もありうる。研究開発機関自身のイニシアティブによるテクノロジーアセスメントには、研究開発活動のスピードが速くなり、またそのあり方も分散化している中で、研究開発の方向性とアセスメントのやり方をリアルタイムで連携させて構築していくことにより、社会的な影響に配慮しながら研究開発を進めることを可能にするという利点もある。

国際的制度化

第四の選択肢は、国際的制度化である。テクノロジーアセスメントの制度化は、国内レベルだけではなく、国際レベルでも行うこともできる。幅広いステークホルダーが参画する場として、国際的な多様なステークホルダー対話の場を設立することも考えられる。たとえば、ナノテクノロジーの分野に関しては、ＩＣＯＮ（国際ナノテクノロジー評議会：International Council on Nanotechnology）といった組織が活動している。また、人工知能の分野では、ＰＡＩ（Partnership on Artificial Intelligence to Benefit People and Society）といった試みもある。ＰＡＩは、ＡＩ技術のベストプラクティスを開発・共有し、ＡＩに関する公衆の理解を向上させ、ＡＩおよびその社会的影響に関する議論と関与のためのオープンなプラットフォームを提供するため、二〇一六年九月に設立された。アマゾン、グーグル、フェイスブック、マイクロソフト、ＩＢＭ、アップル等が企業構成員となり、アメリカ人工知能学会、アメリカ自由人権協会等が非営利構成員となっている（ＡＩネットワーク社会推進会議 二〇一七）。ナノテクや人工知能といった、技術の進展速度が速く、グローバルに同時的に展開する領域においては、国際的に民間レベルでの対応枠組みを構築しておくことは重要であろう。

4　体制と人材養成

制度化が行われたとしても、その制度が機能するためには、適切な財源・運営体制や人材が確保されることが必要である。テクノロジーアセスメントは単なる制度改革ではなく、運営改革のための手段であるという側面がある。テクノロジーアセスメントが実効的に活動として機能するためには、以下のような条件が満たされることが必要である（城山 二〇一〇b：五〜六）。

安定財源の確保

第一に、安定的財源の確保が重要である。日本では、一九六〇年代末から七〇年代末にかけて、民間機関によるテクノロジーアセスメントの実施やシンクタンク設立が構想され、一部実現された。しかし、運営を開始してみると、最終的には目的が限定された外部資金に依存することになり、テーマ設定等の自律性を失ったという経緯がみられた（城山他 二〇一〇）。また、テクノロジーアセスメントは日常的活動であり、必ずしも革新的な研究開発や発見を常に伴うものではないため、テクノロジーアセスメント自体を研究と位置づけることも難しい。このようなルーティーンをどのように制度化するのか、他方、安定性に安住しない文化をどう構築するのかは重要な課題である。これに対する一つの方向性として、継続的な公的資金を中心としつつも、民間を含めた多様な主体からの複数の財源を組み合わせることが考えられる。これはテクノロジーアセスメント機関としての不偏性および信頼性の補完的な担保ともなりうる。

運営体制の確立　第二に、運営体制の確立も重要である。テクノロジーアセスメントの実践にあたっては、どのような制度化であれ、テーマ設定や実施方針などを定める運営委員会が必要である。運営委員会には、研究者・専門家だけではなく、幅広いステークホルダーや専門家が関与する必要がある。また、テクノロジーアセスメントをネットワーク型の組織で行う場合においても、コアとなってマネジメントする存在が不可欠である。とくにネットワーク型組織の場合は、多様な個人や組織が関与することから、テクノロジーアセスメントを実践する責任の所在を明確にしておくことも肝要である。

人材養成　第三に、テクノロジーアセスメントの実務にかかる人材には、多分野にわたる学際的な素養が求められる。また、長期的な学問的成果が求められる大学等における調査研究とも、断片的かつ短期的な対処が求められる行政組織における通常の実務とも異なり、分野やセクターを横断的に繋ぐ高いコミュニケーション能力が求められる。このような人材はテクノロジーアセスメントのみならず社会課題に対応したイノベーションのためにも有用である。たしかに、このような人材は、すでに科学技術政策・戦略策定に関わる組織や国会等の調査部門、大学やシンクタンク、NPOにもある程度は散在しているが、これらを横に繋ぐとともに、よりテクノロジーアセスメントに適した能力を身につけるための訓練が必要であろう。

5　最近の様々な試み

最後に、近年の日本における様々な次元での興味深い展開について、検討しておきたい。

国会図書館の試み

国会図書館は日常的に科学技術に関する調査・分析を実施してきており、そのため、調査および立法考査局には理系出身の調査員が二〇名以上配置されている（小林 二〇一四：五）。そのような状況を背景に、二〇一〇年四月、国会図書館は、調査および立法考査局文教科学技術課内に科学技術室を設置し、「国政審議に資するため科学技術政策の現状と課題を明らかにすること」を目的として、科学技術に関する調査プロジェクトを開始した。テーマとしては、二〇一〇年には「科学技術政策に関する国際的な動向」、二〇一一年には「国による研究開発の推進」という総論的テーマを設定し、その後、二〇一二年には「海洋開発」、二〇一三年には「再生可能エネルギー」、二〇一四年は「情報通信技術」を取り上げた。調査の方式としては、国会図書館職員による調査、外部機関に委託する調査がある。前者については、外部有識者に客員調査員および非常勤調査員を委嘱して実施し、後者については、委託先が外部有識者から構成される調査委員会を組織して実施している（柴藤 二〇一五：一八一〜一八二）。

このような国会図書館の科学技術室や科学技術プロジェクトの活動は、必ずしも議会テクノロジーアセスメントとは名乗っていなかったが、趣旨や活動は欧米の議会テクノロジーアセスメントと共通の部分も多い（小林 二〇一四：一〇）。そして二〇一六年には、国会図書館調査および立法考査局は、諸外国の議会テクノロジーアセスメント機関との連携を図ることにより、科学技術に関する情報収集および調査機能の高度化を図るため、欧州議会テクノロジーアセスメント（EPTA：European Parliamentary Technology Assessment）に準会員として加盟した。

医療分野での制度化の試み

テクノロジーアセスメントを医療分野において経済的評価に焦点をあてて導入しようとする分野別の試みとして、医療技術評価（HTA：Health Technology Assessment）がある（鎌江他 二〇一三）。厚生省では一九九〇年の『厚生白書』において、「日進月歩の医療技術の臨床への適用の在り方を科学的に評価する医療技術評価（メディカルテクノロジーアセスメント）の確立等がある」とし、医療技術評価を「医療技術や機器についてその有効性、安全性のみならず経済性や倫理などの面も含めて包括して評価するもの」と定義した。また一九九六年の『厚生白書』では、「医療技術評価（ヘルステクノロジーアセスメント）」に言及し、「技術の適用に伴う技術的・経済的・社会的結果を検討する包括的な政策研究」を医療に適用したものであり、医療技術の臨床的有効性と経済的効率を総合的に評価することを目的としているものであるとした。しかし、この時点では、医療技術評価が実施されることはなかった（城山他 二〇一〇：二〇四～二〇五）。

二〇一一年五月、当時の民主党政権は社会保障制度改革において「医療イノベーションの評価に医療経済学的手法の応用を検討する」との文言を加え、二〇一二年の診療報酬改定の答申の附帯意見を受けて、二〇一二年五月に診療報酬点数などについて厚生労働大臣の諮問に応じて審議・答申する中医協（中央社会保険医療協議会）に費用対効果評価専門部会が設置された。医療技術の高度化と医療財政の逼迫という新たな環境条件の下で、ＨＴＡに関する議論が再開された。そして、四年に及ぶ部会における審議を経て、二〇一六年四月、費用対効果データを活用する新薬価制度が試行的に導入されることとなった。評価対象は、医薬品と医療機器とされ（診療技術や公衆衛生上の予防的介入は除外）、当面、いくつかの技術を指定して対象とし、市場への導入後二年後以降の薬価再算定の際に活用することとした。また手続きとしては、企業が提出したデータを基礎に、第三者が再評価を行い、その上で、費用対効果評価専門組織が総合的評価を行うこととされた（鎌江 二〇一七）。

人工知能の場合　情報通信ネットワーク、人工知能（ＡＩ）およびこれを実装するロボット等の技術が加速度的に進展していく状況の下、総務省情報通信政策研究所のインテリジェント化が加速するＩＣＴの未来像に関する研究会は二〇一五年六月に公表された「報告書二〇一五」において、これら技術革新を総体として「ＩＣＴインテリジェント化」として捉え、ＩＣＴインテリジェント化が社会・経済にもたらす影響及びリスクの評価（インパクトスタディ及びリスクスタディ）を行うよう提言した。この提言を踏まえ、ＩＣＴインテリジェント化に関し、目指すべき社会像及びその基本理念を検討するとともに、インパクトスタディ及びリスクスタディを行い、当面の課題を整理することを目的として、ＩＣＴインテリジェント化影響評価会議（後にＡＩネットワーク化検討会議と改称）が開催された。ＡＩネットワーク化検討会議は、ＡＩネットワーク化の進展を通じて目指すべき社会像として人間中心の社会像「智連社会」を提示するとともに、ＡＩネットワーク化が社会・経済にもたらす影響とリスクの基礎的な評価を二〇一六年四月に公表した「中間報告書」において行った（ＡＩネットワーク化検討会議二〇一六）。その上で、二〇一六年六月に公表された「報告書二〇一六」においては、ＡＩの開発原則・指針の策定等今後の課題も含めて整理した。

以上の検討を踏まえ、総務省情報通信政策研究所は、理工学系および人文・社会科学系の専門家に加え、産業界等からの参画者も含む形で、ＡＩネットワーク化の推進に向けた社会的・経済的・倫理的・法的課題を検討することを目的として、これまでのＡＩネットワーク化検討会議を発展的に改組し、ＡＩネットワーク社会推進会議を二〇一六年一〇月に設置し、開発原則分科会、影響評価分科会をその下に配置した。そのうち、影響評価分科会においては、ＡＩネットワーク化が社会・経済の各分野にもたらす影響とリスクの評価について具体的な利活用の場面を想定したシナリオを作成しながら検討をさらに深めることとなった（ＡＩネットワーク社会推進会議二〇一七）。

このような総務省の活動のうち、ＩＣＴインテリジェント化検討会議・ＡＩネットワーク化検討会議（とくにＡＩネットワーク化検討会議中間評価までの部分）、ＡＩネットワーク社会推進会議（とくに影響評価分科会関係部分）は、特定の政策とは切断された影響評価を実務とは若干距離のある情報政策研究所を事務局として行うものであり、ＡＩネットワークを対象としたテクノロジーアセスメントとしての性格を持つものであったといえる。

第10章　分野を超えた調整メカニズム

1　分野を超えた調整メカニズムの構造

科学技術政策には二つの意味がある。第一は、科学技術に関する政策という意味である。第二は、科学技術を利用する政策という意味である。科学技術を利用する政策は、科学技術に関する政策に限定されるものではなく、エネルギー政策、医療政策、海洋政策、宇宙政策、通信政策など多岐にわたる（序章参照）。

分野を超えた調整メカニズムも、このような科学技術政策の二つの次元に対応する形で、図10-1にみられるように、多様なものが存在することになる。第一に、科学技術に関する横断的調整メカニズムが存在する。総合科学技術・イノベーション会議等による科学技術基本計画等の策定とその実施過程がその例に当たる。第二に、科学技術の各利用分野に即して、エネルギー政策、健康・医療政策、海洋政策、宇宙政策、通信政策等の各政策分野における調整メカニズムが存在する。経済産業省総合資源エネルギー調査会等によるエネルギー基本計画等の策定と実施過程、健康・医療戦略推進本部等による健康・医療戦略等の策定と実施過程、総合海洋政策本部等による海洋基本計画等の策定と実施過程、宇宙開発戦略本部・宇宙政策委員会等による宇宙基本計画等の策定と実施過程、高度通信情報ネットワーク社会推進戦略本部（IT総合戦略本部）等による世界最先端IT国家創造宣言等の策定と実施過程がその例に当たる。

そして、これらの調整メカニズムは相互に連関することとなる。各利用分野の調整メカニズムを縦割りの調整メカニズム、科学技術に関する調整メカニズムを横割りの調整メカニズムとするならば、これらは相互に連関する。この相互連関する重複部分は、科学技術政策が科学技術イノベーション政策へと展開するにつれて、拡大することになる。また、各利用分野の調整メカニズム相互も、政策領域の相互浸透に伴い、連関・重複してくる。たとえば、洋上風力発電設置をめぐるエネルギーに関する調整メカニズムと海洋に関する調整メカニズムの関係、ITを利用した医療情報化をめぐる医療に関する調整メカニズムと情報に関する調整メカニズムの関係がその例に当たる。また近年では、科学技術に関する調整メカニズムとは異なる横割り調整メカニズムとして、国家安全保障会議の設置にみられるように国家安全保障に関する調整メカニズムの重要性が増しており、調整メカニズム間相互の関係は、より複雑化しているといえる。

また、各々の調整による決定の前提として、テクノロジーアセスメント（第9章参照）等の多様なアセスメントが活用されることもある。ただし、日本の場合、調整・決定プロセスとアセスメントプロセスが分離せず、融合している場合も多い。

以下では、横割り調整メカニズムである科学技術イノベーション政策に関する調整メカニズムを検討した後、縦割りの調整メカニズムとして宇宙政策に関する調整メカニズム、エネルギー政策に関する調整メカニズムを検討する。その上で、最後に比較検討と考察を行う。

科学技術に関する横断的調整メカニズム
　総合科学技術・イノベーション会議
科学技術の各利用分野に関する調整メカニズム
　総合エネルギー資源調査会
　健康・医療戦略推進本部
　総合海洋政策本部
　宇宙開発戦略本部・宇宙政策委員会
　高度通信情報ネットワーク社会推進戦略本部（IT 総合戦略本部）

図 10－1　分野を超えた調整メカニズムの多様性

出典：筆者作成。

2　科学技術イノベーション政策に関する調整メカニズム

科学技術庁と科学技術会議

日本において「科学技術」という用語が使われたのは、第二次世界大戦に向けた戦時体制においてであった（序章参照）。日中戦争開始後、総力戦への動員という形で科学政策が重要課題となり、一九四一年に科学技術新体制確立要綱が決定され、一九四二年には技術院が設置された。第二次世界大戦後、技術院等は廃止され、組織再編を経て、一九五六年には科学技術庁が設置された。科学技術庁の当時の内部部局としては、官房、企画調整局、原子力局、資源局、調査普及局があり、全体の予算のうち原子力が七割以上を占めていた（木場 二〇〇二：三〇～三一）。

一九五八年には科学技術会議設置法案が成立し、一九五九年には国防会議をモデルにしたともいわれている科学技術会議（総理大臣を議長とし、大蔵大臣、文部大臣、経済企画庁長官、科学技術庁長官、日本学術会議会長および総理が指名する三名〔うち二名常勤〕の学識経験者により構成される）が設置された（村上 二〇一五：一五五）。一九六〇年に出された科学技術会議第一号答申では「『高度成長の一九六〇年代』を目指して理工系人材の大幅増強、研究開発の大幅強化により、欧米先進国に追いつくことを基本」とするとされ、一九六六年の意見書では「資本や技術貿易の自由化に備えて、導入技術への依存体質の改善と、自前の技術力の強化を提言」するとされた。その後、時代の趨勢への対応が試みられ、一九七一年の第五号答申では「環境公害対策等への対応と、ライフサイエンス等の次代の技術革新の芽となる科学技術の強化」が提言され、一九七七年の第六号答申では「石油危機をはじめとする国際環境の激変への対応力の強化と、医療、福祉等の生活の質の面にも配慮」することが提言された（木場 二〇〇二：三一～三二）。

科学技術基本法の成立と科学技術基本計画の策定

一九九五年に議員立法により科学技術基本法が成立した。科学技術基本法案は一九六八年にも国会に提出されていたが、審議未了、廃案となっていた。しかし、バブル後の不況の中で、一九九三年から九四年に日本の民間企業の研究開発費が減少していたこともあり、経済の活性化のためにも政府が科学技術の振興を行うことが必要という認識が広まったことが、一九九五年に科学技術基本法が成立した背景にあった。科学技術基本法では、第九条において、政府は「科学技術の振興に関する施策の総合的かつ計画的な推進を図るため」、科学技術基本計画を定めることと規定された。そして同条第三項において、政府は、科学技術基本計画を策定するに当たっては、あらかじめ科学技術会議の議を経なければならないと定められた。そして、科学技術会議の事務は科学技術庁において行っていたため、科学技術庁が科学技術基本計画の案を策定することとなった（木場 二〇〇二：三八）。

科学技術会議では、総合計画部会およびその下に設置された基本問題分科会において基本計画に関する検討を行った。これらの検討を踏まえ、科学技術会議は一九九六年六月に答申をまとめ、同年七月第一期科学技術基本計画が閣議決定された。第一期科学技術基本計画では、第一に、任期制の導入による研究者の流動性向上、ポストドクター等一万人支援計画達成、産学官の連携交流の促進、厳正な評価等の実施等により、柔軟かつ競争的で開かれた研究環境の実現が目指された。第二に、政府研究開発投資について、二一世紀初頭に対GDP比率を欧米主要国並に引き上げることを目指し、計画期間内の倍増（計画期間内の科学技術関係経費総額一七兆円）が求められた。この第一期基本計画の立案過程においては、約七カ月間しか準備期間がなかったこともあり、事務局側で調査分析を行ったり、シンクタンク等に調査を委託したりといったことはなく、基本問題分科会という公式の場を通じて、外部の有識者や利害関係者等からの情報を吸い上げ、まとめ上げていくという方式がとられた（城山・吉澤他 二〇〇八：四八～五一）。

第二期科学技術基本計画策定の準備は、一九九八年一〇月に開始された第一期科学技術基本計画の進捗状況調査から始まった。科学技術会議は、二〇〇〇年三月から総合計画部会において検討を行い、同年一二月に第二期計画案を取りまとめた。第二期科学技術基本計画の策定過程においては、計画案取りまとめの約二年以上前から第一期計画の進捗状況調査を行いつつ、総合計画部会等様々な機会に外部からの知識のインプットを図った。また、科学技術庁科学技術政策局内に関係省庁職員や民間企業からの出向者等からなる事務局（科学技術基本計画準備室）を設置し、そこが自ら調査、分析等を行うといった体制もとられた（城山・吉澤他 二〇〇八：五三～五七）。

中央省庁再編と総合科学技術会議の設置

二〇〇一年には中央省庁再編が実施され、学術政策を担当する文部省と科学技術政策を担当する科学技術庁は統合されて文部科学省となった。また、新たに設置された内閣府は、他の省庁と同じく分担管理を担うという性格とともに、内閣官房を支援して内閣機能強化に寄与するという性格を持つこととなった。前者の分担管理事務については内閣府設置法第四条第三項において規定され、後者の内閣統括事務については第四条第一項に定められた。組織的には、前者の分担管理事務を担うのが通常の局であり、後者の内閣統括事務を担うのが政策統括官である。また、この内閣統括事務を担当する特命担当大臣を置くことができるようになった。そして、「内閣の重要政策に関して行政各部の施策の統一を図るために必要となる企画及び立案並びに総合調整に資するため」、経済財政諮問会議、総合科学技術会議、中央防災会議、男女共同参画会議という重要政策に関する会議が設置された（城山 二〇〇六b：六一～六三）。

総合科学技術会議の所掌事務は、内閣府設置法第二六条において、（一）内閣総理大臣の諮問に応じて科学技術の総合的かつ計画的な振興を図るための基本的な政策について調査審議すること、（二）内閣総理大臣又は関係各大臣の諮問に応じて科学技術に関する予算、人材、その他の科学技術の振興に必要な資源の配分の方針その他科学技術の振興に関する重要事項に関して調査審議すること、（三）科学技術に関する大規模な研究開発その他の国家的に重要な研究開発について評価を行うこととされた。そして、それに対応して、事務局となる内閣府の所掌事務として、内閣府設置法第四条において、（四）科学技術の総合的かつ計画的な振興を図るための基本的な政策に関する事項、（五）科学技術に関する予算、人材その他の科学技術の振興に必要な資源の配分の方針に関する事項、（六）前二号に掲げるもののほか、科学技術の振興に関する事項の企画及び立案並びに総合調整に関する事務をつかさどることが規定された。また、あわせて科学技術基本法も改正され、第九条第三項において、政府は、科学技術基本計画を策定するに当たっては、あらかじめ、総合科学技術会議の議を経なければならないとされた。

総合科学技術会議は、予算・計画・評価という手段を通じて総合調整を行うための合議体、つまり「特定総合調整機構」として設計された（伊藤 二〇〇六：四六）。そして、予算に関しては、総合科学技術会議で決定される翌年度の「科学技術に関する予算、人材等の資源配分の方針」の策定や、各省庁からのヒアリングに基づく各省庁からの提案に関するS（積極的に実施すべき施策）、A（着実に実施すべき施策）、B（他の施策との均衡にも配慮しながら、重点的、効率的に実施すべき施策）、C（必ずしも必要ではない施策）の四段階評価を行うことにより、一定の影響力を行使した。ただし財務省は、「査定の多段階化」は許容するが、数値目標の設定にまで踏み込んだ「査定の外部化」を認めるつもりはなかったという点で限界があった。また制度的には、文部科学省にも旧科学技術庁から引き継いだ所掌事務として、「科学技術に関する基本的な政策の企画及び立案並びに推進に関すること」（文部科学省設置法第四条第四四号）が残ったため、文部科学省においても科学技術基本計画の準備作業が並行して行われることとなった（伊藤 二〇〇六：四七～五一）。

総合科学技術会議は、総理大臣、内閣官房長官、科学技術政策担当大臣、総務大臣、財務大臣、文部科学大臣、経済産業大臣と民間議員によって構成された。民間議員のうち、四人以内は常勤の議員とすることができた。これは同時に設置された経済財政諮問会議の民間議員が非常勤であったのとは異なっていた。また、中央省庁再編の検討過程において、人文・社会科学からの人材も含めて構成員を増強することが求められたため、実際に、人文・社会科学の議員も加わることとなった（伊藤 二〇〇六：四六）。

総合科学技術会議の運用においては、民間常勤議員の時間をフルに使えるという条件もあり、原則として月一回とされる本会議に加えて、多くの専門調査会やプロジェクトが設定された。専門性を持つ研究者や民間企業の関係者が総合科学技術会議やその下部組織に幅広く参画したということは、調整メカニズムの運用の基礎となる様々な情報のインプットを可能にしたという面とともに、様々な利害を持った関係者が参画したことにより調整が困難になったという面もあった。

二〇〇一年一月の総合科学技術会議の発足に伴い、総理大臣から第二期科学技術基本計画検討の最終段階で諮問が行われた。総合科学技術会議は、二〇〇〇年一二月に科学技術会議が取りまとめた案を基調としつつ、自然科学と人文・社会科学を統合した総合性の観点、および科学技術を未来への先行投資として捉える戦略性の観点等を強化した上で、二〇〇一年三月の総合科学技術会議で答申を取りまとめた（城山・吉澤他 二〇〇八：五三）。

総合科学技術会議が当初から検討に関与したのは、第三期科学技術基本計画からである。文部科学省では、二〇〇四年九月に科学技術・学術審議会において基本計画特別委員会を設置し、二〇〇五年四月に「第三期科学技術基本計画の重要政策」を取りまとめた。他方、総合科学技術会議では、二〇〇四年一二月の本会議において総理大臣から諮問が行われ、基本政策専門調査会を中心に議論を行い、二〇〇五年六月に中間取りまとめとして「基本計画の基本方針（案）」をまとめた。最終的には、二〇〇五年一二月の総合科学技術会議で答申を取りまとめ、二〇〇六年三月に第三期科学技術基本計画を閣議決定した。第三期科学技術基本計画においては、重点推進分野四分野、推進分野四分野が強調されるとともに、科学技術システム改革としてイノベーションの創出が重視された。

このような公式的検討に先立ち、事前準備が進められた。二〇〇三年四月には文部科学省科学技術政策研究所等により「科学技術基本計画の達成効果の評価のための調査」が開始された。また文部科学省では、研究者、ポストドクター、産学官連携関係者、産業人等、中堅・若手を対象としたヒアリング調査も実施した。また、文部科学省科学技術政策研究所では、「科学技術の中長期発展に係る俯瞰的予測調査」を二〇〇三年から〇四年にかけて実施した。他方、総合科学技術会議では、二〇〇四年五月に、「科学技術基本計画に基づく科学技術政策の進捗状況」を取りまとめていた。

文部科学省科学技術・学術審議会に設置された基本計画特別委員会と総合科学技術会議基本政策専門調査会との関係については、基本政策専門調査会では基本計画の理念的な議論と重点四分野や研究開発資金のあり方など戦略性の高いイシューに対する意思決定を行い、より具体的な個々の政策については基本計画特別委員会で行うという差別化が図られていたと考えられる。なお、各々のメンバーのうち、一部は重複していた（城山・吉澤他 二〇〇八：五八～六五）。

総合科学技術・イノベーション会議への改組と司令塔機能の強化

民主党政権の下で二〇一一年八月に閣議決定された第四期科学技術基本計画においては、科学技術とイノベーションを一体的に推進するために、従来の技術分野である重点推進分野等を重視する方式に代わり、社会の重要課題の解決を重視する方式がとられるとともに、実効性のある科学技術イノベーション政策を推進するために、政策の企画立案および推進機能の強化が重視された。「国として科学技術イノベーション政策を一体的に推進していくためには、各府省が、具体的な政策等の企画立案、推進、さらには社会還元に至るまで、一貫したマネジメントの下で取り組むとともに、各府省の政策全体を俯瞰し、より幅広い観点から、政策を計画的かつ総合的に推進する機能を強化していく必要」があるとして、総合科学技術会議の総合調整機能を強化し、さらにこれを改組して、新たに「科学技術イノベーション戦略本部（仮称）」を創設し、政策の企画立案と推進機能の大幅な強化を図ることが提唱された。

そして、二〇一一年一〇月に設置された科学技術イノベーション政策推進有識者研究会において具体的検討が進められ、二〇一一年一二月に報告書がまとめられた（科学技術イノベーション政策推進有識者研究会 二〇一二）。そこでは、第一に、新たな科学技術イノベーション政策推進組織については、政策企画立案のための調査審議にとどまらず、それらの政策を各府省において着実に実施することを働きかけ、また、そのために必要な関係府省間の調整を行う機能が求められているとした。そして、そのためには各府省による実施の推進に至るまで責任を有し、科学技術の振興はもとより、その成果を活用したイノベーションの実現にかかる施策までを対象として総合調整する権限と能力を有する本格的な「司令塔」への改組が必要であるとした。「司令塔」の国家行政組織上の位置づけとしては、科学技術イノベーション政策に関する調査審議にとどまらず、その結果に基づき各府省に対し施策の実施の推進および総合調整を行う本部組織（本部長：総理大臣、副本部長：科学技術イノベーション政策担当大臣）とすることが考えられた。また、「司令塔」は科学技術イノベーションの主要分野（宇宙、海洋、情報通信、知的財産等）の戦略立案にも関与するとされた。第二に、司令塔機能とは別に、複雑・多様化する科学技術イノベーションに関連する政策を総理大臣や各府省大臣が理解するためには、客観的・中立的立場を維持した科学的な知見に基づく助言が求められており、このために科学技術イノベーション顧問（仮称）の新設が必要であるとした。これは、「司令塔」における戦略策定とは切断された、アセスメント機能の制度化を求めるものであったといえる。以上のような方向性に基づき、政府は総合科学技術会議改組のための法案を二〇一二年通常国会に提出したが、廃案となった（村上 二〇一五：一六〇）。

その後、二〇一二年一二月に政権に復帰した自民党の安倍晋三首相も、イノベーション強化の観点から総合科学技術会議の「司令塔」機能の強化を推進した。総合科学技術会議の答申に基づき二〇一三年六月に閣議決定された「科学技術イノベーション総合戦略」において、総合科学技術会議が早急に取るべき措置として、政府全体の科学技術関係予算の戦略的策定、イノベーション推進のための府省横断型プログラムの創設、プログラム実施責任体制の構築、事務局体制の強化等が挙げられた。そして、そのような方向は、同年同月の日本再興戦略においても支持された。

このような検討を基礎に、二〇一三年六月に、科学技術政策担当特命大臣を議長とし、関係省庁の幹部職員をメンバーとする科学技術イノベーション予算戦略会議が設置された。また、府省横断型プログラムとして、基礎研究から出口（実用化・事業化）までを見据え、規制・制度改革や特区制度の活用等も視野に入れて推進する戦略的イノベーション創造プログラム（SIP）が設置された。SIPについては内閣府に調整費（科学技術イノベーション創造推進費）が計上され、事業予算を直接執行することとなった。また、実施においては、内閣府の非常勤職員としてプログラムディレクター（PD）等が配置され、また、独立行政法人を、事務手続きを行う管理法人として活用できることとなった。

その後二〇一四年四月には、内閣府設置法改正法案が可決され、同年五月に施行された（村上二〇一五：一六二）。その結果、第一に、内閣府の所掌事務として、第四条第一項（六の二）として、研究開発の成果の実用化によるイノベーションの創出の促進を図るための環境の総合的な整備に関する事項が追加された。第二に、総合科学技術会議の名称を総合科学技術・イノベーション会議に変更した。第三に、内閣府の具体的事務として、第四条第三項において、研究開発の成果の実用化によるイノベーションの創出の促進を図るための環境の総合的な整備に関する施策の推進に関する事務、科学技術基本計画の策定及び推進に関する事務（文部科学省から移管）、科学技術に関する関係行政機関の経費の見積りの方針の調整に関する事務（文部科学省から移管）が追加された。他方、文部科学省設置法第四条第四四号の「科学技術に関する基本的な政策の企画及び立案並びに推進に関すること」については、括弧書きで「内閣府の所掌に属するものを除く」と追記され、経費の見積り方針の調整に関する同条第四七号は削除された。この結果、科学技術基本計画策定準備における内閣府と文部科学省の重複的事務は整理された。

このように総合科学技術・イノベーション会議と改組されることで、その役割は一定程度強化されたが、現実の運用においてはその実効性に限界もあった。イノベーションにまで踏み込むということは、産業政策全般に関わることでもあるため、実質的な方向性は産業競争力会議において議論されるという傾向もあった。また、経済財政諮問会議との合同分科会が設置されることもあった。

3　宇宙政策に関する調整メカニズム

宇宙開発委員会と総合科学技術会議

宇宙技術開発は一九五六年に設置された科学技術庁の主導の下で進められた。一九六〇年に総理府に宇宙開発審議会が設置され、一九六八年には宇宙開発委員会へと改組された。宇宙開発審議会、宇宙開発委員会の下で、文部省、東京大学宇宙航空研究所（後に文部省宇宙科学研究所に改組）を中心とする宇宙科学研究を目的とするグループと、科学技術庁、宇宙開発事業団（NASDA）を中心とする実用的な開発・利用を目的とするグループの調整が図られた（第7章参照）。

その後、二〇〇一年一月に実施された中央省庁再編により、組織的構図は大きく変わることとなった。まず、宇宙科学研究所を管轄する文部省とNASDAを管轄する科学技術庁が統合され、文部科学省が誕生した。そして、宇宙開発委員会は文部科学省内部の組織となり、もっぱら宇宙開発事業団に関する事項のみ審議することとなった。また、NASDA、宇宙科学研究所、航空宇宙技術研究所が統合され、二〇〇三年一〇月に独立行政法人宇宙航空研究開発機構（JAXA）が発足した。

他方、内閣府に新設された総合科学技術会議に、二〇〇一年一〇月に宇宙開発利用専門調査会が設置された。そして、二〇〇二年六月には「今後の宇宙開発利用に関する取り組みの基本」と題する報告書を取りまとめ、二〇〇四年九月には「我が国における宇宙開発利用の基本戦略」を取りまとめた。基本戦略においては、第一に、宇宙開発は、「科学技術創造立国」を標榜する日本にとって、国の持続的発展の基盤となる重要な国家戦略技術であると位置づけられ、第二に、宇宙は統合的な安全保障に貢献する手段であると位置づけられた。つまり、利用の一形態として安全保障という目的が注目された。そして第三に、宇宙開発は、地球・人類の持続的発展と国の矜持への貢献をなすものであり、国民に夢と希望を与えるとともに国際社会における日本の品格と地位を高めることにも大きく貢献するとされた（青木 二〇〇六：一七〇）。

宇宙基本法と宇宙開発戦略本部・宇宙政策委員会

このような利用主導への転換、国際競争力の強化による産業振興の必要、安全保障のための利用、さらに宇宙開発利用を政府として一体として推進する司令塔の存在といった問題意識が高まった結果、二〇〇八年五月に超党派の議員立法により宇宙基本法が制定され、同年八月に施行された。宇宙基本法は、全体としては、研究開発自体ではなく、実社会における利用促進に焦点を当てたものとなっており、利用における一つの重要な分野が安全保障目的での利用であった。そして、二〇〇九年六月に宇宙基本計画が宇宙開発戦略本部により決定された。

組織的には、宇宙基本法に基づき、総理大臣を本部長、官房長官と宇宙開発担当大臣を副本部長、その他の全ての国務大臣を本部員とする宇宙開発戦略本部が設置された。そして、内閣官房に、宇宙開発戦略本部に係る事務を処理するため、宇宙開発戦略本部事務局が置かれた。その後、当初基本法施行後一年を目途とされた見直しの結果、二〇一二年六月に内閣府設置法及び関連法が改正された。その結果、第一に、内閣府設置法第四条第一項の内閣府の所掌事務に、宇宙開発利用の総合的かつ計画的な推進を図るための基本的な政策に関する事項が追加され、第四条第三項の具体的事務として、宇宙開発利用に関する関係行政機関の事務の調整に関すること、宇宙開発利用の推進に関すること（他省の所掌に属するものを除く）、多様な分野において公共の用又は公用に供される人工衛星等で政令に定めるもの及びその運用に必要な施設又は設備の整備及び管理に関することが追加された。第二に、内閣府設置法第三七条第一項において内閣府に宇宙政策委員会が設置され、宇宙開発利用に係る政策に関する重要事項、関係行政機関の宇宙開発利用に関する経費の見積りの方針に関する重要事項等の調査審議等を所掌することとなった（第三八条第一項）。第三に、宇宙航空研究開発機構（ＪＡＸＡ）については、独立行政法人宇宙航空研究開発機構法が改正され、主務大臣に従来からの文部科学大臣、総務大臣に加えて、内閣府を担当する総理大臣、経済産業大臣が追加された。第四に、文部科学省設置法が改正され、宇宙開発委員会が廃止された。

その後、二〇一二年七月に内閣府宇宙戦略室と宇宙政策委員会が設置された。宇宙政策委員会は非常勤の委員から構成されており、国会同意を委員任命の要件とはしない形となった。また内閣府設置法第四条第三項の「公共の用又は公用に供される人工衛星等」としては、実用準天頂衛星システムが指定され、この準天頂衛星に関しては、内閣府が直接事業予算を執行することとなった。

この新たな体制の下、宇宙基本計画は二〇一三年一月に宇宙開発戦略本部決定により改定され、さらに二〇一五年一月にも改定された。組織的には、二〇一六年四月に施行された後述の内閣官房・内閣府見直し法により、内閣府設置法が改正され、内閣官房宇宙開発戦略本部事務局及び内閣府宇宙戦略室は内閣府宇宙開発戦略推進事務局に一元化された。また宇宙基本法も改正され、従来、宇宙開発戦略本部が決定していた宇宙基本計画について、宇宙開発戦略本部が宇宙基本計画の案を作成し、内閣総理大臣が宇宙開発戦略本部の作成した宇宙基本計画の案について閣議決定を求めることとした。

4　エネルギー政策に関する調整メカニズム

総合エネルギー資源調査会とエネルギー政策基本法

エネルギー政策については、基本的には、経済産業省に設置されている総合エネルギー資源調査会において検討されてきた。その原型である総合エネルギー調査会は、「エネルギー政策に抜本的検討を加え、エネルギー源の総合的調整を図るため、政府は速やかに総合エネルギー調査会を設置すべきである」との衆参両院の決議を受け、一九六五年に通産大臣の諮問機関として設置された。同調査会は、通産大臣の諮問に応じて、エネルギーの安定的かつ合理的な供給の確保に関する総合的かつ長期的な施策に関する重要事項を調査審議する組織とされた。その後、中央省庁再編に伴い、総合エネルギー調査会は二〇〇一年一月に総合エネルギー資源調査会へと再編された（城山 二〇一一a：四）。

二〇〇一年四月、自民党政務調査会のエネルギー総合政策小委員会は、エネルギーの需給に関する施策を長期的・総合的に推進するための基本となる方針の制定を目的として「エネルギー総合政策：七つの提言」を取りまとめ、この提言を基礎に二〇〇一年一一月に議員立法案としてエネルギー政策基本法案が提出され、二〇〇二年六月に成立した。エネルギー政策基本法では、エネルギーの需給に関する施策の基本原則として、安定供給の確保（第二条）、環境への適合（第三条）、安定供給確保と環境適合を前提とした上での市場原理の活用（第四条）の三点が掲げられた。これは、エネルギー安全保障（energy security）、経済性（economy）、環境保全（environmental protection）という、いわゆる３Ｅの観点（大山 二〇〇二：二六）を制度化したものであったといえる。

具体的には、政府においては、経済産業省大臣が関係行政機関の長の意見とともに総合資源エネルギー調査会の意見を聴いてエネルギー基本計画案を作成し、閣議決定を求めなければならないとされた（第一二条第一項第三項）。

エネルギー基本計画の内容としては、(一) エネルギーの需給に関する施策についての基本的な方針、(二) エネルギーの需給に関し、長期的、総合的かつ計画的に講ずべき施策、(三) エネルギーの需給に関する施策を長期的、総合的かつ計画的に推進するために重点的に研究開発のための施策を講ずべきエネルギーに関する技術及びその施策等が規定された(第一二条第二項)。また、閣議決定があった際には、エネルギー基本計画を、速やかに、国会に報告するとともに、公表しなければならないとされた(第一二条第四項)。以上の枠組みに基づき、総合資源エネルギー調査会基本計画部会において二〇〇三年四月から一〇月にかけてエネルギー基本計画策定に向けて作業が進められ、一〇月の閣議で決定し、国会に報告された。この基本計画では、ウラン資源の安定供給および地球温暖化対策上の優れた特性を踏まえ、原子力発電を基幹電源と位置づけた。その後、エネルギー安全保障を軸とした二〇〇五年の新国家エネルギー戦略を踏まえて、二〇〇七年三月にはエネルギー基本計画が改定された。

エネルギー政策と温暖化政策

エネルギー基本法によって環境適合性が明確に求められるようになったため、エネルギー政策と環境政策の関連づけが法制度的には明確になった(久保 二〇一六：一七五)。エネルギー基本計画による調整に関しては、基本的に、経済産業省が中心となって関係行政機関との調整を行い、最終的に閣議で決定するという分権的な調整メカニズムが採用されていた。しかし、エネルギー政策と温暖化政策とが密接に連関する中で、より多様な調整メカニズムが試みられることとなった。

自民党の麻生太郎政権下において、二〇〇七年七月、総合資源エネルギー調査会総合部会はエネルギー基本計画の改定に向けた作業を開始した。しかし、その前提となる温暖化対策目標の設定に関しては、二〇〇八年二月に総理大臣の下に地球温暖化問題に関する懇談会が設置され、同年一〇月には分科会として地球温暖化に関する懇談会中期目標検討委員会が設置された。そこでは、信頼できる客観的・科学的な専門的知見を確保するために、バランスを確保した委員構成に配慮するとともに、モデル分析についても一つの研究機関に委託するのではなく、環境省系の国立環境研究所、経産省系の地球環境産業技術研究機構、日本エネルギー研究所、中立的とされる日本経済研究センター、慶應義塾大学産業研究所（野村研究室）の五つの研究機関に委託した。また、互いのモデルを検証できるようにデータを公開し、検証のための討論の場も設けた。分析結果の公表後、どの選択肢が望ましいかについてパブリックコメントが行われ、また全国で意見交換会も開催された。このような検討を踏まえ、自民党政務調査会地球温暖化対策本部において調整した結果、二〇二〇年までに二〇〇五年度比マイナス一四％で決着した（久保二〇一六：一八一～一八四）。

二〇〇九年九月民主党政権の誕生により、鳩山由紀夫首相が「九〇年比で二五％削減」を国連演説で発表し、エネルギー基本計画を議論する審議会のあり方についても「委員の選考過程を透明化し、政治主導の人選で審議会の在り方を見直す」と国会で答弁したため、総合資源エネルギー調査会総合部会における検討は停止した。他方、温暖化との関係でエネルギー政策を検討する場として、関係各省の政務三役が参加する温暖化関係閣僚委員会が重視された。そして、二〇〇九年一〇月から一一月にかけて、温暖化ガスの排出の一九九〇年比二五％削減という中期目標の達成に向けて必要なコスト等について検討を行うため、モデル分析を行う複数の研究機関と評価者による地球温暖化問題に関する閣僚委員会タスクフォース会合が設置された。しかし、タスクフォースでは一九九〇年比マイナス二五％を正当化する結果を出せなかった（久保二〇一六：一八七）。その後、温暖化政策・エネルギー政策については、環境省と経済産業省での同時並行的検討が進められた。環境省では中央環境審議会のもとで中長期ロードマップの検討が進められ、経産省ではエネルギー基本計画の検討が二〇一〇年三月に開始され、六月に閣議決定された。この改定されたエネルギー基本計画では、温暖化対策とエネルギー安全保障を両立させるものとして、原子力がたいへん重要視された。

二〇一一年三月の東日本大震災に伴う福島原発事故の後、エネルギー政策は新成長戦略実現会議において検討されることとなった。二〇一一年五月に閣議決定された「政策推進指針～日本の再生に向けて」を受けて、安全・安定供給・効率・環境の要請に応える、短期・中期・長期からなる革新的エネルギー・環境戦略を検討することとなり、そのための場として、新成長戦略実現会議の下に、国家戦略担当大臣を議長とする分科会としてエネルギー・環境会議が設置された。二〇一一年七月の第二回エネルギー・環境会議では、「革新的エネルギー・環境戦略」策定に向けた中間的な整理（案）について了承し、原発への依存度低減のシナリオ策定、分散型エネルギーシステムの実現、「反原発」と「原発推進」の二項対立を乗り越えた国民的議論の展開といった方向性を確認した。

この中間的整理を受けて、資源エネルギー総合調査会の基本問題委員会が、二〇一一年一〇月に検討を開始した。総合資源エネルギー調査会基本問題委員会は、革新的エネルギー・環境戦略案が議論される二〇一二年九月にかけて、約一一カ月半の間に三三回開催されるというきわめて高い頻度で開催され、また、会議の動画や議事録等による公開の程度も高いものであった。二〇一二年五月の時点では、二〇三〇年の選択肢の基本的考え方と電源構成として、選択肢A：エネルギーミックスは需要家の市場での選択に委ねる、選択肢B：原子力発電比率をできるだけ早くゼロとし、再生可能エネルギーを基軸として活用する社会を実現する、選択肢C：再生可能エネルギーの利用拡大を最大限進めつつ、原子力発電への依存度を二〇三〇年に向け低減させる、選択肢D：原子力発電への依存度は低減させるが、今後とも原子力発電に一定の役割を期待し、再生可能エネルギーも含めてバランスのとれたエネルギー構成を実現する、選択肢E：不確実な状況下での幅広い選択肢を確保するため、現状程度の原発の設備容量を維持する（原子力発電比率は二〇一〇年度より拡大）という五つの選択肢が整理され、その後、AとEの選択肢が排除され、B、C、Dの選択肢を基礎として、原発〇～二五％で連続的選択を検討することとされた。

そして、二〇一二年七月から八月にかけて、討論型世論調査（七月下旬電話世論調査、八月四・五日討論フォーラム）が行われた。無作為抽出による電話世論調査で参加者を確保し、討論フォーラムにおいて討論前アンケートと討論後アンケートにより各参加者の選択を確認した。実施主体はエネルギー・環境の選択肢に関する討論型世論調査実行委員会であり、資源エネルギー庁の予算（電源立地推進等調整事業）が活用され、政策過程へのフィードバックが試みられた。シナリオとしては、原子力ゼロシナリオ、一五％シナリオ、二〇～二五％シナリオが提示され、また選択肢の評価基準としては、安全の確保、エネルギー安定供給、地球温暖化防止、コストの四つの次元が示された。結果としては、数字の上では原子力ゼロシナリオの支持が最も多く、また、討論フォーラムにおいて専門家の議論を聞いた後、その比率はさらに高まった（エネルギー・環境の選択肢に関する討論型世論調査実行委員会 二〇一二）。

このような議論を踏まえて、二〇一二年九月にエネルギー・環境会議が開催され、革新的エネルギー・環境戦略が決定された。そこでは、以下のような方針が示された。⑴二〇三〇年代に原発稼働ゼロを可能にするよう、グリーンエネルギーを中心にあらゆる政策資源を投入する。その第一歩として、政府は本年末までに「グリーン政策大綱」をまとめる。⑵核燃料サイクル政策については、国際的責務を果たしつつ、再処理事業に取り組む。関係自治体や国際社会とコミュニケーションを図りつつ、責任を持って議論を行う。しかし、翌日の「今後のエネルギー・環境政策について」と題する閣議決定では、革新的エネルギー・環境戦略を踏まえて、関係自治体や国際社会等と責任ある議論を行い、国民の理解を得つつ、柔軟性を持って不断の検証と見直しを行いながら遂行するとして、二〇三〇年代に原発稼働ゼロという方針の明示は避けられた。そして、「グリーン政策大綱」の骨子は示されたが、大綱が決定されることはなかった。

このように、麻生太郎政権から民主党政権にかけては、多様な調整メカニズムが試みられた。しかしその後、二〇一二年一二月に政権についた安倍晋三内閣の下では、従来型の分権型の調整メカニズムが採用されることとなった。安倍内閣は民主党の革新的エネルギー・環境戦略を白紙から見直すことを表明し、新たなエネルギー基本計画、地球温暖化中期目標等の検討を開始した。二〇二〇年の地球温暖化対策の中期目標に関しては、審議会での審議を経ずに、二〇一三年一一月の内閣の地球温暖化対策推進本部において環境大臣から二〇二〇年までに二〇〇五年比三・八％減という目標値が示され、了承された。またエネルギー基本計画等については、総合資源エネルギー調査会基本政策分科会等において検討された（久保 二〇一六：一九五〜一九六）。

5　調整メカニズムの比較検討

多様なメカニズム

政府においては、歴史的に様々な調整メカニズムが試みられてきた（牧原 二〇〇九）。科学技術に関わる分野においても、分野を超えた調整メカニズムには、いくつかの軸に即して、多様なメカニズムが存在する。たとえば、二〇〇八年に制定された宇宙基本法により設置された宇宙に関する調整メカニズムとその前年の二〇〇七年に制定された海洋基本法により設置された海洋に関する調整メカニズムを比較すると、図10-2のようになる。これまで述べてきた調整メカニズムも含めて、比較してみることとしたい。

第一に、調整の担い手として、各省庁から独立した事務局が存在するのか、各省が調整を担当するのかという違いがある。かつての科学技術会議や宇宙開発委員会における調整に関しては、旧科学技術庁が事務局を担っていた。また、現在のエネルギー基本計画策定過程においても、経済産業省が調整を担当している。他方、現在の科学技術基本計画、宇宙基本計画等においては、各省庁から独立している内閣府が調整を担当している。また、海洋基本計画においては、かつては内閣官房が調整を行っていたが、現在は内閣府に移管されている。

また、調整メカニズムとして、大臣による会議体を活用するのか有識者による会議体を活用するのかという違いもある。海洋基本計画に関しては、総合海洋政策本部という大臣による会議体を活用しているが、宇宙基本計画に関しては宇宙開発戦略本部という大臣による会議体に加えて宇宙政策委員会という有識者による会議体を幅広く活

宇　宙	海　洋
宇宙基本法（2008年）	海洋基本法（2007年）
宇宙基本計画（2009年，2013年，2015年）	海洋基本計画（2008年，2013年）
宇宙開発戦略本部（内閣：2008年設置）	総合海洋政策本部（内閣：2007年設置）
本 部 長：総理大臣	本 部 長：総理大臣
副本部長：官房長官，宇宙開発担当大臣	副本部長：官房長官，海洋政策担当大臣
本 部 員：他のすべての国務大臣	本 部 員：他のすべての国務大臣
事 務 局：内閣官房	参与会議
→内閣府へ一元化（2016年施行）	事 務 局：内閣官房
宇宙政策委員会（内閣府：2012年設置）	→内閣府に移管（2016年施行）
事 務 局：内閣府（2012年宇宙戦略室	内 閣 府：分担管理事務（直接実施）
→2016年宇宙開発戦略推進事務局）	有人国境離島法の実施の一部
内 閣 府：分担管理事務（直接実施）	
準天頂衛星事業	

図10－2　宇宙と海洋における調整メカニズム

出典：筆者作成。

用している。ただし，総合海洋政策本部の下にも，開催頻度は高くはないが参与会議という会議体を設置している。他方，科学技術基本計画に関しては総合科学技術・イノベーション会議という大臣と有識者の双方による会議体を活用している。

第二に，調整部局が調整のみを担うのか，一定の実施機能も担うのかという違いがある。内閣官房の場合は，調整機能のみを持つことになるが，内閣府の場合は，分担管理事務も所掌することができるので，実施機能を担うこともできる。たとえば，総合科学技術・イノベーション会議・内閣府は，調整機能に加えて，ＳＩＰ（戦略的イノベーション創造プログラム）等を直接実施する体制となっており，宇宙政策委員会・内閣府も，準天頂衛星事業については直接実施している。また，海洋基本法において海洋基本計画策定に関する調整機能を担う内閣府総合海洋政策本部事務局も，二〇一七年に施行された有人国境離島法の実施に関して，一定の直接実施を担うようになっている。ただし，小規模な実施機能を持つことが調整機能を促進する上で有効なのかについては議論がある。

また，複数の調整メカニズムを組み合わせることもありうる。二〇一一年の福島原発事故後の民主党政権期のエネルギー環境政策に関しては，新成長戦略実現会議の分科会としてエネルギー・環境会議が設置され、革新的エネルギー・環境戦略が決定された。しかし、その検討プロセスにおいては、総合資源エネルギー調査会基本問題委員会における検討や討論型世論調査も一定の役割を果たした。

内閣官房・内閣府の混雑問題

二〇〇一年に実施された中央省庁再編により、内閣機能の強化が図られたことに伴い、内閣における調整メカニズムや内閣官房・内閣府における事務が増大してきた（城山 二〇〇六b）。それに対応して、内閣官房・内閣府の職員数は表10－1のような推移を辿りつつある。内閣官房においては、内閣官房副長官補室の下のいわゆる分室は二〇〇〇年度末の五室から二〇一四年度末には三一室に増加し、内閣官房の定員と併任者の合計は二〇〇〇年度の八二二人（うち、定員三七七人、併任四四五人）から二〇一四年度の二九二九人（うち、定員一〇二四人、併任一九〇五人、併任者のうち常駐者九一〇人）に増加した。とくに二〇一四年に幹部職員人事の一元管理等を担う内閣人事局（定員一六一人）が設置された影響が大きかった。また、内閣府本府（沖縄総合事務局を除いたもの）の定員と併任者の合計も、二〇〇一年度の一三五三人（うち、定員一一七一人、併任者一八二人）から二〇一四年の二〇三二人（うち、定員一三四三人、併任者六八九人）に増加した（瀬戸山 二〇一五：七～九）。

具体的には、内閣官房において事務を処理することとされたものとしては、高度情報通信ネットワーク社会推進事務局（二〇〇一年設置）、構造改革特別区域推進本部（二〇〇二年設置）、知的財産戦略本部（二〇〇三年設置）、地球温暖化対策推進本部（二〇〇五年設置）、総合海洋政策本部（二〇〇七年設置）、宇宙開発戦略本部（二〇〇八年設置）、総合特別区域推進本部（二〇一一年設置）、国土強靭化推進本部（二〇一三年設置）、健康・医療戦略推進本部（二〇一四年）、まち・ひと・しごと創生本部（二〇一四年設置）、サイバーセキュリティ戦略本部（二〇一五年設置）等があった。また、追加的に内閣府において事務を処理することとされた課題としては、食品安全（二〇〇三年追加）、特別区域計画の認定（二〇〇三年追加）、統計委員会（二〇〇七年に総務省から移管）、消費者問題（二〇〇九年追加）、総合特別区域計画の認定（二〇一一年追加）、原子力損害賠償支援機構（二〇一一年追加）、宇宙政策（二〇一二年追加）、原子

表10－1　内閣官房・内閣府職員の定員・併任者数の推移

	年度	2000	2001	2002	2003	2004	2005	2006	2007	2008	2009	2010	2011	2012	2013	2014
内閣官房	定員	377	515	598	627	648	665	679	702	716	737	804	817	807	818	1,024
	併任	445	539	637	660	732	741	759	937 642	1,045 627	1,105 664	1,176 652	1,278 754	1,524 866	1,645 804	1,905 910
	合計	822	1,054	1,235	1,287	1,380	1,406	1,438	1,639 1,344	1,761 1,343	1,842 1,401	1,980 1,456	2,095 1,571	2,331 1,673	2,463 1,622	2,929 1,934

注：1）定員は各年度末定員，併任者は各年４月１日時点（2002～04年度は当該年度の３月１日時点）。
2）併任欄の下段の数字は常駐併任者数で内数。
3）合計欄の下段の数字は定員と常駐併任者数の合計。

	年度	2000	2001	2002	2003	2004	2005	2006	2007	2008	2009	2010	2011	2012	2013	2014
内閣府	本府定員	1,200	1,171	1,178	1,245	1,256	1,323	1,339	1,359	1,447	1,379	1,391	1,389	1,352	1,359	1,343
	本府併任	—	182	238	278	302	328	283	350	377	397	420	475	564	647	689
	本府定員と併任の合計	—	1,353	1,416	1,523	1,558	1,651	1,622	1,709	1,824	1,776	1,811	1,864	1,916	2,006	2,032

4）定員は各年度末人数（2014年度は５月30日時点）。
5）併任者は，2001年度11月１日時点，2013年度１月31日時点，その他各年度は４月１日時点の人数。非常駐者を含む。
出典：瀬戸山（2015：7, 9）。

力防災（二〇一二年追加）、番号制度（二〇一三年追加）、国家戦略特別区域（二〇一三年追加）、日本医療研究開発機構（二〇一五年追加）等があった。これらのうち、総合海洋政策本部、宇宙開発戦略本部、国土強靱化推進本部、サイバーセキュリティ戦略本部、原子力防災に関する事務は、議員立法によって追加されたものであった（瀬戸山 二〇一五：六、八）。内閣官房の方が、瞬発力的な調整力が高いため、内閣官房による調整が好まれていた面もあるといわれる。

このように内閣官房・内閣府の機能が肥大化する中で、自民党の行政改革推進本部は二〇一四年六月に内閣府・内閣官房の組織見直しの方針をまとめ、最終的には自民党と公明党の合同で二〇一五年一月に「内閣官房・内閣府のスリム化について」と題する提言をまとめた。そして、この提言に沿って「内閣官房及び内閣府の業務の見直しについて」という閣議決定を二〇一五年三月に行った（瀬戸山 二〇一五：一一～一二）。そして、内閣官房・内閣府見直し法が二〇一五年九月に成立した。その内容は、第一に、内閣官房の事務を軽くし、内閣府に事務を移管・一元化するものであった。知的財産政策、総合海洋政策は内閣官房で実施していた事務を内閣府に移管し、地域活性化、宇宙政策等については、内閣官房と内閣府で実施していた事務を内閣府に一元化した。また、内閣府から各省等への事務の移管も進めた。消費者問題、食品安全に関する事務は消費者庁に移管され（ただし消費者委員会、食品安全委員会は内閣府本府に残った）、統計委員会事務等は総務省に移管された。第二に、各省等が、その任務に関連する特定の内閣の重要政策について、閣議決定で定める方針に基づき総合調整等を行い、内閣を助けることができるように規定を整備した。

多様化する安全保障との調整

テロ、感染症、サイバーセキュリティへの対応等も含めて、安全保障概念が多様化するとともに、内閣における国家安全保障会議への再編、内閣官房における国家安全保障局設置にみられるように、制度化も進められてきた（千々和 二〇一五）。そのような中で、科学技術の各利用分野と安全保障との交錯領域や連携も増えてきた。エネルギー政策については、早くからエネルギー安全保障について論じられてきたが、健康・医療政策においてもテロや新興・再興感染症を踏まえて健康危機管理が論じられるようになった（千村 二〇〇三）。また、海洋政策、宇宙政策に関しては、二〇〇七年の海洋基本法制定、二〇〇八年の宇宙基本法制定以来、安全保障というのは主要関心事項の一つであった。

そのような中で、現時点では、国家安全保障会議や国家安全保障局は古典的な安全保障問題に集中していると思われるが、安全保障に関する調整メカニズムと他の調整メカニズムの関係も課題になりうる。イギリスやシンガポールといった海外諸国では、安全保障部局が主導する形でのオールハザード・アプローチが実践されている（第4章参照）。それに対して、日本では、各調整メカニズムが並行的に対応している。ただし、新たな安全保障課題に関する一定の対応は行われている。たとえば、安全上、安全保障上、また、資源管理上も重要なＭＤＡ（海洋情報把握）については、国家安全保障局、総合海洋政策本部、宇宙政策戦略室が明示的に連携して方針を取りまとめた。

コラム 「科学技術と政治」への誘い（2）――「合意形成」と問題構造化手法の試み

科学技術を社会に導入していく際の「合意形成」が、しばしば課題として取り上げられる。たとえば、土木技術を社会に導入する河川行政や道路行政といった分野では、様々な参加のメカニズムが創設されてきた。旧建設省では、一九九〇年代前半から、河川管理における住民の参加に関して実験を試み、一九九七年の河川法改正の際に、計画策定時の住民の意見聴取のメカニズム（河川法第一六条の二）を構築した。道路行政では、一九九〇年代末からパブリックインボルブメント（PI）という考え方の下で、計画・構想段階での参加メカニズムの導入が図られた（城山 二〇一〇d）。また、遺伝子組み換え食品のような新たな科学技術利用に関しても、市民の意見を把握する試みとして、コンセンサス会議の実験が行われている（小林 二〇〇四）。コンセンサス会議では、一定の方法で選ばれた参加者のグループを設定し、そのグループの求めに応じて専門家が応答する機会を設けた上で、当該グループに一定の結論となる文書を作成させる。

このような試みを通して明らかになったのは、様々なステークホルダーや市民が、同一の対象に対しても、様々な異なった認識を持っているということである。逆にいえば、参加メカニズムを適切に運用していくためには、各主体がどのように異なる認識・利益を持っているのかを明らかにするステークホルダー分析が必要になる（サスカインド他 二〇〇八）。このような広義のステークホルダー分析の一つとして、筆者は土木工学の研究者である加藤浩徳氏や中川善典氏と協力して、実践的意思決定支援手法としての問題構造化手法を試みてきた（加藤他 二〇〇五）。

問題構造化手法は、特定の主体によって認識されている問題構造を、インタビューによって把握することにより、各主体のフレーム（問題認識枠組み）を可視化する手法である。主体別問題構造認知マップに関する仮説を作成した上で、個別に各主体にインタビューを行い、仮説に修正を求めることによって主体別問題構造認知マップ（次頁図）を逐次更新していく。インタビューでは、⑴行動目的あるいは目標、⑵行動を制約する環境要因（ドライバー）、⑶他の主体に期待する事項の三点を聞く。また、新たなステークホルダー等が明らかになった場合には、リストに加えていく。

その上で、各主体の持つ目的・目標から政策価値を抽出し、専門家の助力も得て政策オプションを構築す

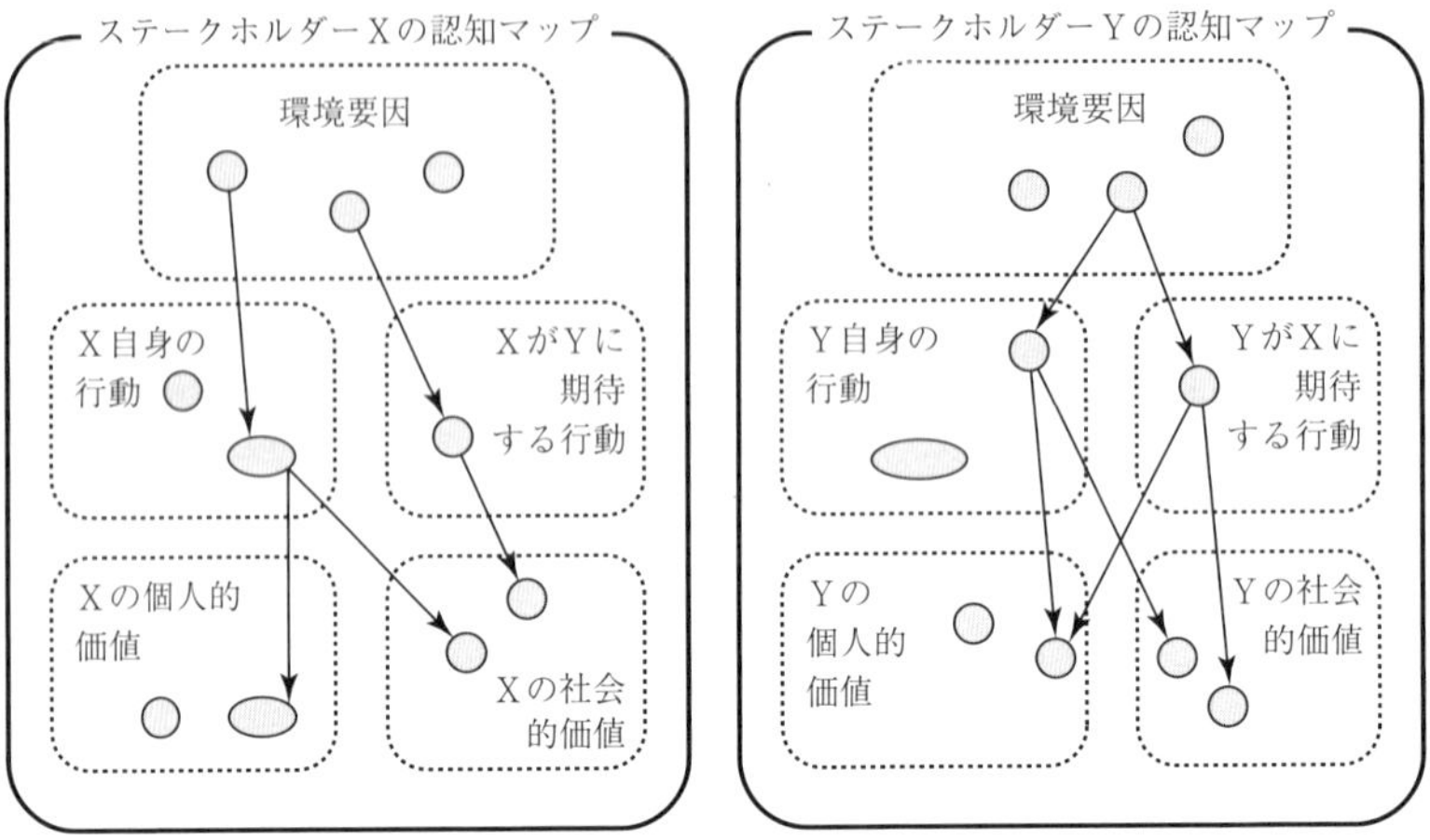

図　二人のステークホルダーの認知マップの概念

出典：Kato et al.（2014）をもとに作成。

る。また、各主体の認識の差異について比較を行うとともに、各主体が、他者に対して期待している事項を表形式に整理する（相互期待表）。相互期待表を通して明らかになる主体間相互関係は、政策課題を検討する際に、連携（＝「合意形成」）可能性や制約条件を発見するために使用することができる。「合意形成」の型には、各主体が同じ関心を理由として同一の政策オプションを支持する狭義の合意形成（「同床同夢」）、各主体が異なった関心を理由として同一の政策オプションを支持する「同床異夢」（第1章参照）の他、お互いに期待された事項を組み合わせて実施する「取引」がある。また、このような意思決定支援手法は「合意形成」を支援するだけではなく、最終的に残るトレードオフ判断（＝切捨て）を可視化することもできる。

筆者らは、このような手法を地方都市のＬＲＴ導入問題（加藤他 二〇〇九）や地方都市の持続可能性問題（元田他 二〇〇九）に適用するとともに、ナノテクノロジーのような新興技術の社会的導入問題（中川他 二〇〇八：Nakagawa et al. 2010）にも適用してきた。また、手法の一般化も試みてみた（Kato et al. 2014）。

第Ⅲ部　国際協力のメカニズム

国際宇宙ステーション（ISS）に設置された日本実験棟「きぼう」
（米航空宇宙局〔NASA〕提供／時事）

第Ⅰ部では国内における幅広いリスク評価・管理の課題について、第Ⅱ部では国内における知識生産・技術の社会導入に関するイノベーションメカニズムの課題について、主として扱った。それに対して、第Ⅲ部においては、国際レベルにおけるリスク規制（安全保障に関するリスクも含む）と国際的な知識生産・技術の社会導入を進めていくための国際協力のメカニズムについて検討したい。

第11章では、国際的リスク規制について検討する。国際的リスク規制の基本は、リスク事象の発生に関する早急な情報収集と迅速な事後対応である。また、リスク評価とリスク管理あるいは評価と政策決定の関係の制度設計については様々なパターンがある。さらに、リスク規制が国際的に調和化するのか差異化するのかは、企業の経済的利益にも関わっており、「頂上への収斂」あるいは「底辺への競争」等の現象が生じる。第12章では、科学技術の安全保障リスクの管理の観点からの規制を検討する。「両用技術」に関して、当該科学技術を用いた兵器の軍縮・軍備管理を直接的に行うとともに、民生目的に利用される当該科学技術の軍事転用の管理が目指される。ただし、軍縮・軍備管理、転用管理においては、民生用のための平和利用の促進への配慮も必要になる。第13章では、科学技術利用に関する国際協力の様々な制度・政策手段に即して、国際協力のあり方やそのダイナミズムを検討する。制度・政策手段としては、空間利用管理と責任に関する制度、国際共同事業、国際共同研究、知的財産権とアクセスの確保に関する制度に焦点を当てる。このような分析には、イノベーションに関する制度・政策手段の検討（第6章）や分野別技術ガバナンスの構造の検討（第7章）を国際的な次元で行うという側面がある。

第11章　国際的リスク規制

1　国際的リスク規制の特質

国際的リスク評価においては、グローバルな対応が求められるとともに、表11－1に示されているような地域的な要因の考慮が求められる。地域的な要因の考慮は国内規制においても求められるが、このような要因の影響の程度は、物理的経済的社会的に多様性の大きな国際レベルにおいてより大きい。まず、地域的要因の差異によりリスクが異なりうる。地域的要因には、地形・気候等の物理的要因、生活パターンを含む社会的要因がある。地域的要因が異なると人々のリスク事象への暴露量が変わってくる。たとえば大気汚染の場合、汚染物質を風が流してしまうような条件では大きなインパクトを受けないが、山に囲まれた地域では排出物が蓄積するのでより大きなインパクトを受ける。また、社会的要因の差異もインパクトの差異をもたらしうる。たとえば、残留農薬の摂取に伴うインパクトは農薬の残留する食品の摂取量に依存し、摂取量は各社会の食事パターン等の生活パターンに依存する。逆にいえば、リスク管理措置として残留農薬基準を策定するに際しては、一定の食事パターンを仮定して、その下で各食品に含まれていると想定されている残留農薬の量の総計を推定し、その総量を許容可能な残留量以内に抑えるように基準値を設定することが必要になる。ただし、地域的要因を考慮するためには、必要な情報量が増大するため、そのような情報の取得可能性がそもそもどの程度あるのか、あるいはそのような情報を取得・処理するため

表11－1　国際的リスク評価において考慮が求められる地域的要因

物理的要因	地形・気候等
社会的要因	生活パターン等

出典：筆者作成。

に必要なコストがどの程度なのかといった事項が制約要因となる。

また、国際的リスク管理に関して国際合意を求める際には、各主体は自らの関心に合致する問題定義を行い、交渉を優位に進めるためにフォーラム・ショッピングを行うことになる（城山二〇一三b：第一章）。ただし、様々なフォーラムにおける議論の並存は、常に対抗的な関係になるわけではない。複数のフォーラムにおける議論・交渉の展開が相互補完的に機能し、結果として合意に導かれることもある（チェン二〇一七）。

なお、国際的リスク規制には、リスク事象の把握、予防的措置の実施、インシデントや事故が発生した後の事後的対応という三つの局面がある。これは国内的規制においても基本的には同様であるが、様々な環境条件の多様性の大きな国際的文脈では、適切な予防的措置の実施が困難である場合も多く、事後的対応における回復能力（＝レジリエンス能力）が相対的により重要になる。

以下では、まず、国際保健と原子力安全を事例として、リスク規制における情報共有と基準設定、続いて事後対応について概観する。その上で、食品安全と気候変動を事例として国際レベルでのリスク評価とリスク管理あるいは評価と政策決定の関係について検討する（国内におけるリスク評価とリスク管理との関係の制度設計については第3章を参照）。さらに、リスク規制の調和化と差異化に関するインセンティブ構造について自動車安全・環境基準、食品安全基準を素材として検討し、今後の制度設計の課題について言及する。

2　リスク規制の国際的展開――情報共有と基準設定

国際保健

保健分野では、一九世紀後半以来、国際貿易の拡大に伴い、付随して伝播する感染症等に関する国境を越えたリスク管理が求められてきた。当初は、感染メカニズムに関する知識が不十分であったため、防止手段の有効性をめぐる論争が起こったが、科学の発展に伴い、一八九三年に国際条約が締結され、一九〇七年には公衆衛生国際事務局が設置された。戦間期には、国際連盟の下に衛生機関が設置され、第二次世界大戦後にはＷＨＯ（世界保健機関）が設置された（城山 一九九七：第一章第二節）。

このような保健分野の国際的リスク規制における基本的な制度は、疾病発生情報を共有化し、各国における適切な対応を促す通知制度であった。ただし、通知対象および規制の拘束性は限定されていた。一九五一年にＩＳＲ（国際衛生規則）として制定され、一九六一年にＩＨＲ（国際保健規則：International Health Regulations）と改名された規則では、対象が黄熱、コレラ、ペストの三つに限定されていた。そのため、ＳＡＲＳ（重症急性呼吸器症候群：Severe acute respiratory syndrome）、鳥インフルエンザ等の新興・再興感染症による健康危機に対応できず、また、テロリズムといった新たな脅威への対策強化の必要性も指摘されていた。このような課題に対応するため、二〇〇五年にＩＨＲの大規模な改定が行われた（城山 二〇一六：二五五～二五七）。

主要な改定のポイントは以下の点であった。第一に、オールハザード・アプローチがとられた。原因を問わず、国際的な公衆衛生上の脅威となりうる、あらゆる事象がＷＨＯへの報告の対象となった（第六条）。これには、感染症のみならず化学物質、放射線物質を含め、最終的にはすべてが含まれることとなっている。第二に、連絡体制として、国内にＩＨＲ担当窓口（National IHR Focal Point）を設け、ＷＨＯと常時連絡体制を確保することとなった

（第四条）。第三に、加盟国には探知、評価、通知・報告に関するコア・キャパシティの確保が求められ、発効後五年以内という期限も設定された（第五条）。具体的には、サーベイランス・緊急事態発生時の対応、国境における日常衛生管理及び緊急事態発生時の対応に関して最低限備えておくべき能力が基本的要素として規定された（附録）。第四に、ＷＨＯは様々なチャネルから得られた情報に関して、当該国に照会し、検証を求めることができると規定され、非公式情報の積極的活用を可能とした（第一〇条）。

ＩＨＲの改定により、コア・キャパシティとしての基本的要素が規定されたが、国内的実施状況は不十分であった。途上国におけるコア・キャパシティの確保は、各国自身による報告でも達成度は限定されており、当初の達成期限である二〇一二年末までに達成したのは、締約国一九二カ国中、四二カ国に限られた。そのため、達成期限は延長されたが、二〇一四年末時点で達成した国も計六三カ国に限られていた。また先進国においても、他セクターとの連携を必要とするオールハザード・アプローチを実施するには政府大の調整メカニズムが必要であるが、このような意識を政府大で共有化することはなかなか困難であった。

このような状況の下で、二〇一四年にエボラ出血熱が拡大した。その際、ＷＨＯの対応が遅れたことが批判されることになった（城山 二〇一六：二五七～二六〇）。このような遅れの理由の一つは、ＩＨＲに基づくモニタリングが不十分なことであった。とくに地方の現場では、施設・機材、人材・知識・経験が欠如しており、実態の把握が困難であった。また、疾病に関する情報を共有すると周辺国が不必要な貿易・交通制限措置を実施し、経済的損害が引き起こされることを危惧して、当事国が情報共有や早期の対応に否定的なインセンティブを持っていたことも理由であった。そのため、エボラ出血熱後の改革の中では、ＩＨＲの実施の強化、とくに、発展途上国におけるコア・キャパシティの能力構築とＩＨＲ実施状況の評価機能を強化することが課題とされた。そして、二〇一六年のＷＨＯ総会では、加盟国、ＷＨＯ事務局、国際開発機関は、ＩＨＲのコア・キャパシティ実施のための資金を提供

表11－2　IHRの改革

	1961年IHR	2005年改定IHR	エボラ出血熱後の IHR改革
対　象	黄熱・コレラ・ペスト	オールハザード	オールハザード
能力構築		コア・キャパシティ規定	コア・キャパシティ強化
実施状況 モニタリング		自己評価	共同外部評価

出典：筆者作成。

すべきこと、コア・キャパシティの評価方式を自己評価から外部者を含めた共同外部評価に変えること等が提案された（WHO A六九／三〇）。また、疾病情報共有に伴い周辺国が貿易制限的措置をとらないようにするために、WTO（世界貿易機関）とWHOが非公式な共同委員会を設置し、公衆衛生上の理由で講じられる貿易制限に関するIHRとWTOの法的な枠組みの整合性を強化する方法についての検討を行うことも提案された。

以上のようなIHR改革の展開の概要を整理すると、表11－2のようになる。

原子力安全　国際的原子力リスク管理については、一九八六年に発生したチェルノブイリ原子力発電所事故を契機としてIAEA（国際原子力機関）等において検討が進められた。そして、原子力事故の早期通報に関する条約（原子力事故早期通報条約）が締結され、一九八七年に発効した。原子力事故早期通報条約では、「他国に対し放射線安全に関する影響を及ぼし得るような国境を越える放出をもたらしており又はもたらすおそれがある事故」（第一条）に関して、締約国は、直接に又はIAEAを通して物理的な影響を受けている又は受けるおそれがある国およびIAEAに対して、原子力事故の発生した事実、その種類、発生時刻及び場所をただちに通報することとされた（第二条）。また、締約国は、放射線の影響を最小のものにとどめるため、第一条に規定する事故以外の原子力に関する事故の場合にも通報をすることができるとされた（第三条）。

さらに、原子力の安全に関する条約（原子力安全条約）が一九九六年に発効した。こ

図11－1　IAEA安全基準の体系

の原子力安全条約の下では、各国の措置に関する国別報告をピアレビューするというメカニズムが構築された。そして、図11－1にみられるような、「安全原則（Safety Fundamentals）」を頂点に、「安全要件（Safety Requirements）」、「安全指針（Safety Guides）」が設定されるという階層構造を持ったＩＡＥＡ安全基準が設定された（城山 二〇一六：二四七）。ＩＡＥＡ安全基準は、国内において一定程度実施されてきたが、限界もあった。たとえば日本においても、シビアアクシデントに対応するためのアクシデント・マネジメントに関する取組みは、ＩＡＥＡが二〇〇九年に設定した安全指針である「原発のシビアアクシデント・マネジメントプログラム（ＮＳ－Ｇ－二・一五）」に即してみると不十分であった（城山・児矢野 二〇一三：五九～六一）。

そのため、福島原発事故後、国際的リスク管理の強化が試みられた。二〇一一年六月に開催されたＩＡＥＡの原子力安全に関する閣僚会議において、ＩＡＥＡ事務局長による安全基準の強化、抜き打ち検査実施等に関する提案が行われ、二〇一一年九月のＩＡＥＡ理事会においてＩＡＥＡ行動計画がコンセンサスにより承認され、同総会において確定された。しかし、その内容は、加盟国は定期的にＩＡＥＡピアレビューを自発的に受け入れることが強く奨励される、関連するＩＡＥＡ安全基準を見直し必要に応じて改定するという限定的なものであった。抜き打ち査察の実施を伴うＩＡＥＡの執行権限の強化は受け入れられなかった（秋山 二〇一二：七）。ピアレビューの受け入れを事実上の義務とする案は欧州諸国等によって支持されたが、原発の新規導入に熱心な中国、インド等の諸国が反対し、ＩＡＥＡの権限強化を警戒するアメリカが難色を示したため、受け入れは任意となった。また、その後、既設炉に対しても新設炉と同様の対応を求める原子力安全条約改正提案がスイスによって行われ、この提案を検討する外交会議が二〇一五年二月に開催されたが、これについても合意できず、新設炉と既設炉の取扱いの差異を許容する原子力安全に関するウィーン宣言を採択した（城山 二〇一六：二五二〜二五四）。

3 事後対応——レジリエンス能力の確保

国際的な事後対応についても、国際保健と原子力安全に関する展開をみてみたい。国際保健においては、エボラ出血熱を踏まえ体制の再編が進められているが、原子力安全については、ＩＡＥＡの枠組みが福島原発事故への対応の際に一定の情報共有と支援の機能を果たしたと評価されている。ただし、福島原発事故対応の場合、実質的な対応支援は、ＩＡＥＡの枠組みではなく、米軍等による日米二国間支援によって担われた面もある（恒川 二〇一五）。

国際保健における事後対応

二〇〇五年に改定されたＩＨＲでは、ＷＨＯは、国際的公衆衛生危機の発生に際して、被害国、その他の加盟国が実施すべき保健措置に関する暫定的勧告と恒常的勧告を発出することができることとされ、勧告の基準として、保健措置が必要以上に交通・貿易を制限しないものであるかという点も考慮することも明示された（第一六条・第一七条）。また、改正によりＩＨＲの適用範囲が大幅に拡大されたことから、ＩＨＲの運用に当たっては、ＷＨＯは他の国際機関（国連、国際労働機関、ＦＡＯ（世界食糧農業機関）、ＩＡＥＡ、国際民間航空機関、国際海事機関、国際獣疫事務局等）と十分に連携、活動の調整を行うこととされた（第一四条）。

しかし、二〇一四年にエボラ出血熱の感染が拡大した際には、三月からＭＳＦ（国境なき医師団）が警告を発したにもかかわらず、ＷＨＯが迅速に対応することはなく、ＷＨＯ事務局長は八月になってから「国際的に懸念される公衆衛生上の緊急事態（ＰＨＥＩＣ：public health emergency of international concern）」として認定した。また、他の国際機関との連携も遅れた。そのため、九月には国連事務総長のイニシアティブにより、グローバルな健康への脅威に対応する初のミッションとして、国連エボラ緊急対応ミッション（ＵＮＭＥＥＲ：UN Mission for Ebola Emergency Response）が国連総会および安全保障理事会の決議に基づき設置されるに至った。このようなＷＨＯによる対応の遅れの原因には、各国におけるモニタリング能力やインセンティブの欠如に加えて、緊急時対応実施段階における組織間調整の課題があった。従来、ＷＨＯ内において、健康セキュリティと人道・緊急時への対応が別個に展開されたため、ＩＨＲを含む健康セキュリティ担当組織と人道・緊急時対応の組織間の調整がうまく行われなかった。また、国連システムのレベルでも、人道危機に関するＩＡＳＣ（Inter-Agency Standing Committee）の枠組みの下での国連人道問題調整事務所（ＯＣＨＡ：UN Office for the Coordination of Humanitarian Affairs）による調整が機能しなかった（Shiroyama et al. 2016）。

このような経験を踏まえて、ＷＨＯ内の健康セキュリティと人道的緊急時対応の両者を統合するプログラムの必要性が認識され、最終的に二〇一六年五月のＷＨＯ総会において統合的プログラムの具体的組織が決定された。また、国連レベルでも健康危機のトリガーシステムと人道危機のトリガーシステムを統合することが勧告され、ＩＡＳＣとＷＨＯの連携強化が進められた。また、ＷＨＯと開発に関連するアクターとの連携強化も求められた。

原子力安全における事後対応

チェルノブイリ原子力発電所事故の後、前述の原子力事故早期通報条約とともに、原子力事故又は放射線緊急事態の場合における援助に関する条約（原子力事故援助条約）が締結された。原子力事故援助条約では、締約国は他の締約国またはＩＡＥＡなどの国際機関に援助を要請することができることとされた。また、関係機関調整メカニズムとして、ＩＡＣＲＮＥ（原子力・放射能緊急事態機関間委員会：Inter-Agency Committee on Radiological and Nuclear Emergencies）が設置された。そして原子力安全条約でも、「締約国は、原子力施設のための敷地内及び敷地外の緊急事態計画が準備されることを確保するため、適当な措置をとる」（第一六条第一項）と定めた上で、「原子力または放射線の緊急事態に対する準備と対応（GS‐R‐二）」が二〇〇二年に安全要件として策定された。そして二〇〇五年には、IEC（事故・緊急事態対応センター：Incident and Emergency Center）が設置され、国際機関間調整枠組みの維持、緊急事態対応、要請に基づいた援助の提供のフォーカルポイントといった役割を担うこととなり、援助条約実施のためのRANET（緊急時対応援助ネットワーク：Response Assistance Network）も構築された。

福島原発事故後も、このような緊急対応体制の強化が試みられた。二〇一一年六月の原子力安全に関する閣僚会議における事務局長提案には、グローバルな緊急事態対応システムを構築し、資源をプールするという項目が提示された。この提案に基づき、加盟国は緊急事態にかかる準備及び対応の取組みに関する国内評価、定期的評価を実施すること、IAEA事務局は要請に応じてEPREV（Emergency Preparedness Review）ミッションを派遣すること、IAEA事務局・加盟国・関連国際機関はIAEAのRANETの強化等を検討すること等が決定された（城山 二〇一六：二五四）。

4　リスク規制における役割分担

リスク規制における役割分担（国内のリスク評価とリスク管理の関係については第3章参照）に関しては、国際的リスク規制の制度設計においてもいろいろなパターンがある。ここでは、リスク評価とリスク管理を明確に分離している食品安全の事例と、評価（アセスメント）と政策決定という形での分離を行っている気候変動の場合をみてみたい（表11‐3参照）。

表11－3　国際食品安全と気候変動におけるリスク規制

	国際食品安全	気候変動
リスク評価・リスク管理の関係	分　離	不十分な分離
組織形態	科学的諮問機関 CODEX	IPCC COP
設置場所	FAO/WHO	WMO/UNEP COP
事務局	同一（FAO/WHO）	分離（IPCC 事務局 COP 事務局）

出典：筆者作成。

食品安全

食品安全分野において、リスク管理措置である食品安全基準策定を担当するＣＯＤＥＸ委員会（Codex Alimentarius Commission）は、ＦＡＯ（国連食糧農業機関）とＷＨＯ（世界保健機関）の共同プログラムとして一九六三年に設立された。その目的は、国際基準の設定を通して、消費者の健康保護を図るとともに、公正な貿易の発展を確保するというものであった。ＣＯＤＥＸ委員会の総会は二年ごとに開催され、国際基準を勧告として採択する。ＣＯＤＥＸ委員会の下にはＣＣＦＡＣ（Codex Committee on Food Additives and Contaminants）、ＣＣＲＶＤＦ（Codex Committee for Residues of Veterinary Drugs in Food）、ＣＣＰＲ（Codex Committee on Pesticide Residues）等の下部組織が存在する。国際的なリスク管理を担当するＣＯＤＥＸ委員会とその下部組織は政府間委員会であり、これらへの参加者は各国政府によって決められる。各国から科学者、産業界の代表、消費者団体の代表が参加することもあるが、これらは政府代表団の一部を構成することになる（城山 二〇〇五ｂ：八八～八九）。

ＣＯＤＥＸ委員会は一九九五年の第二一回総会において「ＣＯＤＥＸ決定過程における科学の役割とその他の考慮事項に関する原則」を採択した。この原則は、一方では、ＣＯＤＥＸ委員会の基準、ガイドライン、勧告は「十分な科学的分析と根拠」に基づくべきだとした。他方、ＣＯＤＥＸ委員会は「消費者の健康保護と公正な貿易の促進に意味のある他の正当な要因（other legitimate factors）」にも配慮を払うべきであるとした。しかし、「他の正当な要因」が何を意味するかは明らかではなく、その後、広く議論されることとなった。

他方、リスク管理の前提となるリスク評価に関しては、専門家による科学的アドバイスを提供する科学的諮問機関が存在する。常設の専門家委員会として、JECFA（Joint FAO/WHO Expert Committee on Food Additives）とJMPR（Joint FAO/WHO Meeting on Pesticide Residues）がある。これらは一九五〇年代に、リスク管理を担当するCODEX委員会に先立ちFAOとWHOによって設立された。JECFAは食品添加物についてCCFACとCCRVDFにアドバイスを行い、JMPRは残留農薬についてCCPRにアドバイスを行う。これらの専門家委員会への参加者は、個人としての専門家であり、その選択に関してはFAOとWHOの事務局が大きな裁量を持っている。この点が、政府間委員会であるリスク管理機関とは異なる。専門家委員会の人選に関する裁量行使については、バイアスがあるのではないかという批判もしばしば行われた（城山 二〇〇五b：八九〜九〇）。

なお、CODEX、科学的諮問機関のいずれの事務局も、FAOおよびWHOが提供している。

一九九四年にウルグアイラウンドにおいてSPS協定（衛生植物検疫措置の適用に関する協定）が合意されると、CODEX基準は同協定により参照すべき国際食品安全に関する国際基準の一つとして位置づけられた。そのため、SPS協定に違反した場合は拘束力を有するWTOのパネルに提訴されるおそれがあったために、CODEX委員会によって策定された勧告であるCODEX基準には、事実上の強制的性格が付与されることになった。

気候変動　気候変動問題に関しては、一九八五年にオーストリアのフィラハで開催された会議において科学者等が地球温暖化の見通しについて合意し、各国政府に国際的対策を要請した。それを受けて、WMO（世界気象機関）とUNEP（国連環境計画）は、一九八八年一一月にIPCC（気候変動に関する政府間パネル：Intergovernmental Panel on Climate Change）を設立した（佐藤 二〇一六：一三二）。IPCCは、一九九〇年に第一次報告、一九九五年に第二次報告、二〇〇一年に第三次報告、二〇〇七年に第四次報告、二〇一三年に第五次報告を提出し、一九九二年に採択された気候変動枠組み条約、一九九七年に採択された京都議定書、二〇一五年に採択されたパリ協定といった国際的リスク管理枠組みの基礎となる評価（アセスメント）を提供してきた。なお、ＩＰＣＣはＷＭＯの中に独立の事務局を設置している。

ＩＰＣＣも、基本的には科学に基づくリスク評価とリスク管理を峻別する態度をとっている。たとえば、第三次報告の冒頭部分で、「自然科学・工学・社会科学は何が『気候システムへの危険な人為的介入』かに関する不可欠な情報・エビデンスを提供する。同時に、これらの決定は、不確実性やリスクとともに開発、衡平、持続可能性を考慮しつつ、社会・政治プロセスにより決定されるべき価値判断である」と述べている（IPCC 2001：1）。

このような観点から、科学者の意見に基づいて、人為的な気候変動が起きているのかに関するリスク評価を行ってきた。たとえば、第二次報告では「エビデンスは全体として地球環境への人間の確認できる影響を示唆している（The balance of evidence suggests a discernible human influence on global climate）」（IPCC 1995：4）と評価したのに対して、第三次報告では「最近五〇年間に観測された温暖化のほとんどは人間活動に起因するものであるという新たなより確かなエビデンスが存在する（There is new and stronger evidence that most of the warming observed over the last 50 years is attributable to human activities）」（IPCC 2001：5）と評価し、人為的気候変動の可能性がより高まったという判断を示した（Petersen 2006：140）。

他方、基本的にはリスク評価ではあるものの、ＩＰＣＣは一定のリスク管理手段に関する評価（アセスメント）をも対象としている。ＩＰＣＣの下の三つの作業部会のうち、第一作業部会は気候変化の自然科学的根拠についての評価を行うものであり純然たるリスク評価の側面が大きいが、第二作業部会は影響、脆弱性に加えて適応オプションに関する評価を対象にしており、第三作業部会は緩和オプションに関する評価を対象に含んでいる。このうち、適応オプションおよび緩和オプションに関する評価はリスク管理オプションの評価という性格を持つ。その上で、たとえば第三作業部会の第五次報告書冒頭部分においては、「様々なガバナンスレベルや経済部門における緩和策や、様々な緩和策の社会的影響の評価は行うが、特定の緩和策を推奨するものではない」として、オプションの評価と政策決定を峻別している（IPCC 2014：4）。

また、ＩＰＣＣには、その名称からも明らかなように、専門家パネルという側面と政府間パネルという側面の双方がある。そして、各部会の評価報告書の「政策決定者向け要約」については、各国政府代表によって一行一行検討され、合意されることにより、各国政府の政策的要請も反映されることになる（Agrawala 1998）。そのため、ＩＰＣＣは、厳密な学術団体でなければ政治団体でもない、ユニークな混成団体であると性格づけられることになる（ワート 二〇〇五：一九九）。つまり、ＩＰＣＣにおいては、政策決定機能と峻別された評価（アセスメント）機能に関しても、一定の政治的性格が不可避であると認識されているといえる。

このようなＩＰＣＣの運営においては、信頼性の確保が重要である。しかし、二〇〇九年一一月、イギリスのイーストアングリア大学気候研究ユニット長が特定時期の平均気温の低下を「トリック」を使って隠したというような記述のある文書がハッキングにより明らかにされ、ＩＰＣＣやそれに関与する研究者が批判されるという「クライメートゲート事件」が発生した。調査の結果、「トリック」は捏造を意味したものではないことなどが明らかにされたが、国連事務総長とＩＰＣＣ議長は各国のアカデミーが参加するインターアカデミックカウンシルにＩＰＣＣの「手続きおよび作業過程に関する包括的な独立レビュー」を行うことを二〇一〇年三月に依頼した（佐藤 二〇一六：一四四）。この評価報告書は、ＩＰＣＣプロセスが全体としては成功してきたと評価したものの、レビューの体制やプロセス、各作業部会における不確実性の扱いに関する統一性の確保、コミュニケーション戦略における透明性の確保等に関して勧告を行った（InterAcademy Council 2010）。

このようなＩＰＣＣにおける評価報告は、ＣＯＰ（気候変動枠組み条約締約国会合）等における国際的なリスク管理に関わる政策決定の基礎となる。なお、COPは、独立した事務局を保持している。

5　リスク規制の調和化と差異化

リスク規制の実効性は、関与する主体の経済的利益にも関わってくる。たとえば、一九八〇年代のオゾン層破壊規制にアメリカが賛成し、一定の実効性を持った背景には、デュポンといったアメリカの企業が代替物質の開発に積極的になり（Benedick 1991：111）、規制による代替物質需要の喚起に経済的インセンティブを持ったという事情もあった。

また、リスク規制を調和化するのか差異化するのかも、企業の経済的利益に関わってくる。規制が国際的に差異化することは、規制の対象となる製品を製造する企業にとっては必ずしも望ましいことではない。企業にとって規制対応のコストは関連する生産規模によって異なり、単一規制に基づく生産規模が大きくなればコストは下がる。そのため企業は、たとえ規制レベルが高かったとしても、リスク規制の調和化を望むことがある。このような現象は「頂上への収斂（trading up）」と呼ばれる（Vogel 1995）。高いレベルのリスク規制は、優れた技術を持つ企業の独占的地位を保証するメカニズムでもある。もちろん、常にそうなるという保証はない。各国が企業の立地を求めてリスク規制の切下げ競争である「底辺への競争（race to the bottom）」を実施したり、リスク規制上の正当性を掲げて保護貿易的利益を目的とした規制の差異化を求めることもある。社会的リスクを名目にしてより厳しい規制レベルを求める現象は、二〇世紀初頭のアメリカにおいて、密輸人が密輸に伴う利益を増大させるために禁酒法の支持勢力であったことを参照しつつ、「聖職者と密輸人の同盟」とも呼ばれる（第1章参照）。

どのような条件の下で「頂上への収斂」または「底辺への競争」が生じるのか、あるいは「聖職者と密輸人の同盟」が生じるのかが重要な論点となる。以下では、企業が主導して「頂上への収斂」が生じている自動車安全・環境基準の事例と、分断化された産業構造も寄与して「聖職者と密輸人の同盟」が生じていると思われる食品安全基準の事例をみてみよう（城山 二〇一三b：第一四章）。

自動車安全・環境基準

自動車安全・環境基準に関する国際調和化の政府間メカニズムとなってきたのは、国連欧州経済委員会（UNECE）の第二九作業部会（WP二九）であった。活動の基礎になっているのは、一九五八年に採択された自動車及び部品の認証とその相互承認の統一条件に関する協定である。ヨーロッパでは一九五八年以降、ライトの方式、安全基準、環境基準、テスト方法、認証・相互承認の条件等に関して、多くの統一基準が規則として作成されていくことになった（城山 二〇〇五c：三二八〜三三六）。

しかし、一九八〇年代の半ば以降、ヨーロッパにおいてはEU（欧州連合）がより厳しい基準を作成し始めたため、WP二九は非ヨーロッパ諸国の参加を求め、グローバルな国際調和化の場として存在意義を再確立しようと考えた。一九五八年協定は一九九五年に改正され、自動車の統一技術基準採択とそれに基づく認証の相互承認の条件に関する協定となった。そして、参加国の世界規模への拡大も図られ、日本も一九九八年一一月に参加した。また、WP二九の名称も一九九九年には自動車規則調和化世界フォーラム（World Forum for Harmonization of Vehicle Regulation）と改称された（しかし、通称としてのWP二九は残った）。

一九九五年協定にはアメリカも参加するものと考えられていたが、最終的には、相互承認原則は受け入れられないという理由により、アメリカは参加しなかった。かわりに、統一基準の策定のみに焦点を当てた協定として、グローバルな技術規則に関する協定がアメリカを含めて別個に締結された。グローバル協定は、「高レベル」の技術規則を策定することを目的として明示していた。国際調和化については、「共通最低限」レベルの統一基準になるのではないか、「底辺への競争」になるのではないかという懸念がアメリカ国内で抱かれていたため、そのような

表11-4　ホルモン牛事例，BST事例における論点

論　点	ホルモン牛事例	BST事例
科学的不確実性	成長促進ホルモンの人間への健康影響	BST利用の結果増える物質（IGF-1）の人間への健康影響
他の正当な考慮事項	伝統的農業システムへの影響（欧州の主張）	動物への健康影響（カナダ，欧州の主張）

出典：筆者作成。

懸念に配慮し、「高レベル」で調和化することを明示する必要があった。

このような自動車安全・環境基準の国際調和化は産業界が主導していた。一九九五年に開催されたTABD（環大西洋ビジネス対話：Trans Atlantic Business Dialogue）では、多様な基準・認証手続きが貿易拡大の主たる障壁として認識され、技術基準の調和化等が確認された。また、日本も加えて、三極作業グループ（Trilateral Working Group）が設立され、安全と環境の分野の基準の調和化に取り組むことになった。そして、そのような民間主導の国際的調和化に正当性を付与するメカニズムとして、政府間組織であるWP二九が機能することになった。このWP二九という場の性格をめぐっては、産業界、とくに自動車業界からの参加が多いため、正当性をめぐる危惧が抱かれてきたが、CI（コンシューマー・インターナショナル）のような国際消費者団体が参加するようになり、変化の兆しがみられた。

食品安全基準

ウルグアイラウンドによって締結されたSPS協定の結果、CODEX基準に事実上の強制性が付与され、制度的な国際調和化が進む条件が整えられた。しかし、CODEX基準違反でWTOパネルに提訴され、負けたとしても、負けた国・地域が従う保証はなかった。以下で検討するホルモン牛事例の場合、EUはパネルで敗れたものの基準を変更しなかった。また、BST（Bovine Somatotropin）事例では、そもそもCODEX委員会による国際基準策定自体が困難になった（城山 二〇〇五b：九〇～九九）。ホルモン事例、BST事例における論点は、表11-4に示されている通りであった。

ヨーロッパでは、成長促進のためのホルモンの利用は、一九七〇年代以来の問題とされ、

一九八一年以来、指令により成長促進のためのホルモンの使用は禁止されてきた。しかし、国際的レベルでは、JECFA（食品添加物共同専門家委員会）は、一九八八年の報告において、三つの天然ホルモンについては人間の健康への悪影響はなさそうであり、基準値を設定する必要はないと結論づけ、二つの人工ホルモンについても、おのおの最大残留レベルを設定すればよいとした。この報告に基づいて、一九九五年のCODEX委員会において、三三カ国賛成、二九カ国反対、七カ国棄権という僅差で、ホルモンの使用を認める勧告が承認された。

そして一九九六年には、アメリカがSPS協定に基づきWTOパネルにEUのホルモン牛事例を提訴し、一九九七年にはパネル報告が、翌年には上級委員会報告が出され、最終的には健康影響を否定するアメリカの主張が受け入れられた。上級委員会報告では、この事例の場合、ある専門家によって表明された一つの異論は、他の科学研究において到達しているそれに反する結論を覆すほど「合理的に十分（reasonably sufficient）」なものではないと判断された。ただし、上級委員会は、SPS協定第五条第一項はリスク評価が「関連する科学者共同体の多数の見解（the view of a majority of the relevant scientific community）」のみを採用することを求めているわけではなく、「異論ではあるが有力な尊敬される研究（divergent opinion coming from qualified and respected sources）」に基づいて行動することもありうる、という議論を行った。つまり、一般論としては有力な科学者による異論を採用する可能性を認めたものの、この事例はそれには当たらないという判断を行った。しかし、このようなパネルの判断の結果、EUがホルモン牛に関する安全基準を改定することはなく、アメリカが対抗措置をとることとなった。

次に問題になったBSTは、乳牛からのミルクの生産を増大させるために用いられる、遺伝子改変によって作られたホルモンである。アメリカではFDA（食品医薬品局）が一九九三年に遺伝子改変BSTを承認したが、ヨーロッパでは一九九四年の決定によって、BSTの販売と利用が一九九九年一二月まで禁止され、その後、禁止期間は延長された。他方、国際的レベルでは、JECFAが一九九二年にBSTを評価し、BST利用の結果増える物質には人間の健康に対して有害な効果はないという結論を下した。そして、勧告案が作成されたが、一九九五年のCODEX総会においては議論が延期され、一九九七年のCODEX総会ではJECFAによるリスク評価を再度行うべきであるとして、検討を中断した。この決定に基づき、JECFAが一九九八年にBSTを再度評価し、BSTに関する勧告案は一九九九年のCODEX委員会総会において再度検討されたが、その結論は、コンセンサスがないとして検討を事実上無期延期するというものであった。

こうした経緯の背景には、各国政府の異なった対応があった。たとえばカナダ政府は、一九九九年一月にBSTの販売を国内においては許可しないという決定を行った。カナダ政府の判断は、人間の健康影響に関しては、BSTに起因する大きなリスクはないが、動物の健康影響に関しては、BST利用により乳房炎のリスクが高まり、最終的には乳牛の安全に十分かつ許容不可能なリスクを課すというものであった。同様の論拠はEUの対応の基礎にもあった。

このように、食品安全においては、制度的に国際調和化を促すメカニズムは構築されたものの、実際には安全基準の差異は持続した。その背景には、食品に関する認知については文化的要因も大きいということとともに、自動車産業の場合と異なり、食品産業は各国において分断された産業構造を持っていたという要因も寄与したと考えられる。実際に、EUは、消費者需要に対する否定的影響の可能性（消費者がBSTの使用を知ることにより乳製品の消費が減る可能性）、BST導入に伴い生産性が改善され余剰生産力が生じるという問題、BST利用を伴う集約的農業は欧州の伝統と異なるといった主張を行った。EUは、これらの事項は、CODEX委員会が一九九五年に採択した「コーデックス決定過程における科学の役割とその他の考慮事項に関する原則」における「他の正当な考慮」にあたると主張したが、認められなかった。

WTOによるリスク規制への科学的根拠の要請と課題

貿易政策の観点からは安全基準の差異は非関税貿易障壁とみなされ、この問題に対処するためにWTOにおいてSPS協定が制定された。SPS協定では、各国の衛生検疫措置が「国際基準、指針あるいは勧告」に基づくか、国際基準等以上の規制を行う場合には、「科学的正当化」や「リスク評価」に基礎づけられることが求められた。また、各国の衛生検疫措置は日常的にSPS委員会において監視されるとともに、WTOパネル・上級委員会が各国の衛生検疫措置がリスク評価に基づいたものかを判断するようになったことは、各国の衛生検疫措置（＝リスク規制）にとって潜在的にはきわめて大きなインパクトを持つものであった（城山 二〇一三b：第一四章）。

しかし、このSPS協定も、現実の運用においては限界を持っていた。ある国の規制には科学的根拠がないとWTOパネルが判断したとしても、その判断が当該国の規制に実際にインパクトを与えるかは、その判断の政治的受容可能性に依存していた。さらに、WTOという貿易担当機関が各国規制にリスク評価を浸透させていく担い手となった点については、何故、貿易機関がリスク規制に関与するのかという正当性上の問題があった。このような状況の下、現実のSPS協定の運用は抑制的なものとならざるを得なかった。

6　今後の制度設計の課題

民間組織の役割

国際的リスク規制に関しては、政府レベルで規制を行うのか、非政府レベルで規制を行うのかという選択がある。国際海事安全規制のような分野では、非政府レベルの民間組織が国際規制活動において大きな役割を担ってきた（城山 一九九七：第二章第五節）。また、最近重要性が高まっている情報技術の分野でも民間組織の役割は大きい。

非政府レベルでの国際リスク規制は、迅速性の確保、柔軟性の確保といった長所がある一方で、策定者の代表性が必ずしも担保されていないために、正当性の問題が出てくる。また、非政府レベルのリスク規制策定プロセスが、特定のグループに捕囚（capture）された場合には、逆に、環境条件の変化に応じた柔軟かつ迅速な対応が難しくなる可能性もある。

プロセス透明化の必要

国際リスク規制形成と実施プロセスの実践的課題としてプロセスの透明性確保がある。国際リスク規制の設定に関しては、分野別に分化した機能的アプローチがとられており、また、その主たる参加者が各国の分野別省庁や専門家のコミュニティーの構成員であるため、一般には見えづらい。そのため、プロセスを可視化していくとともに、多様な参加者からのインプットを確保することがアカウンタビリティーの確保のためにも必要である。「クライメートゲート事件」はこのような課題が問われた事例であったといえる。

国内能力強化の必要

国際的リスク規制の実効性の強化は、企業等の主体の経済的インセンティブにより自律的に進むこともあるが、最終的には国レベルの能力構築を必要とする。原子力安全の場合、ＩＡＥＡ安全基準の強化と履行が国際的には強く求められているものの、その確認は自主的に受けるピアレビューに依存している。国際保健においても、ＩＨＲにおいて加盟国のコア・キャパシティ確保が求められていたが、実際には目標年次は後ろ倒しされてきた。二〇一四年のエボラ出血熱感染拡大後にコア・キャパシティ強化は注目を浴びているが、実施状況の確認のための自己評価を外部共同評価にして、ピアレビューの要素を導入するといった程度の対応にとどまっている。

第12章　科学技術と国際安全保障

1　両用技術管理の課題

多くの科学技術は、様々な民生上の目的に利用できるとともに、軍事的な目的にも利用することができる。その意味で、多くの科学技術は「両用技術（dual use technology）」である。そのため、どのようにこれらの科学技術の軍事的利用を制限しつつ、民生目的のための利用を促進するかということが課題となる。科学技術の軍事的利用を制限するためには、当該科学技術を用いた兵器の軍縮・軍備管理を直接的に行うという手法とともに、民生目的に利用される当該科学技術の軍事転用を管理するという手法が存在する。さらに、転用管理のための一つとして、国境というボーダーを科学的知識や技術が超える際に管理する手法である貿易管理が存在する（第4章参照）。

本章では、このような科学技術と国際安全保障問題の交錯領域における問題に関して、以下三つの局面に整理して検討する。第一の局面は、科学技術を用いた兵器の軍縮・軍備管理である。主たる事例としては、核兵器分野、生物兵器分野、サイバー攻撃分野を検討する。ただし、このような管理の枠組みにおいても、両用技術という性格を踏まえて、民生目的・平和目的での利用を促進する条項が同時に組み入れられている。また、倫理的人道的配慮の役割についても検討する。第二の局面は、転用管理である。ここにおいても、原子力技術に関わる分野、生物科学・技術に関わる分野を検討する。第三の局面は、貿易管理である。この三つの局面の関係としては、一方で、軍縮・

表12－1　軍備管理・軍縮——核兵器と生物兵器

	核兵器	生物兵器
国際枠組み	核不拡散条約（1970年発効） 核兵器国：不拡散義務・核軍縮義務 非核兵器国：核兵器取得禁止	ジュネーブ議定書（1925年） 利用禁止 生物兵器禁止条約（1975年発効） 生産・貯蔵・取得・保有を禁止 不拡散義務
検証制度	非核兵器国の義務順守担保措置 保障措置	なし
非人道性認識	2010年人道グループ活動開始	1925年ジュネーブ議定書

出典：筆者作成。

軍備管理のためには、転用管理・貿易管理が必要とされるという関係に立つ。他方で、対象が両用技術であるために、軍縮・軍備管理、転用管理、貿易管理を実施するに際しては、平和利用を阻害しないという配慮も必要になる。

2　軍備管理・軍縮枠組み

核兵器に用いられる原子力技術、生物兵器に用いられる生命科学・技術、サイバー攻撃に用いられる情報技術は、いずれも両用技術に該当する。ここでは、まず、このような両用技術の軍備管理・軍縮枠組みについて検討する。これらのうち、比較的明確な国際枠組みが成立している核兵器、生物兵器に関する軍備管理・軍縮に関する制度的枠組み、非人道性認識について整理すると、表12－1のようになる。

核兵器——核不拡散条約　一九四五年八月のアメリカによる広島・長崎における原爆投下を契機として、核兵器の拡散は連鎖的に進んだ。一九四九年にはソ連が原爆実験に成功し、一九五二年にはイギリスが、一九六〇年にはフランスが原爆実験に成功した。さらに、一九六四年には中国も原爆実験に成功した。

他方、原子力の平和利用も拡大した。一九五三年にはイギリスがコールダーホール型原子炉建設を発表し、同年末には「平和のための原子力」と題する演説をアメリカのアイゼンハワー（Dwight D. Eisenhower）大統領が国連総会で行った。一九五七年にはＩＡＥＡ（国際原子力機関）が発足し、一九五八年にはＥＵＲＡＴＯＭ（欧州原子力共同体）が発足した。

このような中で、一九五九年には東西両陣営から各五カ国が参加する一〇カ国軍縮委員会が設置され、一九六二年には一八カ国軍縮委員会となった。同時に、ヨーロッパの非核保有国から核不拡散求める意見が出されるようになり、一九六一年の国連総会決議（「アイルランド決議」）において、核兵器国は非核兵器国による核兵器保有を助けない、非核兵器国はいかなる形でも核兵器の管理を獲得しないという、核不拡散の基礎となる考えが確立された（秋山 二〇一五：三～八、一一、一二、一四～一五）。

アメリカは一九六五年に一八カ国委員会において核不拡散条約（ＮＰＴ）の草案を提出した。その後、修正の後、核不拡散条約は一九六八年七月に署名のために開放され、一九七〇年三月に発効した。核兵器国の不拡散義務（第一条）、非核兵器国の核兵器取得の禁止（第二条）、保障措置（非核兵器国の義務遵守を担保する措置）（第三条）という骨格部分は当初からほぼ確定していたが、修正プロセスを通して、核保有国に核軍縮義務（第六条）を課し、他方、非核保有国の利用促進のために原子力平和利用に関する規定（第四条）を置くという「グランド・バーゲン」が行われた（秋山 二〇一五：一五～二一）。核兵器に関する国際的枠組みの基本的原理は、核兵器の利用は禁止しないものの、その拡散は防止するというものであり、ある種の不平等性が埋め込まれていた。他方、核不拡散条約には、軍縮・軍備管理に関する規定だけではなく、原子力平和利用に関する規定も置かれることとなった。

核不拡散条約については、その後、基本的には再検討会議を五年ごとに開催し、核兵器国が核軍縮を進めているかを確認するというプロセスが実施されることとなった。たとえば、最終文書に合意できなかった二〇〇五年再検討会議を受けて、二〇一〇年再検討会議では最終文書に合意すべきとの強い政治的意思がみられ、最終文書合意に至った。しかし、二〇一五年再検討会議は最終文書を採択することなく終了し、現在、二〇二〇年再検討会議に向けた準備が進められている。

核不拡散条約においては、法的には、締約国は核兵器国（五カ国）と非核兵器国に分かれる。ただし実際には、締約国は、西側諸国、東欧諸国、非同盟およびその他諸国に分かれて活動してきた。そして、再検討会議議長は非同盟およびその他諸国から選出されるという運用がされてきた。なお、核不拡散条約上の非同盟およびその他諸国と一般的な非同盟運動構成国とはズレがある（たとえば、核不拡散条約上の非同盟およびその他諸国には、インド・パキスタンが入らず、アルゼンチン・メキシコが入っている）。

基本的な対立構図は、核保有国と非核保有国である非同盟およびその他諸国の対立であった。しかし最近では、対立構図の変化もみられる。一九九八年には新アジェンダ連合が設立され、ブラジル、エジプト、アイルランド、メキシコ、ニュージーランド、スロベニア（同年脱退）、南アフリカ、スウェーデン（二〇一三年脱退）が参加した。新アジェンダ連合は、原理原則論ではなく、核兵器廃絶への「明確な約束」をさせた上で、実践的な核軍縮・不拡散措置を検討するという方策をとり、二〇〇〇年再検討会議では舞台裏で五核兵器国と直接交渉を行うという重要な役割を果たした。また、二〇一〇年には、二〇〇〇年再検討会議における日本オーストラリア共同提案や二〇〇八年の核不拡散・核軍縮に関する国際委員会共同設置を契機として、軍縮・不拡散イニシアティブが日本、オーストラリアにより外相レベルで立ち上げられた（西田 二〇一五：四一～五一、五三～五七）。さらに、新アジェンダ連合ともメンバーが重なる形で、スイス等の主導により人道グループが活動を開始した。非人道的影響に着目することで核軍縮における停滞打破を目指して、二〇一〇年再検討会議で活動を展開した。人道グループは一六カ国（アイルランド、インドネシア、エジプト、オーストリア、コスタリカ、スイス、チリ、デンマーク、ナイジェリア、ニュージーランド、ノルウェー、バチカン、フィリピン、マレーシア、南アフリカ、メキシコ）で構成されており、二〇一二年には核兵器の非合法化にむけた努力を強化すべきとの共同ステートメントを出し、二〇一三年および二〇一四年には核兵器の非人道的影響に関する会議を開催した（西田 二〇一五：六一〜六四）。

生物兵器——ジュネーブ議定書・生物兵器禁止条約

生物兵器、化学兵器は、一九二五年の「ジュネーブ議定書（窒素性ガス、毒性ガス又はこれらに類するガス及び細菌学的手段の戦争における使用の禁止に関する議定書）」により、利用禁止となった（黒澤 二〇〇三：三八一）。比較的早期から利用禁止が規範化されていた点で、生物兵器、化学兵器は核兵器とは異なっていた。

その後、利用禁止のための仕組みの具体化や利用以外の開発、生産等についての規定の整備はなかなか進まなかった。しかし、生物兵器については、一九六八年にイギリスが「微生物兵器に関する作業文書」をジュネーブ一八カ国軍縮委員会に提出し、一九六九年に国連事務総長が「化学・細菌（生物）兵器およびその使用の影響」と題する報告書を提出したことを契機として、議論が展開した。そして、イギリスが生物学的戦争に関する条約案を提出し、ニクソン（Richard M. Nixon）大統領も支持したため、生物兵器禁止条約は一九七二年に署名のために開放され、一九七五年に発効した。生物兵器は国家安全保障上の保有の根拠が希薄とされ、厳格な検証も不要と考えられたために、一九九三年まで署名開始がずれ込んだ化学兵器禁止条約と比べて、早期に発効した（黒澤 二〇〇三：三八二〜三八三）。

生物兵器禁止条約は、第一条において生物兵器の開発、生産、貯蔵、取得、保有を禁止し、第二条で生物兵器等の破棄及び平和目的への転用を規定し、第三条で生物兵器等の不拡散（いかなる者に対しても移譲しない、製造・取得につき援助、奨励、勧誘を行わない）、第五条で相互協議・協力を規定していた。生物兵器禁止条約においても、このような軍縮関連規定に加えて、第一〇条において生物学に関わる知識・技術利用についての国際協力を規定していた。第一〇条第一項においては、「細菌剤（生物剤）及び毒素の平和目的のための使用に資する装置、資材並びに科学的及び技術的情報を可能な最大限度まで交換することを容易にする」ことが求められ、第一〇条第二項においては「締約国の経済的若しくは技術的発展又は細菌学（生物学）の平和利用に関する国際協力を妨げない」ことが規定された（杉島 二〇一二：一五八）。

生物兵器禁止条約も、五年ごとに再検討会議において進捗状況を確認し、必要な対応を行うというプロセスによって運用が行われた。これまで、再検討会議は、一九八一年、一九八六年、一九九一年、一九九六年、二〇〇一年（中断後二〇〇二年に再開）、二〇〇六年、二〇一一年、二〇一六年に開催されてきた。

生物兵器禁止条約における義務の履行は基本的には各国の国内実施に任されており、国際的要素は限定されていた（黒澤 二〇〇三：三八五）。そのため生物兵器禁止条約には検証制度は存在せず、この点、一九九三年に署名開始され化学兵器禁止条約の場合とは異なっていた（杉島 二〇一二：一五七）。しかし、化学兵器禁止条約の議論が具体化していた一九九〇年代には、生物兵器禁止条約においても検証強化の取組みが行われた。一九九一年の第三回再検討会議では専門家会合が設けられ、強化手段について検討が行われた。また、締約国特別会議（一九九四年）において「検証措置を含めた新たな法的枠組み（検証議定書）」を検討することが決定された。そして、二〇〇一年一一月に開催される第五回検討会議での採択を目指して精力的な交渉が続けられ、議定書案の具体的内容も固まりつつあった。しかし、二〇〇一年七月の会合において、アメリカは議定書作成に反対の立場を表明した。検証という手法は生物兵器禁止条約強化のために有効ではない、安全保障上や商業上の秘密が晒されるリスクを負う、先進国の平和目的の関連施設が過度な負担を負う、平和目的の施設と生物兵器関連施設とを区別することがきわめて困難というのが理由であった。その結果、二〇〇一年一一月の第五回再検討会議において、検証議定書の交渉は中断することとなり、「代替的アプローチ」に関する検討が行われることとなった（四ノ宮 二〇一〇：六三：阿部 二〇一一：二六〇）。

サイバー攻撃――政府専門家会合の試み　サイバー攻撃を国際的枠組みの中でどのように扱うのかは、まだ検討が進行中の課題である。サイバー攻撃の中でも、サイバー犯罪については、比較的対象が特定的かつ定型的であったこともあり、欧州評議会（Council of Europe）において法的拘束力のある国際条約の検討が進められ、二〇〇一年一〇月に欧州評議会閣僚委員会会合においてサイバー犯罪条約が採択された。この条約は欧州評議会で採択されたが、締約国は欧州諸国に限られず、日本、アメリカ、カナダ、南アフリカ等も参加することとなった。

より軍事的の色彩の強いサーバー攻撃の問題については、国連の下で扱われてきた。国連では、「情報セキュリティ（information security）」の問題として、ロシアが一九九八年に決議案を国連総会第一委員会に提起して以来、議論された。具体的には、これまでに五次にわたって政府専門家会合（GGE：Group of Governmental Experts）が設置され、検討が進められた。一五人で構成される最初の政府専門家会合は二〇〇四年に設置されたが、実質的内容について合意することはなかった。第一に、情報通信技術の発展が軍事・安全保障の領域においても重要であることについての一般的合意はあったが、これが新たな脅威をもたらすものであるかについては一致しなかった。第二に、情報内容についても議論の対象にすべきか、情報インフラについてのみ議論すべきかについて合意がなかった。とくに、国境を越えた情報流通を国家主権の問題として管理すべきかどうかについては、意見が分かれた。第二次政府専門家会合は二〇〇九年に設置され、二〇一〇年に報告書を提出した。この第二次報告では、一定の成果がみられた（UN A六五／二〇一）。第一に、重要インフラのリスクを低減し、保護するための規範についての議論を行うことで合意した。第二に、各国法制やセキュリティ戦略・技術についての情報交換や共通の用語・定義を検討することで合意した。第三に、発展途上国における能力構築の必要についても合意した。

その後、第三次、第四次の報告においては合意が進展した。二〇一一年に第三次の政府専門家会合が設置され、二〇一三年に報告が提出された（UN A六八／九八）。この第三次報告では、第一に、国連憲章を含む国際法がサイバー領域においても適用可能なことが確認された。ただし、「適用される」ではなく「適用可能」とされている点、また、「ＩＣＴのユニークな特性に鑑みれば、追加的な規範がやがて発展しうる」としている点で、既存国際法とは異なる枠組みが必要であると主張しているロシア・中国にも配慮した（土屋 二〇一五：一五九～一六二）。第二に、情報通信技術関連の活動やインフラについても国家主権が適用されることを確認するとともに、人権や基本的自由を尊重する必要があることが確認された。第三に、各国が、情報通信技術利用について、国際的違法行為に関する義務を遵守するとともに、代理者を用いた違法行為をすることのないこと、また、自国領土を非政府主体によって違法な利用のために使われることのないことを確認した。第四に、信頼醸成、セキュリティインシデントに関する情報共有や各国のコンピューター緊急対応チーム間の情報交換を促進するとともに、能力構築支援を進めることも確認した。続いて、二〇人によって構成される第四次政府専門家会合は二〇一三年に設置され、二〇一五年に第四次報告を提出した。第四次報告では、規範内容に関する議論が深化した。具体的には、各国は重要インフラに意図的に損害を与える行為を実施あるいは支援してはならないこととされた。また、緊急対応チームの情報システムを害する行為を行ったり支援したりすることも禁止された（ＵＮ Ａ七〇／一七四）。しかし、その後、第五次政府専門家会合において、具体的にどのような国際法がどのような状況で適用されるのかに関する検討が続けられたが、二〇一七年六月の会合は、最終的には合意することなく、終了した。

このように、新たな情報技術を用いたサイバー攻撃についても、一定のサイバー攻撃を国際的ルールの下に置こうとする試みが続けられている。たとえば、国際法における病院の扱いと同様に、重要インフラである金融機関を保護すべきであるといった議論が行われている（Singer and Friedman 2014：191）。しかし、現時点では具体的に合意されるには至っていない。また、サイバー攻撃に関しては、主体が国家に限定されないこともあり、民間主体を巻き込んだ枠組み作りも試みられている。しかし、評判を気にする民間主体にどのように情報提供のインセンティブを与えるのかといった課題もある（Singer and Friedman 2014：226）。

倫理的人道的配慮という新たなフレーミング

表12－1にもみられるように、生物兵器、化学兵器は、一九二五年のジュネーブ議定書の時点から、倫理的人道的配慮も踏まえて、利用禁止とされた。他方、核兵器については、基本的には軍縮・軍備管理の観点からのコントロールが進められてきた。

しかし、近年の核兵器への対応においては、非人道性をめぐるダイナミズムがみられる。契機の一つとなったのは、一九九六年の国際司法裁判所の勧告的意見である。この勧告的意見では、核兵器の使用又は威嚇は国際法とりわけ国際人道法の原則に「一般的に違反する」、ただし「国家の存亡に関わる自衛の極限状況」においては、合法か違法かは「判断できない」という考え方が示された。これを契機として、ＮＧＯが「モデル核兵器禁止条約」を起草した。また二〇一〇年頃からは、核不拡散条約プロセスへの失望と危機感もあり、核兵器の非人道性に関する議論が人道グループ等を中心に進んだ。二〇一二年から二〇一四年の間に、核兵器の非人道性に関する共同ステートメントが五回出された。また、二〇一三年、二〇一四年には核兵器の非人道的影響に関する国際会議も開催された（川崎 二〇一五：一六六～一七四）。

軍縮・軍備管理のフレーミングではなく、人道問題というフレーミングにより新たな政治的ダイナミズムを引き起こした例としては、対人地雷全面禁止条約の例がある。対人地雷の事例においては、一九九二年にＮＧＯ（非政府組織）が主導してトランスナショナル唱道ネットワークを構築し、カナダ政府等の支援を受けて、最終的に一九九七年一二月に対人地雷全面禁止条約の調印式が行われた（城山 二〇一三ｂ：一七八）。核兵器に関しても類似のダイナミズムが生じつつある面がある。また、新たな人工知能のような情報技術を用いた自律的な兵器についても、倫理的人道的側面からの議論が行われている。

3　転用管理

原子力技術利用における保障措置

アイゼンハワー大統領による「平和のための原子力」国連演説を契機として、一九五七年にＩＡＥＡが発足すると、「平和利用物質（核物質だけではなく資機材も含まれている）が軍事目的のために使用されていないことを確認する」ことを目的として、保障措置の制度が設置・運用されることとなった。保障措置の仕組みは、表12－2のように展開してきた。その最初の適用対象は、一九五九年の日本のカナダからの天然ウラン輸入に関する日本とカナダからの申請であった。そして、最初の基本手続き等を規定した保障措置文書（ＩＮＦＣＩＲＣ／二六）が一九六一年に決定され、その後、一九六五年に新たなＩＡＥＡ保障措置文書（ＩＮＦＣＩＲＣ／六六）が示され、一九六八年に改定された（ＩＮＦＣＩＲＣ／六六　ＲｅＶ二）（菊池　二〇〇四：一八五）。現在でも、核不拡散条約未加盟国が関与する二国間原子力協定に関わる保障措置については、この枠組みが活用されている。このＩＡＥＡ保障措置の特徴は、保障措置の対象の具体的範囲、内容等は、個別交渉で決まるということである。対象には、核物質だけではなく、施設・設備を含む場合もあった（樋川　二〇一五：一一一～一一二）。

その後、一九七〇年の核不拡散条約（ＮＰＴ）の発効に伴い、新たにＮＰＴの下での保障措置が規定されることとなった。保障措置は核不拡散条約第三条第一項に規定され、「原料物質又は特殊核分裂性物質につき、それが主要な原子力施設において生

表 12－2　原子力技術利用における保障措置の展開

1957年	IAEA 発足
1961年	保障措置文書（INFCIRC/26）
1965年	新たな保障措置文書（INFCIRC/66）
1968年	新たな保障措置文書改定版（INFCIRC/66 ReV2）
1970年	核不拡散条約（NPT）発効
1971年	包括的保障措置協定モデル文書（INFCIRC/153）
1997年	モデル追加議定書（INFCIRC/540）

出典：筆者作成。

産され、処理され若しくは使用されているか又は主要な原子力施設の外にあるかを問わず、遵守しなければならない」と規定されている。そして、モデルとしての包括的保障措置協定が、一九七一年に包括的保障措置協定モデル文書（ＩＮＦＣＩＲＣ／一五三）として規定された。保障措置の目的としては、包括的保障措置協定第二八条に「有意量の核物質が平和目的から核兵器あるいはその他の核爆発装置あるいは不明な目的に転用されることを適時に検知すること、及び、早期の転用検知によりそのような転用を抑止すること」と規定されている（菊池 二〇〇四：一八五〜一八六）。

包括的保障措置協定においては、締約国内において国内計量管理制度（ＳＳＡＣ：State System of Accounting for and Control）を確立・維持することが求められている。計量管理（Material Accountancy）とは、原子力施設の核物質取扱い箇所を物質収支区域（ＭＢＡ：Material Balance Area）と規定し、その区域に出入りする核物質の量およびある時点での在庫量を確定するために、核物質を厳密に計量することである。そして、包括的保障措置協定においては、保障措置対象核物質の現状ならびに前回報告以降の状況の変化について当事国からＩＡＥＡへ計量管理報告を提出することが義務づけられている。

このＮＰＴの包括的保障措置には、核不拡散条約に参加する多くの国の参加が想定されているため、非差別的な内容である必要がある。そして、対象も施設等は除き、核物質に限定されていた。その背景には、実施主体であるＩＡＥＡの予算・人員上の制約もあった（樋川 二〇一五：一一三〜一一四）。

冷戦後の脅威の拡散と保障措置体制の強化

冷戦後の核兵器開発への転用脅威の拡散により、保障措置体制は新たな対応を求められることとなった。

イラクにおける核兵器開発疑惑では、ウラン濃縮技術開発が実際に行われたが、従来の包括保障措置協定では、ウラン濃縮施設の建設計画が推進されていても、核物質が搬入されていなければ、協定違反とはならなかった。また、保障措置は、検認対象となっている核物質の転用の有無の判断しか行うことができず、検認対象になっていない核物質が存在した場合は、転用の有無について結論を出せなかった。つまり、申告の正確性（correctness）を保証することはできるが、申告の完全性（completeness）を保証することはできなかった（菊池 二〇〇四：一八七～一八八）。実際に、一九九一年の湾岸戦争の後、国際査察団はイラクにおいてＩＡＥＡ未申告の大規模な原子力計画を発見した（樋川 二〇一五：一一五）。

北朝鮮は一九八五年に核不拡散条約に加入し、一九九二年に包括的保障措置協定が発効した。その後、使用済み燃料を再処理して回収したプルトニウムが未申告なのではないかという疑惑から、ＩＡＥＡは特別査察実施のための協議を北朝鮮と開始したが、北朝鮮が受け入れを拒否したため、結果として国連の安全保障理事会に対応を求めるほかなかった（菊池 二〇〇四：一八九～一九〇）。

このような冷戦後の経緯を踏まえ、ＩＡＥＡにおいて保障措置の強化策が検討され、一九九七年五月に「モデル追加議定書」（ＩＮＦＣＩＲＣ／五四〇）が採択された。この追加議定書では、第一に、幅広い情報提供が求められる。従来の核物質の種類や量およびその取扱い施設に特化した情報の提供だけではなく、核兵器に組み込むことができる核物質生産の可能性を特定することを目的とした、幅広い原子力活動の情報提供が求められる。第二に、補完的アクセスも認められる。補完的アクセスとは、核物質を取り扱わない箇所にアクセスすることにより申告の完全性を確認するための検認活動である（菊池 二〇〇四：一九三～一九四）。これにより、ＩＡＥＡの役割は「会計士」から「探偵」に転換したともいわれる（樋川 二〇一五：一一六）。

このような追加議定書を踏まえて、現在では、統合保障措置（integrated safeguards）という制度も設定されている。これは、包括的保障措置協定に基づく保障措置手段と追加議定書に基づく保障措置手段を有機的に組み合わせることにより、保障措置の効率的実施を目指すものである。具体的には、短期通告査察、無通告査察を強化することで、ＩＡＥＡの検認能力を維持したまま査察回数を削減することを可能にする。ただし、この統合保障措置を導入する前提としては、双方の保障措置を一定期間受け入れ、その結果、当該国に対して、「保障措置下にある核物質の転用」、「未申告の核物質及び原子力活動」が存在しない旨の「拡大結論」を導出する必要がある。

核セキュリティ

保障措置と密接に関連する形で導入されてきた制度として核セキュリティの確保がある。これは当初、核物質防護の制度として導入され、その実施は各国の責任とされた。一九八七年には核物質防護条約が発効した（宮本 二〇〇四：二一〇）。

その後、二〇〇一年のアメリカ同時多発テロを踏まえて、テロへの対応の必要性が認識され、二〇〇二年のＩＡＥＡ総会において「核セキュリティ」という概念が登場した（宮本 二〇〇四：二一五）。そして、二〇〇三年のＩＡＥＡの組織再編により、核物質防護および物質のセキュリティ室は核セキュリティ室に改称され、保障措置局から原子力安全局（原子力安全・セキュリティ局と改称）へ配置換が行われた（宮本 二〇〇四：二一六）。

もともとの核物質防護においては核物質の不法移転対策が重要であり、その実施は計量管理制度、すなわち保障措置の実施と密接に関係していた。しかし、核セキュリティにおいては、原子力施設に対する妨害破壊等の核テロによる放射線影響から人体・環境を保護することも重要なミッションとなったため、原子力安全とセットで対応することも必要になってきた。このように、核セキュリティの活動もＩＡＥＡにおいて重要になってきたが、憲章上規定のない点、自発的拠出金に依存している点で、その活動には限界がある（宮本 二〇〇四：二一七～二二〇）。

生物兵器禁止条約上の信頼醸成措置・履行支援

生命科学・技術の世界は、近年急速に発展しつつある。遺伝子解析技術は対数的な発展を遂げており、バイオテクノロジーの進歩とコンピューターシミュレーションを組み合わせた合成生物学といった分野も成立しつつある。また、生命科学の大衆化も進んでおり、ＤＩＹバイオ（Do-It-Yourself Biology）という市民感覚での生物学を広げていこうというネットワークや「ガレージ生物学」といった動きもみられる（四ノ宮・河原 二〇一三：四～一三）。このような状況の下で、生物科学・技術の軍事転用をどのように防ぐかというのは、重要な課題であるといえる。

前述のように、生物兵器禁止条約においては、生物兵器の禁止とともに、生物科学・技術の平和利用についても規定されていたが、検証制度は存在しなかった。しかし、表12－3にみられるように、一定の転用管理措置が実施されるようになった。一九八六年の第二回再検討会議において、平和的な生物学的活動についての情報提供を中心とする信頼醸成措置（CBM）が導入されることとなった。また、一九九一年の第三回再検討会議においても、追加の情報交換、提供、申告合意について合意された（黒澤 二〇〇三：三八七）。

その結果、自国内にある高度バイオセーフティ研究施設に関する資料の交換、通常傾向から外れる感染症の発生状況の情報交換、本条約に直接関与する生物学研究の結果についての一般の科学雑誌への出版の奨励、締約国相互の合意に基づいた共同研究を含めて条約に直接的に関係する生物学研究を行う科学者間の交流の積極的な推進などが求められた（四ノ宮 二〇一〇：六二）。このような信頼醸成措置は、制度的には、生物兵器禁止条約第五条（条約運用に関する相互協議）、第一〇条（平和利用面での国際協力）に基づく措置であった（杉島 二〇一二：一六一）。

表12－3　検証措置不在の下での生物科学・技術の転用管理

信頼醸成措置：情報交換，科学者間交流等
病原菌・毒素の安全管理・監視体制確立・維持
感染症サーベイランス
科学者のための自主行動規範
履行支援ユニット（ISU）：2006年設置―信頼醸成措置報告提出支援等

出典：筆者作成。

二〇〇二年に再開された第五回再検討会議において、検証機能強化のための検証議定書の交渉が中断されたのち、二〇〇六年の再検討会議までの検討課題として、五つの議題が合意された。第一は条約禁止事項実施のための国内措置（刑罰法規含む）、第二は病原菌と毒素の安全管理・監視体制確立・維持のための国内措置、第三は生物兵器使用疑惑または疑義ある疾病に対処し、調査を行い、被害を緩和するための国際的能力強化（危機対処）、第四は感染症監視、探知、診断、対処のための国際的努力強化（感染症サーベイランス）、第五は科学者のための行動規範であった（黒澤 二〇〇三：三九四）。このうち、第二の病原菌と毒素の安全管理・監視体制確立・維持のための国内措置、第五の科学者のための行動規範は、両用技術の軍事転用管理のための仕組みと考えることができる。これらは、二〇〇三年から二〇〇五年の三年間に毎年、締約国会合において検討された（阿部 二〇一一：三六五）。

従来型の検証措置の検討が中止されたこともあり、生命科学・技術の分野においては、しばしば、科学者の自主的行動規範の役割が強調された（Gronvall 2005）。これには、生命科学・技術が、たとえば原子力と比較した場合、小規模で分散した形で研究・利用されており、組織的チェックが困難であるという研究構造・産業構造上の特色を有することも背景にある。アメリカが生物兵器禁止条約の検証議定書の合意を拒否した際の理由として挙げられている、検証という手法は生物兵器禁止条約強化のために有効ではない、先進国の平和目的の関連施設が過度な負担を負う、平和目的の施設と生物兵器関連施設とを区別することがきわめて困難といった理由も、この点と関連している。また、生命科学・技術分野の性格に合致した枠組みとして、「予防の網（web of prevention）」を構築することが重要であるという議論も行われている（Feakes et al. 2007）。

そのような新たなタイプの実施支援として、二〇〇六年の第六回再検討会議においては、生物兵器禁止条約履行支援ユニット（ＩＳＵ：Implementation Support Unit）の設置が決定された（阿部 二〇一一：三六六）。ＩＳＵの役割は、締約国に対する行政的支援、締約国の国内実施支援、信頼醸成措置報告の提出率や報告情報の質の向上を含めた支援および生物兵器禁止条約の普遍化促進である。このようなＩＳＵの活動の結果、信頼醸成措置報告の提出数は二〇〇六年の五六カ国から二〇一〇年には七〇カ国に増加し、国内実施支援についても二〇一〇年には一四カ国からの支援要請に応じて支援を行った。しかし、予算規模、人員は小さく、役割は限定されていた（田中 二〇一一：

一九八）。

生命科学・技術の国内における デュアルユース管理メカニズム

アメリカでは、二〇〇一年のアメリカ同時多発テロを踏まえて、愛国者法（テロリズムの阻止と回避のために必要な適切な手段を提供することによりアメリカを統合・強化する法律：Uniting and Strengthening America by Providing Appropriate Tools Required to Intercept and Obstruct Terrorism Act of 2001）が制定され、不用意な行為から研究者が罪に問われる事例が続出した。たとえば、正規の手続きを経ることなく航空機にペスト菌サンプルを持ち込んだ例、サウジアラビアから鳥インフルエンザウイルスを不法に輸入した例などである。このような規制は研究活動を萎縮させる可能性があるため、適切なマネジメントとして研究の現場に反映させることが重要であると認識された（四ノ宮・河原 二〇一三：二〇～二一）。

こうした状況において、アメリカの科学アカデミー（National Academy of Sciences）は、フィンク（Gerald Fink）が議長を務めた委員会において、二〇〇四年に「テロリズムの時代におけるバイオテクノロジー研究（Biotechnology Research in an Age of Terrorism）」と題する報告書をまとめた。この報告書では、分子生物学や遺伝学の進歩は、農学分野の進歩を生みだし、医学の実践に革命をもたらしたが、社会に恩恵をもたらしたこれらの技術が、次世代の生物兵器を生み出すために使用されるという潜在的な危険性も有するという問題意識から、「『デュアルユース』ディレンマ（"dual use" dilemma）」という概念を用いて問題を提起した。そして、デュアルユース問題についての今後の方向性を示し、その提言に従ってＮＳＡＢＢ（バイオセキュリティに関する国家科学諮問委員会：National Science Advisory Board for Biosecurity）が組織化された。

ＮＳＡＢＢでは、何がデュアルユース研究であるのかを認識するための基準の作成、デュアルユース研究を監督するための国家的ガイドラインの策定、新規に発生した実験内容や科学技術に対して監督する方策、バイオセキュリティ教育・訓練プログラムの作成、科学者の行動規範、デュアルユースに関係する研究方法及び研究成果の伝達や普及についてのガイドライン、国際協調によるデュアルユース研究監督の方法などが検討された（四ノ宮 二〇一〇：六四）。また、具体的には、ポリオウイルスの完全人工合成、スペイン風邪ウイルスの人工合成等が問題にされた（四ノ宮 二〇一三：八四、八六）。

日本においても、鳥インフルエンザウイルスに関する論文出版が問題となった。二〇一一年八月に河岡義裕教授（東京大学）が『ネイチャー（*Nature*）』に投稿した論文、フーシェ（Ron Fouchier）教授（エラスムス医療センター）が『サイエンス（*Science*）』に投稿した論文が問題となった。これらの論文は、H5N1亜型鳥インフルエンザウイルスの実験結果を示すものであり、ウイルスに遺伝子変異が起きれば空気感染の可能性のあることを示唆していた。これに対して、アメリカのNSABBは、情報の悪用を懸念し内容の一部削除を勧告した。それに対し、二〇一二年一月に両教授を含む研究者が研究を六〇日間自主的に中断した。その上で、WHO（世界保健機関）において関係者の議論が行われ、最終的に全文公開が望ましいとの意見表明が行われた。その結果、研究資金提供主体であったNIH（アメリカ国立衛生研究所）は、四月に論文削除要請を撤回した（吉澤 二〇一六：一四四）。

4　輸出管理＝移転管理

貿易管理に関しては、分野ごとの国際的枠組みが存在する。以下では、原子力技術、生物兵器・化学兵器に関する枠組みを検討する。実際には、このような輸出管理の枠組みと核不拡散条約体制あるいは生物兵器禁止条約体制が、重畳的に機能することとなる。なお、国内実施レベルでは、このような各分野を統合して、国レベルの輸出管理システムが機能している（第4章参照）。

原子力供給国グループ　原子力供給国グループ（NSG：Nuclear Suppliers Group）は、一九七五年に、核不拡散条約を補完するため、日本、アメリカ、イギリス、フランス、旧西ドイツ、カナダ、旧ソ連の七カ国の代表がロンドンに集まり、原子力技術に関する輸出管理を検討したことをきっかけとして設立された。一九七七年九月にガイドラインを取りまとめ、ＩＡＥＡ文書（ＩＮＦＣＩＲＣ／二五四）として公開された。これは、「ロンドン・ガイドライン」と呼ばれ、現在のＮＳＧガイドライン・パート一となっている。

その後、一九九一年にイラクの秘密裏の核兵器開発が明らかになると、一九九二年のＮＳＧワルシャワ総会において、ＮＳＧガイドライン・パート一が強化され、輸出に際しては、輸入国がＩＡＥＡと包括的保障措置協定を締結していることが条件となった。また、原子力汎用品に関して、ＮＳＧガイドライン・パート二が定められることとなった。これは、一九九二年にＩＡＥＡ文書（ＩＮＦＣＩＲＣ／二五四／Ｐａｒｔ二）として公開された（牧野 二〇〇四：一二三）。

オーストラリアグループ　生物兵器・化学兵器への転用を管理する枠組みとしては、オーストラリアグループが存在する。オーストラリアグループは、化学剤供給国間の調整のため、一九八五年四月に最初の会合をブリュッセルのオーストラリア大使館で開催した。そして、まず、化学兵器関連リストを作成し、その後一九九〇年に、生物兵器にも対応するために、生物兵器関連リストを作成した。

オーストラリアグループの特徴は、キャッチオール規制（第４章参照）をグループとしてメンバーに求める点である。これは、二〇〇二年六月の総会において決定された。また、オーストラリアグループには、ＮＳＧ等と異なり当初はガイドラインはなかったが、二〇〇一年に発生したアメリカ同時多発テロへの対応として、同総会において、「機微な化学品目または生物品目の移転に関するガイドライン」が設定された（浅田 二〇〇四：五〇、五三～五四）。

なお、化学剤は一般的な工業原料としての性格を持つため、オーストラリアグループによる貿易管理は、一部発展途上国から一方的差別措置だとの反発を受けている（浅田 二〇〇四：六八）。

第13章　科学技術利用に関する国際協力

1　国際協力の様々な方式

本章では、科学技術利用に関する国際協力の様々な制度・政策手段に即して、国際協力のあり方やそのダイナミズムを検討する。制度・政策手段としては、空間利用管理と責任に関する制度、国際共同事業、国際共同研究、知的財産権とアクセスの確保に関する制度に焦点を当てる。

これは、イノベーションに関する制度・政策手段の検討（第6章参照）を、国際的な次元で行うという面がある。また、個々の事例検討において明らかになるように、国際協力のダイナミズムは分野によって特色のあるものとなっている、その点では分野別技術ガバナンスの構造の分析（第7章参照）を国際的な次元で展開するものであるともいえる。

なお、国際協力には、様々な範囲のものがある。二国間国際協力、多国間国際協力があり、多国間協力のメンバーの範囲も多様である。また、安全や安全保障に関する国際的リスク規制（第11章、第12章参照）の整備にも、科学技術利用に関する国際協力による制度的インフラの整備という側面がある。

以下では、四つの制度・政策手段に即して様々な事例を検討し、最後に、横断的考察を加えることとしたい。

表 13-1　空間利用管理制度——海洋と宇宙

空間区分のあり方	
海洋： 様々な空間区分 領海： 沿岸国法令適用，船舶無害通航権 排他的経済水域・大陸棚： 沿岸国が天然資源に対する「主権的権利」等 公海： 公海自由の原則，船舶は旗国の法令に従う 深海底： 人類の共同の財産，開発は国際深海底機構を通じて実施	宇宙： 基本的に空間区分なし 平等かつ自由に探査・利用，登録国の法令適用 軍事的利用に関する空間区分 宇宙空間： 核兵器・大量破壊兵器の設置・実験禁止，通常兵器の設置可 月その他の天体： すべての兵器・軍事基地の設置・実験禁止

出典：筆者作成。

2　空間利用管理と責任の制度

自国の排他的領域以外の空間において科学技術的活動を行う前提として、様々な空間の利用に関する国際的制度を構築する必要がある。とくに高度な科学技術的活動は空間の境界を越えて国際的影響を及ぼしうる。そのため、このような影響に関する責任確保をいかに行うのかに関する国際的制度も必要になる。このような国際的枠組みの存在は自由な科学技術活動を可能にする条件であるともいえる。以下では、このような国際的制度および制度をめぐる政治的ダイナミズムについて、海洋と宇宙の場合を事例として検討する。海洋および宇宙に関する空間利用管理制度の概要は表13-1のようになっている。

海洋の空間利用管理制度　海洋空間利用に関する国際的枠組みは、一九八二年に成立した国連海洋法条約によって規定されている。この条約において、海洋空間と海底部分は、いくつかの海域に分類され、それぞれ異なる規制に服することになる。

まず、海岸から一二海里（一海里は約一・八五キロ）までの海域が領海である。この海域では沿岸国の法令が適用されるが、領土とは異なり、外国船舶の立ち入りが完全に禁じられているわけではない。船舶は、外国領海における無害通航権を有しており（第一九条）、海洋法条約で規定された条件を満たしていれば、許可がなくても領海内を航行することが可能である。外国の軍艦・公船も無害通航権を有する（酒井他 二〇一一：二四〇）。

一二海里から二〇〇海里までの海域は排他的経済水域と呼ばれる（第五七条）。沿岸国は排他的経済水域の天然資源に対する「主権的権利」を有し、水域内の人工島などの設備、科学的調査、環境保護といった事項に関する「管轄権」を行使すると規定される（第五六条）。環境保護については、排他的経済水域において、国際基準に合致する範囲内で法令を制定し（第二一一条第五項）、執行することが認められている（第二二〇条第三～六項）。日本は、当初、遠洋漁業への配慮から排他的経済水域に慎重であったが、後に賛成に転じた。

排他的経済水域と同様に、資源開発という特定の目的に関してのみ沿岸国の主権的権利が及ぶ空間が大陸棚である（第七七条）。大陸棚の範囲は、基本的には二〇〇海里であるが、二〇〇海里を越えて認められる場合もあり、二〇〇海里を越える部分は、延伸大陸棚と呼ばれる。大陸棚の延伸が認められるためには、地質的なデータを調査して、大陸棚限界委員会の審査を受ける必要がある（第七六条）。日本も、データ収集を精力的に行った上で、大陸棚の延伸を申請し、そのうちの一部について大陸棚限界委員会が日本の申請を認めた。

これらに含まれない海域が公海である。公海には公海自由の原則が適用され（第八七条）、すべての国家が、航行や漁業といった活動を自由に実施することができる。ただし、公海上を航行する船舶は、その船舶の旗国（船舶の登録国）の法令に従わなければならない（第九二条）。

最後に、大陸棚に含まれない海底部分は深海底と呼ばれる。深海底はいずれの国家の主権的権利も及ばない「人類の共同の財産」と位置づけられており（第一三六条）、その開発は、特定国家の利益のためではなく、国際社会全体のために行われなければならないとされており（第一五〇条）、国際深海底機構（ＩＳＡ：International Seabed

Authority）という国際組織を通じて実施されている。

このような海域の空間区分は、海洋科学調査の実施の際の手続きを規定するという点でも重要である。海洋の科学的調査は、公海においては各国が原則自由に行うことができ（第八七条）、領海においては沿岸国の明示の同意の下、沿岸国の定める条件に基づく限り実施可能である（第二四五条）。排他的経済水域・大陸棚における海洋の科学的調査については、沿岸国は「科学的調査を規制し、許可し及び実施する権利を有」し、それらは「沿岸国の同意を得て実施」されるが、「専ら平和的目的で、かつ、すべての人類の利益のために海洋環境に関する科学的知識を増進させる目的で実施する海洋の科学的調査の計画については、通常の状況においては、同意を与える」こととしている（第二四六条）。他方、沿岸国の主権的権利の対象である「資源探査」は沿岸国の同意なしには実施し得ない（第五六条、第七七条）。そのため、沿岸国の同意が必要な資源探査と通常同意が与えられる科学的調査をいかに区別するのかが課題となる。調査目的を船舶の外観から判断することは難しいため、査察員の乗船制度（第二四九条第一項(a)）が活用されることもある（酒井他 二〇一一：二三七〜二三八）。

宇宙の空間利用管理制度　「宇宙」の明確な法的な定義は存在せず、現状では、活動する物体の特質に応じて、航空法または宇宙法が適用されている。宇宙法の基本原則は、すべての宇宙空間および天体には国家主権が及ばず、すべての国が平等に、かつ、国際法に従って、自由に探査し及び利用することができる（宇宙条約第一条）というものである。この点で、様々な空間が区分され、活動の自由度の異なる海洋とは異なる。

宇宙空間は、国家主権が及ばないという意味で、公海と同様に考えることができる。宇宙物体登録条約では、宇宙物体の「打上げ国」が、自国に保管する登録簿に宇宙物体を登録した上で、その登録を国連に報告し、国連の登録簿に記載されることで、「登録国」になるという手続きが規定されている。そして、宇宙条約第八条により、この登録国の法令が適用される。ただし、複数の国家が関係する宇宙物体である国際宇宙ステーションへの法令適用については、国際宇宙基地協力協定第五条により、宇宙ステーションのうち、自国に登録されている部分と自国民に対して法令を適用するとされている。

また宇宙条約第四条は、宇宙を、宇宙空間と天体に区別して、その軍事的利用について規定する。すなわち、宇宙空間では、核兵器や大量破壊兵器の設置・実験が禁じられている一方で、通常兵器の設置は禁じられていない。これに対して、月その他の天体においては、すべての兵器や軍事基地の設置・実験が禁じられている。

なお、宇宙との境界に曖昧なところのある空域については、海域区分よりもシンプルではあるが、空間の区分が存在する。空域は領土と領海の上空の空域である領空と、それ以外の空域に区分される。領空には外国の航空機が無許可で立ち入ることはできない。ただし、民間航空機の離発着や上空通過のたびに許可を与えるのは非効率的なので、条約により、民間航空機が自由に領空を利用することができるようにされている。また、領空内、あるいは地上の航空機において発生した犯罪や事故については、現地国の国内法が適用され、排他的経済水域・公海の上空を飛行する航空機の機内で発生した犯罪や事故については、公海上を航行する船舶と同様、航空機が登録されている国家の法令が適用される。

このように、宇宙空間における活動自体は原則自由であるが、宇宙空間の利用に付随するいくつかの側面については、国際的規制に服することになる。第一に、ロケットや衛星との通信に必要な周波数配分に関する国際的規制がある。周波数配分（distribution）は、「有害な混信」を防ぎ、周波数を有効利用するため作業であり、基本的には周波数帯を各業務類型に配分する分配（allocation）、周波数帯を各無線局に配分する割当（assignment）により構成される。これらの作業のうち現在は、基本的には、分配は国際組織が行い、割当は各国が行った上で国際組織が確認をするという制度がとられている。具体的には、業務類型の設定と周波数帯の各業務類型への分配はＩＴＵ（国際電気通信連合）の無線通信会議で行い、割当に関しては、各国からの周波数利用の通知に基づき、ＩＴＵのＲＲ

B（無線通信規則委員会、一九九三年まではIFRD：国際周波数登録委員会）が審査し、国際周波数登録原簿（MIFR：Master International Frequency Register）の登録欄に記載し、一定の国際的保護を与えることとなっている。各国からの通知に問題がある場合には、基本的に各国間で調整される。第二に、GSO（静止衛星軌道：Geostationary Orbit）の国際的配分がある。一九七一年の宇宙世界無線通信主管庁会議で「すべての国家は、種々の宇宙無線サービスに分配された無線周波数帯およびそれらのサービスのための静止衛星軌道の使用にあたって、公平な権利を持つ」と決議され、その後、一九八八年の軌道世界無線通信主管庁会議（WARC‐ORB）第二会期において、固定衛星業務のために各国に少なくとも一つのGSOを与える国別割当計画が作成された。しかし、その必要性が実際にあったのかに関しては、疑問も持たれていた（城山 一九九七：一七二～一七三、一八〇～一八一）。

責任制度　高度な科学技術的活動は空間の境界を越えて国際的影響を及ぼしうるため、このような影響に関する責任確保をいかに行うのかに関する国際的枠組みも必要になる。

海洋においては、たとえばタンカーによる油濁事故が問題になってきた。タンカーといった船舶利用に関しては、国ではなく運用管理者が責任を負うという原則を維持しつつ、運用管理者に無過失・有限責任を負わせ、責任限度範囲内で保険・供託金等の金銭的保証の設定を義務づけるという国際的枠組みが設けられてきた（民事責任型）。一九六九／一九九二年油汚染損害民事責任条約（CLC条約）、一九七六年海底鉱物資源民事責任条約等がその例に当たる（酒井他 二〇一一：四八二）。

他方、宇宙においては、宇宙条約第七条、宇宙損害責任条約第二～五条において、宇宙物体の事故等により外国に損害が発生した場合には、打上げ国（「宇宙物体を打上げ、又は打上げさせる国」「宇宙物体が、その領域又は施設から打上げられる国」（宇宙損害責任条約第一条））が責任を負うと規定されている。つまり、「打上げ国」に無過失・無限責任を課している。条約締結当時に想定されていた活動や損害の規模に対応して、国家に責任を集中するもの（国家専属責任型）であった（酒井他 二〇一一：四八三）。ただし近年では、経済的利益を目的とする民間企業による宇宙での活動が進展しており、このような中で「打上げ国」に責任を集中させることが妥当であるのかといった問題が指摘されており、一定の国内仕組み（打上げ者による損害賠償担保措置等）が構築されている（第7章参照）。

なお、境界を越えた国際的影響（＝損害）は領土上の活動に関しても起こりうる。たとえば、原子力に関しては、一九六三年に原子力民事責任ウィーン条約が締結された。ここでは、運用管理者の負担能力を超える部分については、関係締約国に引き受け義務を負わせる混合責任型がとられている（酒井他 二〇一一：四八三）。

3　国際共同事業

国際共同事業とは、施設の設置・運営を共同で行い、その施設を共同で利用するという協力形態であり、各国がそのために設立したものを国際共同事業体と呼ぶ。この国際共同事業体には、事業のどの部分を国際共同事業体の業務範囲とするか、国際共同事業体の運営における各国事業体の役割をどうするのか等の基準によって、様々な類型に分けることができる。

国際共同事業体の例としては、国際鉄道の分野では、第二次世界大戦後、国際鉄道連合（ＵＩＣ）の主導により、ヨーロッパ鉄道資材購入融資会社、ヨーロッパ特急機構、国際冷蔵輸送会社、国際コンテナ輸送会社等の国際共同事業体が設立された。また、一九三〇年には、国際連盟は軍縮を促進するという政治的意図のもと、軍用航空の廃止と民間航空の国際的一元化（単一事業体の設立）を提案したが、成功しなかった（城山 一九九七：二二七）。また、原子力に関しても、様々な形態での国際共同管理が議論されてきた（秋山 二〇一二：第三章）。

以下では、国際共同事業体の例として、衛星通信に関する国際共同事業体であるインテルサット（ＩＮＴＥＬＳ

表13－2　国際共同事業――インテルサットと国際宇宙ステーション

	インテルサット（恒久協定）	国際宇宙ステーション
枠組み	政府間協定（1973年発効）	政府間協定（1992年発効）
	署名当事者（通信事業者）間協定	了解覚書（宇宙機関間，日本は旧科技庁）
運用ルール	「単一の世界商業通信衛星組織」として内部相互補助による料金設定	各国は自国が提供する飛行要素およびシステム運用共通経費の一定比率を負担

出典：筆者作成。

AT：International Telecommunications Satellite Organization）と国際宇宙ステーション（ISS：International Space Station）について検討する（概要比較については表13－2を参照）。

インテルサット

インテルサットは、アメリカのイニシアティブによって設立された国際衛星通信事業体である。一九五七年一〇月に初の人工衛星がソ連によって打上げられ、「スプートニク・ショック」を受けたアメリカは、宇宙開発に力を注ぎ、その一貫として非軍事的世界衛星通信システムの構築を構想した。一九六一年七月にケネディ（John F. Kennedy）大統領は「宇宙通信に関する大統領声明」を出し、アメリカにおける国際衛星通信の担い手としてコムサット（COMSAT：Communications Satellite Corp）を設立し、その上で国際交渉に臨んだ。アメリカの構想では、公衆衛星通信業務の担い手は全世界的かつ単一の通信組織たるべきこと、設立される通信衛星組織は宇宙部分と地上部分からなり、宇宙部分の所有権参加は希望するすべての国に認められ、宇宙部分の利用は所有権参加の有無に関わりなく保証されることが強調された。一九六四年二月に開催された米欧間のローマ会議において、アメリカはヨーロッパ諸国が主張してきた多国間協定による国際的コンソーシアムの設立という方式に合意するとともに、その枠内でアメリカのリーダーシップを確保するという戦略を示し、一九六四年四月の第一次ロンドン会議において、コムサットをコンソーシアムの管理者にすること、設立文書を政府間協定と通信事業者間協定との二本立てにすることに関して、米欧間の合意が得られた。一九六四年六月の第二次ロンドン会議では、暫定協定の期間を五年とし、所有権比率を利用率に応じてアメリカ六一％、西欧三〇・五％、カナダ、日本、オーストラリアで計八・五％とし、投票権比率も所有権比率と同率とすることを決定した。ただし、発展途上国の参加確保のため、発展途上国向けに一七％までの所有権の別枠を設定した。以上のような経緯を経て、一九六四年七月のワシントン会議においてインテルサット暫定協定が確定した。

暫定協定では一九七〇年一月にインテルサット恒久協定に移行することが求められていたが、恒久協定の交渉は難航し、一九七一年五月に基本文書が採択された。恒久協定の下でのインテルサットも、政府間協定と指定された通信事業体（署名当事者と呼ばれる）間の協定の二本立てという点では暫定協定と同じであったが、実際の運営機構は大幅に変わった。まず、各事業体によって構成される理事会においては加重投票制は維持されたが、最大四〇％のシーリングが設定された。また、一国一票制に基づく組織として、投資、予算等の承認を行う署名当事者総会（Meeting of Signatories）と締約国総会（Assembly of Parties）が設置されたが、後者には政府代表が直接参加し、インテルサットの長期目標、活動の範囲、システム間調整に関する事項を決定することとなった。また事務局についても、暫定期間終了後には管理責任の完全な国際化を行うという原則を承認し、その上で恒久協定発効の日から六年間の暫定期間は、宇宙部分の技術・運用に関する管理について理事会がコムサットと契約することとなった。このように、暫定協定期にはアメリカの役割がたいへん大きかったが、恒久協定下では、政府間機関の役割の増大、アメリカの理事会における投票権の持ち分比率の低下、事務局の自律化にみられるように、アメリカの役割は相対的に低下した（城山 一九九七：二一七～二三二）。

インテルサットの料金制度は、無差別、平均コストという二つの原則に基づくこととされた。そして、無差別とは地理的に無差別のことであると解され、使用種類ごとの平均コストを算出するにあたってはすべての地域に対するサービスの平均コストをとらねばならないとされてきたため、平均コストとしての料金は、各通信区間における通信量の多寡に関わりなく設定されることとなり、各通信区間における実際のコストとは離れることとなった。その結果、コストの低い、通信量の多い通信区間（先進国間）から、コストが高い、通信量の少ない区間（先進国・発展途上国間あるいは発展途上国相互間）への内部補助が行われることとなった。しかし、新しい衛星システムや海底ケーブルとの競争の中で、インテルサットの料金制度の運用も変わっていった。たとえば、デジタル通信向け料金の大幅な引き下げと長期利用契約のための割引が導入され、実質的には内部補助の程度が引き下げられた（城山 一九九七：二三九～二四一）。

インテルサット暫定協定の前文は「単一の世界商業通信衛星組織」の設立を目的とすると規定していた。しかし、恒久協定作成過程では、ヨーロッパ諸国等が独立衛星システムの設立を強く主張したため、独立衛星システムの設置については、インテルサット宇宙部分との技術的、経済的両立性を確保するために、インテルサットの理事会または総会と協議し，その「勧告」を求めればすむこととなった。アメリカ政府も一九八五年二月に、別個の国際衛星通信システムがアメリカの国益にかなうとの立場に変更した。その結果、民間の国際通信事業者が参入することとなった（城山 一九九七：二四二～二四五）。その後、通信事業における競争環境の変化を受けて、二〇〇〇年一一月には、通信事業を行う事業会社であるインテルサットと、事業会社を監督するＩＴＳＯ（国際電気通信衛星機構：International Telecommunications Satellite Organization）の分離・再編が行われた。

なお発展途上国の観点からは、インテルサットは発展途上国に通衛星通信サービスの提供を保証するものとしての性格も持っていた。そのため、静止衛星軌道（ＧＳＯ）配分の議論においても、発展途上国はインテルサットのような組織を優遇することを主張し、一九八五年のＩＴＵ軌道世界無線主管庁会議では、静止軌道・周波数の割当において「政府間の協定によって設立された多主管庁間システム（multi administration systems）」に配慮することとされた（城山 一九九七：一七三～一七四）。

国際宇宙ステーション

国際宇宙ステーション（ＩＳＳ：International Space Station）は、地上から約四〇〇キロ上空の宇宙空間に建設された巨大な有人施設であり、そこでの長期滞在や実験の実施を目的としている。一九九八年一一月より軌道上の組み立てが開始され、二〇一一年七月に完成した。現在、二〇二〇年までの運用延長が合意されている（アメリカは二〇二四年までの運用を決定）。参加各国は、それぞれが開発したステーションのパーツを分担して提供し、運用において責任を持つこととなっており、日本は実験棟（ＪＥＭ：Japanese Experiment Module、通称「きぼう」）の提供を担当している。

国際宇宙ステーション計画を主導したのはアメリカであった。アメリカでは、宇宙空間の長期滞在や月・惑星探査のためのスペースステーション計画が掲げられるものの、財政上の理由から国内の反対もあった。そこで、費用を分担し、さらに東側陣営への対抗手段とするべく、当時の友好国とともに国際協力によってプロジェクトを進めることを検討した。技術流出の懸念からの反対論もあったが、アメリカのレーガン（Ronald W. Reagan）大統領は、一九八四年の年頭教書演説で正式に国際宇宙ステーションを提唱し、一九八四年六月のロンドンサミットにおいて、その意義が強調された。その後、日米間では、一九八五年五月にＮＡＳＡ（アメリカ航空宇宙局）と科学技術庁の間で予備設計段階での了解覚書（ＭＯＵ）が締結され、一九八六年から詳細設計・開発・運用及び利用段階における政府間協定（ＩＧＡ）の交渉が始まった。当初は二国間交渉であったが、一九八七年二月からは多国間交渉に移行し、一九八八年九月にワシントンにおいて旧国際宇宙基地協力協定が関係各国によって署名された。その後、ＮＡＳＡと関係国政府間で了解覚書が署名されることとなった（佐藤 二〇一五：一三二〜一三八）。

また、日米間の了解覚書は一九八九年三月に署名された。しかしその後、アメリカでは、クリントン（William J. Clinton）大統領の下で財政的観点から宇宙ステーションは再設計されることとなった。冷戦後の状況の下で、ロシアを含む方向が模索され、一九九八年一月に、ロシア、スウェーデン、スイスを加えた新国際宇宙基地協力協定の署名が、次いで日米間等で了解覚書の署名が行われた。ロシア参加について、同協定の前文において「有人かつ長期間の宇宙飛行の分野におけるロシア連邦の独特の経験及び実績にかんがみ、宇宙基地計画における協力関係へのロシアの参加により、宇宙基地の能力が著しく向上し、これがすべての参加主体の利益となる」と位置づけられたが、実質的には、連崩壊後のミサイル軍事技術の第三国移転を防ぐという狙いもあった（鈴木・城山 二〇〇六：五四〜五七）。

日本の参加の目的としては、一九八三年六月の宇宙開発委員会宇宙基地計画特別部会の中間報告において、宇宙活動の範囲の飛躍的拡大、先端技術開発およびその波及効果、国際協力の推進が示され、とくにアメリカ、ソ連、欧州諸国に遅れをとらないようにすることが肝要とされ、欧米諸国へのキャッチアップが重要視された。しかし、有人技術を国際共同プロジェクトにおいて効率的に習得し、国際共同プロジェクトにおいて一定の存在感を確保することが、毎年四〇〇億円程度になることもあった予算に見合ったものであったかについては、疑義も提起された。そのため、その後の計画では、日本の実験棟であるＪＥＭにおける産学官の有機的連携による材料実験、ライフサイエンス実験、科学・地球観測、通信実験等による具体的便益が重視されたが、それらの便益は必ずしも明確なものではなかった。その結果、たとえば、総合科学技術会議による二〇〇二年の概算要求における科学技術関係施策の優先順位づけ（第10章参照）では、宇宙ステーション計画等の評価はＢとされた。また、宇宙開発利用専門調査会における議論を踏まえて総合科学技術会議において二〇〇四年九月に決定された「我が国における宇宙開発利用の基本戦略」では、ＪＥＭの費用対効果の最大化、民間活力の利用、経費削減、具体的にアジア地域を対象とした国際協力等が求められた（鈴木・城山 二〇〇六：五七〜六〇、六七）。

事業協力枠組みの構造としては、条約である関係国政府間での国際宇宙基地協力協定と具体的な細則としてＮＡＳＡと各関係国政府機関の二国間での了解覚書（ＭＯＵ）という二重構造がとられた。協定では、協定および了解覚書を実施するための「協力機関」としてアメリカはＮＡＳＡ、欧州はＥＳＡ（欧州宇宙機関）、日本は科学技術庁が指定され、ＮＡＳＤＡ（宇宙開発事業団：現ＪＡＸＡ）は科技庁を援助する機関、実施機関として位置づけられた。ＭＯＵはＮＡＳＡと各国宇宙機関の間で締結されているが、日本については宇宙機関の管轄省庁の権限を超える部分があったことから、日本政府が締結主体となった（佐藤 二〇一五：一四四）。そして、ＮＡＳＡと各協力機関のトップレベルの会合である計画調整委員会（ＰＣＣ）は設計および開発に関する最高意思決定会合とされ、設計や開発の実施に必要な決定を行うこととなった。また、国際宇宙ステーションの運用に関わる長期計画レベルの調整は、ＮＡＳＡが議長となり、各参加機関の代表で構成される多数者間調整委員会（ＭＣＢ）で行われた（鈴木・城山 二〇〇六：六五）。財政的には、各国は自国が提供する飛行要素（各実験棟等）およびシステム運用共通経費の一定比率（日本は一二・八％）を負担する。ただし、各国間の資金の授受は最小限にするために、システム共通経費の支払いも含めてバーター方式（いわゆる物々交換）を原則とした（佐藤 二〇一五：一五七〜一六〇）。

将来の有人宇宙探査に関する国際協力事業については、二〇〇七年に設置された国際宇宙探査協働グループ（ＩＳＥＣＧ：International Space Exploration Coordinating Group）において検討されている。これには、イタリア、フランス、中国、カナダ、オーストラリア、ドイツ、ＥＳＡ、インド、日本、韓国、アメリカ、ロシア、ウクライナ、イギリスの一四カ国・機関が参加している（国際宇宙ステーションには参加していない中国、インド、韓国等も参加している）。ＩＳＥＣＧでは国際宇宙探査ロードマップ（ＧＥＲ）が作成されており、二〇一一年には第一版、二〇一三年には第二版が公表された。この第二版では、ＩＳＳを最大限活用した技術の蓄積、月・小惑星・火星への無人探査、二〇二〇年代に月周辺への有人探査、二〇三〇年以降に有人火星探査といった方向性が示された。また、国際宇宙ステーションは商業的プラットフォームとなることもあるとされ、一般市民の参画、民間企業の参画による経済拡大の刺激が重要であることも示唆された（ISECG 2013）。

また、より幅広い政策的議論の場として、ＩＳＥＦ（国際宇宙探査フォーラム）も実施されている。二〇一四年一月にはワシントンで実施され、ロシア、ウクライナ、中国、インド等含む三五カ国・機関が参加した。ここでも、国家が協力して広範かつ複雑なプロジェクトを実施できることを実証したものとして国際宇宙ステーションの経験の重要性が指摘されるとともに、商業宇宙活動の発展が歓迎された。ただし、有人の宇宙活動は、先進各国において財政制約が大きくなる中で、困難になりつつある。宇宙活動において社会インフラとしての側面が大きくなる中で（鈴木 二〇一一：二八六）、どのように有人宇宙活動に関する国際協力を位置づけ、どのように進めていくのかについては課題も多い。

4　国際共同研究

次に、国際共同事業よりも緩やかな枠組みでの協力として、国際共同研究の事例を検討する。具体的には、農業に関する国際共同研究であるＣＧＩＡＲ（国際農業研究協議グループ：Consultative Group on International Agricultural Research）、原子力に関する国際共同研究であるＩＮＰＲＯ（革新的原子炉及び燃料サイクル国際プロジェクト：International Project on Innovative Nuclear Reactors and Fuel Cycles）およびＧＩＦ（第四世代原子力システムに関する国際フォーラム：Generation IV International Forum）を検討する。

これらは、様々なプロジェクトを束ねた国際共同研究の枠組みであるが、より個別的なテーマのプロジェクトに分化した形での国際共同研究も存在する。たとえば、国際保健の分野では、各援助主体が自ら研究開発を実施するのではなく、各援助主体から資金を調達して個別の研究開発を実施する（場合によっては再度委託する）枠組みとして、ＰＤＰ（Product Development Partnership）が活用されている（Moran et al. 2010）。なお、国際保健においても、プロジェクトを束ねた枠組みも存在する。二〇一四年のエボラ出血熱事例を踏まえて、感染症対策研究開発のための二〇億ドル規模のワクチン基金構想が示され、二〇一六年一月の世界経済フォーラムでの討議も踏まえて、CEPI（Coalition for Epidemic Preparedness Innovations）がノルウェーの公衆衛生研究所（Institute of Public Health）に設置された。CEPIには、ウェルカムトラスト、ゲイツ財団等が出資し、WHOが「感染症を防ぐ行動に向けた研究開発青写真（An R&D Blueprint for Action to Prevent Epidemics）」にリストアップした疾患から投資対象を選定することになっている（Cohen 2016）。

CGIAR　国際農林水産研究に対する長期的かつ組織的支援を通じて、発展途上国における食糧増産、農林水産業の持続可能な生産性改善により住民の福祉向上を図ることを目的とするCGIARの起源は、一九四三年にメキシコでロックフェラー財団が実施した国際農業プログラムであった。その後、ロックフェラー財団はアジアへの展開に関心を示し、フォード財団が資金を提供したため、一九六〇年には国際稲研究所（IRRI）がフィリピンに設置された。さらにこの経験も踏まえて、一九六六年にメキシコの小麦プログラムが再編され、国際トウモロコシ・小麦改良センター（CIMMYT）がメキシコに設置された（CGIAR 2012 : ix）。これらの民間ベースでの国際協力に支援されたセンターでは、高収量品種の開発・導入が進められ、一九六〇年代末から七〇年代初めにかけて「緑の革命」がもたらされた（ヘッサー 二〇〇九）。

その後、各地域の特性、対象穀物等に配慮した国際農業研究センター設置が試みられたが、当初の民間財団の資金だけでは不足した。そのため、各国政府や国際組織を含めた幅広いドナーの組織化が求められることとなった。そのための最初の会合が、世界銀行、UNDP（国連開発計画）、FAO（世界食糧農業機関）等の国際組織のトップやアメリカ、日本等各国の関係者が参加して、イタリアのベラージオにあるロックフェラー財団の施設で一九六九年四月に開催された（ヘッサー 二〇〇九：一三八）。そして、一九七一年五月にワシントンにおいて世界銀行、UN

表13－3　原子力に関する国際共同研究

	INPRO	GIF
事務局	IAEA	OECD/NEA
設置時期	2000年	2001年
メンバー	42カ国・組織（2017年）	14カ国・組織（2016年）
目　的	革新的原子力エネルギーシステムの評価手法開発 原子力技術利用国支援	新たな原子力発電技術開発・投入

出典：筆者作成。

DPおよびFAOを発起機関とし、日本を含む先進一六カ国、地域開発銀行、民間財団等が参加して、CGIARの設立が決定された。

最初の五年間は、CGIARは急速に活動を拡大させ、一九八七年以後は林業、水産、灌漑等にも対象を拡大した。CGIARは成果は上げたものの、一九九〇年代には予算不足に陥り、二〇〇〇年以降は資金提供主体、現場の発展途上国、各地の研究センター、外部の専門家の間での役割分担をめぐって様々なガバナンスの改革が試みられることとなった。

INPROとGIF　二一世紀に入り、当初原子力技術に関する関心が高まる中で、表13－3に示されたような国際共同研究が開始された。

IAEA（国際原子力機関）は、核不拡散や原子力安全・セキュリティの確保とともに、平和利用の促進も目的としている。そのため、様々な技術協力を行うとともに、国際研究協力も行っている。そのような活動の一つとして、INPRO（革新的原子炉及び燃料サイクル国際プロジェクト）がある。INPROは二〇〇〇年九月のIAEA総会決議により設置され、二一世紀のエネルギー需要の中で原子力がどのような貢献が可能であるかを明らかにするとともに、原子力技術の保有国と原子力技術の利用国を結び付けることを目的としていた。そして、革新的原子力エネルギーシステムの評価手法を開発し、そのような評価を原子力技術利用国が実施するに際して助言を行うこと等を具体的ミッションとしていた（尾本他二〇〇七：一六）。

アメリカと日本は当初メンバーではなかったが、二〇〇五年一二月にアメリカが、二〇〇六年四月に日本が正式メンバーとなった（尾本他 二〇〇七：一七）。現時点では、四二カ国・組織（アルゼンチン、ブラジル、カナダ、チリ、中国、フランス、ドイツ、インド、インドネシア、日本、オランダ、モロッコ、韓国、パキスタン、ロシア、南アフリカ、アメリカ、ケニア、トルコ、ベトナム、ＥＣ〔欧州共同体〕等）が参加している。

先進的な原子力技術インフラを持つ諸国間協力のための組織として、ＯＥＣＤ（経済開発協力機構）に設置されているＮＥＡ（原子力機関：Nuclear Energy Agency）がある。ＮＥＡは、当初、一九五七年にヨーロッパを対象とするＥＮＥＡ（欧州原子力機関：European Nuclear Energy Agency）として設置され、ＯＥＣＤドラゴンプロジェクト（OECD Dragon Project）と呼ばれた高温ガス冷却炉の技術的実験や原子力損害賠償に関するパリ条約整備を行った（NEA 2008：14）。その後、一九七二年にＮＥＡとなり、一九七二年に日本が、一九七三年にオーストラリアが、一九七六年にはアメリカが参加し、放射性廃棄物処分等に関する研究を進めた。現在、欧米、アジア太平洋の三一カ国で構成されている。ＮＥＡは、二〇〇〇年代に入り、温暖化との関連で原子力への関心高まる中で、当初の主要関心事項であった技術課題に回帰することになり、ＧＩＦ（第四世代原子力システムに関する国際フォーラム）に技術事務局として関与することとなった。

ＧＩＦは、コスト、供給安定性、安全性、放射性廃棄物の削減、核物質の不拡散および兵器への転用防止などを達成できるような原子力発電技術を二〇三〇年までを目安に広く国際市場に供給し、エネルギー安全保障に対応することを最終的な目標としている。次世代型原子炉の開発を主導したのはアメリカのエネルギー省（ＤＯＥ：Department of Energy）原子力局であった。アメリカでは、一九九七年一一月、大統領科学技術諮問委員会（ＰＣＡＳＴ：President's Council of Advisors on Science and Technology）により報告書が出され、二一世紀における原子力エネルギー利用の重要性およびアメリカの原子力科学技術再活性化の必要性が答申された。アメリカのエネルギー省は、これを受けて、原子力に関するアメリカの国際競争力、技術基盤の維持、指導力の強化を目的に、原子力研究イニシアティブ（ＮＥＲＩ：Nuclear Energy Research Initiative）を開始した。だが、きわめて広範な領域を包含するこれらのプロジェクトを、一国のみで推進するには限度があるため、数多くの国との連携が必要となり、アメリカは国際フォーラムの構築を呼びかけることとなった（鈴木・城山 二〇〇六：三七）。

二〇〇一年七月にＧＩＦ憲章が署名された。当初のＧＩＦ参加国は、アルゼンチン、ブラジル、カナダ、フランス、日本、韓国、南アフリカ、イギリス、アメリカの計九カ国であり、二〇〇二年にスイス、二〇〇三年にＥＵＲＡＴＯＭ（欧州原子力共同体）、二〇〇六年に中国、ロシア、二〇一六年にオーストラリアが参加した。二〇〇二年には、ガス冷却高速炉、鉛冷却高速炉、溶融塩炉、ナトリウム冷却高速炉、超臨海水冷却炉、超高温炉という六つのシステムを選択し、国際共同研究を開始した。ＧＩＦ参加国は最低でも一つの研究開発共同プロジェクトへの参加が望まれている。

ＩＮＰＲＯと比較した場合、ＧＩＦのメンバーは研究開発を実施する国・組織であり、原子力技術の単なる利用国は含まれない、革新的原子力システムの評価ではなく研究開発自体に焦点を置いているといった特色がある。ただし、相互の関係は相補的であり、相互に意思決定機関にオブザーバーとして参加している（尾本他 二〇〇七：一八）。

アメリカがＧＩＦを主導した目的は、国際共同研究により他国の高い技術も取り込むとともに、コストを下げることであった。他方、日本にとっては、ＧＩＦへの参画が将来の核燃料サイクルの確立という国内政策目的を正当化するという事情もあった。また、日本のＩＮＰＲＯへの参加は二〇〇六年と遅れたが、これにはＩＮＰＲＯにインド、パキスタンといった核兵器不拡散条約（ＮＰＴ）非加盟国が含まれていたという事情もあった。

5　知的財産権とアクセスの確保

収入の低い発展途上国においては、患者が必要な医薬品を入手することができないという医薬品アクセスの問題がある。そして、その原因として、国際的な知的財産権の強化が指摘されてきた。

ＴＲＩＰＳ協定・ドーハ宣言とその影響　一九九五年に発効したＴＲＩＰＳ協定（知的財産権の貿易関連の側面に関する協定）においては、特許の対象として、医薬品を含む全ての技術分野の発明が、物質・方法特許を問わずに保護されることが規定された（第二七条）。特許の通常の実施を不当に妨げずかつ特許権者の正当な利益を不当に害さない場合には、第三者の正当な利益を考慮した上で限定的な例外を定められているが（第三〇条）、発展途上国に必要なエッセンシャルドラッグを、これを根拠に対象外にするのは困難と考えられた。また、強制実施の仕組みも設定されたが、許諾を得る努力が必要とされ（国家緊急事態・非商業的使用は不要）、適当な報酬を払うことも必要であった（第三一条）。また、仮に発展途上国が強制実施を発動しても、製造能力の欠如により国内で製造できない可能性もあった。このようなＴＲＩＰＳ協定が実施されることにより、医薬品に対する物質特許の付与が義務づけられ、たとえば、インドにおけるジェネリック医薬品の製造や発展途上国に対する輸出が制限される可能性が危惧された（石井 二〇〇八：一五四～一五六）。

こうした危惧を踏まえて、二〇〇一年一一月に出された「ＴＲＩＰＳ協定と公衆の健康に関する宣言」（ドーハ宣言）においては、知的財産権保護の重要性とともに医薬品価格への影響についての懸念も認識され、一定の対応がとられることとなった。具体的には、強制実施が許諾なく実施可能である国家緊急事態として、ＡＩＤＳ（エイズ：後天性免疫不全症候群）、結核、マラリア等の感染症も対象であることが明示された（ドーハ宣言パラグラフ五ｂ）。

また、強制実施が「主として国内市場への供給のため」（第三一条）のものであるという制約が免除され、二〇〇五年一二月にはTRIPS協定が改正された（石井 二〇〇八：一六八～一七二）。このような経緯を経て、TRIPS協定の性格がかなり変わったと指摘される。ただし、このプロセスにおいては、アクセスの確保と知的財産権との関係の問題はイデオロギー化しており、実証的議論も不十分であった（山根 二〇〇八）。

事前買取り制度等他の政策手段の可能性　医薬品アクセスを規定する要因としては、知的財産権以外の要因も重要である。最大の問題は、十分な市場の有無という要因であった。また、実際に、WHOの指定するエッセンシャルドラッグの九五％は特許保護の対象外だったといわれる（石井 二〇〇八：一六二）。だとすると、知的財産権の柔軟化以外の政策手段が有効であるとも考えられる。たとえば、各国政府が協調して企業から一定量の薬を一定の価格で買い取るという事前約束を行うという事前買取り確約制度がある（Glennerster and Kremer 2000）。実際に、GAVI（ワクチンと予防接種のための世界同盟：Global Alliance for Vaccines and Immunization）はAMC（Advance Market Commitment）という形で、事前買取り確約を用いてワクチンを調達してきた（Gostin 2014 157）。

6　国際協力のダイナミズム

以上、空間利用管理と責任に関する制度設計、国際共同事業、国際共同研究、知的財産権に関する制度設計という四つの国際協力の方式について検討してきた。ここでは、これらの四つの形態に横断的な事項について考察しておきたい。

第一に、官民関係についてである。空間利用管理と責任、知的財産権に関する制度設計や当初のインテルサットや国際宇宙ステーションに関する国際共同事業、原子力に関する国際共同研究は、政府により主導されたものであった。他方、当初の農業に関する国際共同研究はロックフェラー財団やフォード財団といった民間組織により主導されたものであり、また、最近の国際保健におけるＰＤＰやＧＡＶＩにおいてもゲイツ財団といった民間組織の役割が大きい。また、国際衛星通信の分野においては一九八〇年代以降、民営化の傾向がみられ、また、国際宇宙探査においても民間組織の役割強化が期待されている。

第二に、国際協力と科学技術利用の関係に関しては、科学技術利用のための国際協力と国際協力のための科学技術利用という双方の側面がみられる。科学技術外交に関する近年の議論に即していえば、科学技術のための外交と外交のための科学技術の関係と言い換えることもできる。本章で検討した事例でいえば、多くは前者に当たるが、冷戦後にロシアを招き入れた国際宇宙ステーションについては、後者の側面も大きかった。

第三に、国際協力への参加国のインセンティブには様々なものがある。分業に伴うコストの低下や効率的技術習得を目的にする場合もあれば、国内的政策正当化を目的とする場合もある。また、原子力共同研究の事例にみられるように、研究開発当事国にメンバーを限定する場合もあれば、技術の利用国も含めてメンバーを幅広く構成する場合もある。

参考文献

日本語文献

青木節子（二〇〇六）『日本の宇宙政策』慶應義塾大学出版会。

秋山信将（二〇一二）『核不拡散をめぐる国際政治――規範の遵守、秩序の変容』有信堂。

秋山信将（二〇一五）「核兵器不拡散条約（ＮＰＴ）の成り立ち」秋山信将編『ＮＰＴ――核のグローバル・ガバナンス』岩波書店。

浅田正彦（二〇〇四）「生物・化学兵器関連の輸出管理レジーム」浅田正彦編『兵器の拡散防止と輸出管理――制度と実践』有信堂。

阿部達也（二〇一一）『大量破壊兵器と国際法――国家と国債監視機関の協働を通じた現代的国際法実現プロセス』東信堂。

医学研究所／米国医療の質委員会（医学ジャーナリスト協会訳）（二〇〇〇）『人は誰でも間違える――より安全な医療システムを目指して』日本評論社。

石井美穂（二〇〇八）「ＴＲＩＰＳ協定における医薬品アクセス問題」隅蔵康一編著『知的財産政策とマネジメント』白桃書房。

一ノ瀬正樹（二〇一三）『放射線に立ち向かう哲学』筑摩書房。

伊藤正次（二〇〇六）「『特定総合調整機構』としての総合科学技術会議――『予算による調整』と『計画による調整』をめぐって」『公共政策研究』六号。

上野貴弘・城山英明・白取耕一郎（二〇〇七）「路面電車をめぐる社会意思決定プロセス」鈴木達治郎・城山英明・松本三和夫編『エネルギー技術導入の社会意思決定』日本評論社。

宇賀克也（二〇一〇ａ）「医療事故の原因究明・再発防止と行政処分――行政法的視点からの検討」『ジュリスト』一三九六号。

宇賀克也（二〇一〇ｂ）「運輸安全委員会の現状と課題」『ジュリスト』一三九九号。

宇賀克也（二〇一一）「『事故調査機関の在り方に関する検討会取りまとめ』について」『ジュリスト』一四三二号。

運輸安全委員会（二〇〇九）「警察庁との覚書関係資料」（福知山線脱線事故調査報告書に関わる検証メンバー会合第一回配布資

料6－1）(http://www.mlit.go.jp/jtsb/fukuchiyama/fukuchiyama.html)。

ＡＩネットワーク化検討会議（二〇一六）「中間報告書　ネットワーク化が拓く智連社会――第四次産業革命を超えた社会に向けて」(http://www.soumu.go.jp/main_content/000414122.pdf)。

ＡＩネットワーク社会推進会議（二〇一七）「報告書二〇一七――ＡＩネットワーク化に関する国際的議論の推進に向けて」(http://www.soumu.go.jp/main_content/000499624.pdf)。

エネルギー・環境の選択肢に関する討論型世論調査実行委員会（二〇一二）「エネルギー・環境の選択肢に関する討論型世論調査――調査報告書」(http://www.cas.go.jp/jp/seisaku/npu/kokumingiron/dp/120827_01.pdf)。

遠藤典子（二〇一三）『原子力損害賠償制度の研究――東京電力福島原発事故からの考察』岩波書店。

大上泰弘・神里彩子・城山英明（二〇〇八）「イギリス及びアメリカにおける動物実験規制の比較分析――日本の規制体制への示唆」『社会技術研究論文集』五巻。

大橋弘編（二〇一四）『プロダクト・イノベーションの経済分析』東京大学出版会。

大山耕輔（二〇〇二）『エネルギー・ガバナンスの行政学』慶應義塾大学出版会。

尾本彰・森脇正直・杉本純・中井良大（二〇〇七）「ＩＮＰＲＯ（革新的原子炉および燃料サイクル国際プロジェクト）の活動状況と今後の計画」『原子力学会誌』四九巻二号。

科学技術イノベーション政策推進有識者研究会（二〇一一）「科学技術イノベーション政策推進有識者研究会報告書」(http://www8.cao.go.jp/cstp/stsonota/kenkyukai/houkokusho.pdf)。

加治木紳哉（二〇一五）「原子力発電技術の導入・普及過程」城山英明編『大震災に学ぶ社会科学3　福島原発事故と複合リスク・ガバナンス』東洋経済新報社。

加藤浩徳・城山英明・中川善典（二〇〇五）「広域交通政策における問題把握と課題抽出手法――関東圏交通政策を事例とした分析」『社会技術研究論文集』三巻。

加藤浩徳・城山英明・深山剛（二〇〇九）「地方中核都市へのＬＲＴ導入をめぐる都市交通問題の構造化――宇都宮市を事例とした調査分析」『社会技術研究論文集』六巻。

鎌江伊三夫（二〇一七）「厚生労働省新ＨＴＡ制度　第1回　費用対効果の試行的導入」『医薬品医療機器レギュラトリーサイエンス』四八巻二号。

鎌江伊三夫・林良造・城山英明監修（二〇一三）『医療技術の経済評価と公共政策――海外の事例と日本の針路』じほう。

神里達博（二〇〇五）『食品リスク――BSEとモダニティ』弘文堂。

川崎哲（二〇一五）「『核の非人道性』をめぐる新たなダイナミズム」秋山信将編『NPT――核のグローバル・ガバナンス』岩波書店。

川出敏裕（二〇〇三）「事故調査と法的責任の追及」『ジュリスト』一二四五号。

菊池昌廣（二〇〇四）「国際保障措置強化に向けて」黒澤満編『大量破壊兵器の軍縮論』信山社。

岸本充生・松尾真紀子（二〇一三）「欧州諸国におけるナショナル・リスク・アセスメントの動向」『日本リスク学会第二六回年次大会講演論文集』。

木場隆夫（二〇〇二）「科学技術庁の政策形成過程」城山英明・細野助博編著『続・中央省庁の政策形成過程――その持続と変容』中央大学出版部。

久保はるか（二〇一六）「内閣の主導による将来の政策目標の決定と専門的知見の役割」『甲南法学』第五六巻三・四号。

グラハム、ジョン・D／ウィーナー、ジョナサン・B編（菅原努監訳）（一九九八）『リスク対リスク――環境と健康のリスクを減らすために』昭和堂。

黒崎輝（二〇〇六）『核兵器と日米関係――アメリカの核不拡散外交と日本の選択一九六〇―一九七六』有志舎。

黒澤満（二〇〇三）『軍縮国際法』信山社。

原子力委員会の在り方見直しのための有識者会議（二〇一二）「原子力委員会の在り方見直しについて」（http://www.cas.go.jp/jp/seisaku/genshiryoku_kaigi/pdf/houkoku.pdf）。

コーワン、ルース・シュウォーツ（高橋雄造訳）（二〇一〇）『お母さんは忙しくなるばかり――家事労働とテクノロジーの社会史』法政大学出版局。

国会事故調（東京電力福島原子力発電所事故調査委員会）（二〇一二）「調査報告書」（http://warp.da.ndl.go.jp/info:ndljp/pid/3856371/naiic.go.jp/blog/reports/main-report/）。

後藤晃（二〇一六）『イノベーション――活性化のための方策』東洋経済新報社。

古場裕司・畑中綾子・横山織江・村山明生・城山英明（二〇〇四）「米国における医療安全・質向上のための法システム」『社会技術研究論文集』第二巻。

小林信一（二〇一二a）「公的研究開発の現状と課題――本調査研究のねらい」『調査報告書　国による研究開発の推進』国立国会図書館（http://dl.ndl.go.jp/view/download/digidepo_3487152_po_20110204.pdf?contentNo=1）。

小林信一（二〇一二b）「研究開発におけるファンディングと評価——総論」『調査報告書　国による研究開発の推進』国立国会図書館（http://dl.ndl.go.jp/view/download/digidepo_3487162_po_20110214.pdf?contentNo=1）。

小林信一（二〇一四）「なぜ国立国会図書館で『科学技術プロジェクト』なのか？」『国立国会図書館月報』六四二号。

小林傳司（二〇〇四）『誰が科学技術について考えるのか——コンセンサス会議という実験』名古屋大学出版会。

サイモン、ハーバート・A（稲葉元吉・吉原英樹訳）（一九九九）『システムの科学　第3版』パーソナルメディア。

酒井啓亘・寺谷広司・西村弓・濱本正太郎（二〇一一）『国際法』有斐閣。

笹倉宏紀（二〇一一a）「事故調査と刑事司法（上）——『事故調査機関の在り方に関する検討会』の『取りまとめ』をめぐって」『ジュリスト』一四三二号。

笹倉宏紀（二〇一一b）「事故調査と刑事司法（下）——『事故調査機関の在り方に関する検討会』の『取りまとめ』をめぐって」『ジュリスト』一四三三号。

定方正毅（二〇〇〇）『中国で環境問題にとりくむ』岩波書店。

佐藤仁（二〇一一）『「持たざる国」の資源論——持続可能な国土をめぐるもう一つの知』東京大学出版会。

佐藤雅彦（二〇一五）「国家間の宇宙活動の法的ルール」小塚荘一郎・佐藤雅彦編『宇宙ビジネスのための宇宙法入門』有斐閣。

佐藤靖（二〇一六）「地球温暖化——国際的な科学的助言体制の構築」有本建男・佐藤靖・松尾敬子『科学的助言——二一世紀の科学技術と政策形成』東京大学出版会。

サスカインド、ローレンス・E／ジェフリー・L・クルックシャンク（城山英明・松浦正浩訳）（二〇〇八）『コンセンサス・ビルディング入門——公共政策の交渉と合意形成の進め方』有斐閣。

サミュエルズ、リチャード・J（奥田章順訳）（一九九七）『富国強兵の遺産——技術戦略にみる日本の総合安全保障』三田出版会。

サミュエルズ、リチャード・J（廣松毅監訳）（一九九九）『日本における国家と企業——エネルギー産業の歴史と国際比較』多賀出版。

サンスティーン、キャス（田沢恭子訳）（二〇一二）『最悪のシナリオ——巨大リスクにどこまで備えるのか』みすず書房。

自動車事故総合分析センター（二〇一五）『自動車事故統計年報　平成二六年度版』（http://www.itarda.or.jp/materials/publications2.php?page=5）。

標葉隆馬・林隆之（二〇一三）「研究開発評価の現在——評価の制度化・多元化・階層構造化」『科学技術社会論研究』第一〇号。

四ノ宮成祥（二〇一〇）「生物兵器禁止条約と生命科学領域のデュアルユース研究」『ＣＩＳＴＥＣジャーナル』一三〇号。

四ノ宮成祥（二〇一三）「生命科学領域におけるデュアルユース問題」四ノ宮成祥・河原直人編『生命科学とバイオセキュリティ――デュアルユース・ジレンマとその対応』東信堂。

四ノ宮成祥・河原直人（二〇一三）「生命科学とバイオセキュリティ」四ノ宮成祥・河原直人編『生命科学とバイオセキュリティ――デュアルユース・ジレンマとその対応』東信堂。

柴藤美子（二〇一五）「科学技術に関する調査プロジェクトを振り返る――五年目の節目を迎えて」『情報通信をめぐる諸課題（科学技術に関する調査　２０１４）』国立国会図書館（http://dl.ndl.go.jp/view/download/digidepo_9104305_po_20140211.pdf?contentNo=1）。

島薗進（二〇〇六）『いのちの始まりの生命倫理――受精卵・クローン胚の作成・利用は認められるのか』春秋社。

食品安全委員会（二〇一三）『食品安全委員会10年の歩み』（https://www.fsc.go.jp/iinkai/iinkai_10nen_ayumi_2507.pdf）。

調麻佐志（二〇一三）「科学計量学と評価」『科学技術社会論研究』一〇号。

城山英明（一九九七）『国際行政の構造』東京大学出版会。

城山英明（二〇〇〇ａ）「環境政策と企業戦略の交錯」『創文』四一八号。

城山英明（二〇〇〇ｂ）「中国石炭燃焼問題への国際的対応と国内・国際制度の影響」『環境共生』四巻。

城山英明（二〇〇三）「原子力安全規制の基本的課題」『ジュリスト』一二四五号。

城山英明（二〇〇四ａ）「安全確保のための法システム――責任追及と学習、第三者機関の役割、国際的調和化」『思想』九六三号。

城山英明（二〇〇四ｂ）「リスク評価の分離と内閣におけるその実施――食品安全委員会の設計と運用」総務省大臣官房企画課『公的領域の多元化と行政に関する調査研究報告書（平成一五年度）』。

城山英明（二〇〇四ｃ）「事故調査・情報収集と法システム――日米比較」『日本機械学会誌』一〇七巻一〇二七号。

城山英明（二〇〇五ａ）「医療過誤への対応と医療安全の確保」『現代のエスプリ』四五八号。

城山英明（二〇〇五ｂ）「食品安全規制の差異化と調和化――科学的知識、経済的利益と政策判断の交錯」城山英明・山本隆司編著『融ける境超える法⑤　環境と生命』東京大学出版会。

城山英明（二〇〇五ｃ）「環境規制の国際的調和化とその限界――日米欧における自動車環境規制の調和化とアジアにおける含意」寺尾忠能・大塚健司編『アジアにおける環境政策と社会変動』アジア経済研究所。

城山英明（二〇〇六a）「民間機関による規格策定と行政による利用」『ジュリスト』一三〇七号。

城山英明（二〇〇六b）「内閣機能の強化と政策形成過程の変容――外部者の利用と連携の確保」『年報行政研究』四一巻。

城山英明（二〇〇七a）「リスク評価・管理と法システム」城山英明・西川洋一編『法の再構築Ⅲ　科学技術の発展と法』東京大学出版会。

城山英明（二〇〇七b）「科学技術ガバナンスの機能と組織」城山英明編『科学技術ガバナンス』東信堂。

城山英明編（二〇〇七c）『科学技術ガバナンス』東信堂。

城山英明（二〇〇七d）「越境する日本の安全保障貿易管理」『公共政策研究』七号。

城山英明（二〇〇八）「技術変化と政策革新――フレーミングとネットワークのダイナミズム」城山英明・大串和雄編『政治空間の変容と政策革新①　政策革新の理論』東京大学出版会。

城山英明（二〇一〇a）「原子力安全委員会の現状と課題」『ジュリスト』一三九九号。

城山英明（二〇一〇b）「テクノロジーアセスメントの展望と課題」『ジュリスト』一四〇九号。

城山英明（二〇一〇c）「プロジェクト型共同研究の枠組み・マネジメント・含意」日本行政学会編『年報行政研究（行政学と共同研究）』四五号。

城山英明（二〇一〇d）「日本における参加型政策形成の現状と課題」『都市計画』五九巻四号。

城山英明（二〇一一a）「エネルギー政策形成過程の現状と課題」『都市問題』一〇二巻一〇号。

城山英明（二〇一一b）「環境問題と政治」苅部直・宇野重規・中本義彦編『政治学をつかむ』有斐閣。

城山英明（二〇一二）「原子力安全規制政策――戦後体制の修正・再編成とそのメカニズム」森田朗・金井利之編著『政策変容と制度設計――政界・省庁再編前後の行政』ミネルヴァ書房。

城山英明（二〇一三a）「科学技術イノベーション政策の政治学」『研究技術計画』二八巻一号。

城山英明（二〇一三b）『国際行政論』有斐閣。

城山英明（二〇一三c）「つなぐ人材・見渡す組織――複合リスクマネジメントの課題と対応」『アステイオン』七八号。

城山英明（二〇一五）「リスクの拡散と連動にどう対応するか」遠藤乾編『シリーズ日本の安全保障8　グローバル・コモンズ』岩波書店。

城山英明（二〇一六）「複合リスクとグローバルガバナンス――機能的アプローチの展開と限界」杉田敦編『岩波講座現代4　グローバル化のなかの政治』岩波書店。

城山英明・児矢野マリ（二〇一三）「原子力の平和利用の安全に関する条約等の国内実施」『論究ジュリスト』七号。

城山英明・菅原慎悦・土屋智子・寿楽浩太（二〇一五）「事故後の原子力発電技術ガバナンス」城山英明編『大震災に学ぶ社会科学3　福島原発事故と複合リスク・ガバナンス』東洋経済新報社。

城山英明・鈴木達治郎（二〇〇八）「巨大科学技術の政策システム――高速増殖炉と国際宇宙ステーションを中心に」城山英明編『政治空間の変容と政策革新6　科学技術のポリティクス』東京大学出版会。

城山英明・鈴木寛・細野助博編著（一九九九）『中央省庁の政策形成過程――日本官僚制の解剖』中央大学出版部。

城山英明・平野琢・奥村裕一（二〇一五）「事故前の原子力安全規制」城山英明編『大震災に学ぶ社会科学3　福島原発事故と複合リスク・ガバナンス』東洋経済新報社。

城山英明・村山明夫・梶村功（二〇〇三）「米国における航空事故をめぐる安全確保の法システム」『社会技術研究論文集』一巻。

城山英明・吉澤剛・秋吉貴雄・田原敬一郎（二〇〇八）『平成一九年度内閣府経済社会総合研究所委託事業　政策及び政策分析研究報告書――科学技術基本計画の策定プロセスにおける知識利用』政策科学研究所。

城山英明・吉澤剛・松尾真紀子（二〇一一）「ＴＡ（テクノロジーアセスメント）の制度設計における選択肢と実施上の課題――欧米における経験からの抽出」『社会技術研究論文集』八巻。

城山英明・吉澤剛・松尾真紀子・畑中綾子（二〇一〇）「制度化なき活動――日本におけるＴＡ（テクノロジーアセスメント）及びＴＡ的活動の限界と教訓」『社会技術研究論文集』七巻。

消費者庁（二〇一一）「事故調査機関の在り方に関する検討会取りまとめ」（http://www.caa.go.jp/safety/pdf/matome.pdf）。

新藤宗幸（二〇〇二）『技術官僚――その権力と病理』岩波書店。

杉島正秋（二〇一二）「生物兵器の禁止」黒澤満編『軍縮問題入門　第4版』東信堂。

杉田尚子（二〇一六）「日本の宇宙政策とガバナンス」東京大学公共政策大学院・宇宙航空研究開発機構『二〇一五年度東京大学公共政策大学院・宇宙航空研究開発機構（ＪＡＸＡ）共同研究プロジェクト成果報告書――宇宙政策ハンドブック第一部本編』。

スコルニコフ、ユージン・Ｂ（薬師寺泰蔵・中馬清福監訳）（一九九五）『国際政治と科学技術』ＮＴＴ出版。

鈴木一人（二〇一一）『宇宙開発と国際政治』岩波書店。

鈴木淳（二〇一〇）『科学技術政策（日本史リブレット100）』山川出版社。

鈴木達治郎・城山英明（二〇〇六）「巨大科学技術プロジェクトのガバナンス――自主開発と国際協力の事例分析」東京大学21

世紀COEプログラム先進国における《政策システム》の創出（Working Paper）。

鈴木達治郎・城山英明・武井摂夫（二〇〇五）「原子力安全規制における米国産業界の自主規制体制等民間機関の役割とその運用経験――日本にとっての示唆」『社会技術研究論文集』三巻。

鈴木達治郎・田所昌幸・城山英明・青木節子・久住涼子（二〇〇四）「日本の安全保障貿易管理――その実践と課題」『国際安全保障』三二巻二号。

政府事故調（東京電力福島原子力発電所における事故調査・検証委員会）（二〇一一）「中間報告」（http://www.cas.go.jp/jp/seisaku/icanps/post-1.html）。

政府事故調（東京電力福島原子力発電所における事故調査・検証委員会）（二〇一二）「最終報告」（http://www.cas.go.jp/jp/seisaku/icanps/post-2.html）。

瀬戸山順一（二〇一五）「内閣官房・内閣府の業務のスリム化――内閣の重要政策に関する総合調整等に関する機能の強化のための国家行政組織法等の一部を改正する法律案」『立法と調査』三六四号。

ダイアモンド、ジャレド（倉骨彰訳）（二〇一二）『銃・病原菌・鉄』上・下、草思社。

武石彰・青島矢一・軽部大（二〇一二）『イノベーションの理由――資源動員の創造的正当化』有斐閣。

田城孝雄・畑中綾子（二〇一五）「震災への医療システムの対応の経緯と課題」城山英明編『大震災に学ぶ社会科学3　福島原発事故と複合リスク・ガバナンス』東洋経済新報社。

田中極子（二〇一一）「バイオ脅威への対応――生物化学兵器禁止条約の国内実施能力強化」『日本リスク学会誌』二一巻二号。

谷口武俊・土屋智子（二〇一五）「科学技術や原子力発電に対する市民及び専門家の意識――福島第一原子力発電所の事故の以前と以後」城山英明編『大震災に学ぶ社会科学3　福島原発事故と複合リスク・ガバナンス』東洋経済新報社。

タレブ、ナシーム・ニコラス（望月衛訳）（二〇〇九）『ブラック・スワン――不確実性とリスクの本質』上・下、ダイヤモンド社。

チェン、ファンティン（二〇一七）『重複レジームと気候変動交渉――米中対立から協調、そして「パリ協定」へ』現代図書。

千々和泰明（二〇一五）『変わりゆく内閣安全保障機構――日本版NSC成立への道』原書房。

千村浩（二〇〇三）「厚生労働省における健康危機管理体制」『保健医療科学』五二巻二号。

土屋大洋（二〇一五）『サイバーセキュリティと国際政治』千倉書房。

恒川惠市編（二〇一五）『大震災に学ぶ社会科学7　大震災・原発危機下の国際関係』東洋経済新報社。

中川善典・城山英明・黒田光太郎・鈴木達治郎（二〇〇八）「ナノテクノロジーの社会的影響――インタビューと問題構造化手法を用いた認知マップによる分析」『科学技術社会論研究』六号。

中島秀人（二〇〇八）『社会の中の科学』放送大学教育振興会。

夏目賢一（二〇一七）「一九五〇―六〇年代日本における産学協同の推進と批判」『科学技術社会論研究』一二号。

西田充（二〇一五）「再検討プロセスにおけるグループ・ポリティクス」秋山信将編『NPT――核のグローバル・ガバナンス』岩波書店。

日本学術会議（二〇〇〇）「交通事故調査のあり方に関する提言――安全工学の観点から（人間と工学研究連絡委員会安全工学専門委員会）」（http://www.scj.go.jp/ja/info/kohyo/pdf/kohyo-17-t933-6.pdf）。

ネルソン、リチャード・R（後藤晃訳）（二〇一二）『月とゲットー――科学技術と公共政策』慶應義塾大学出版会。

畑中綾子・武市尚子・城山英明（二〇〇六）「医療事故調査のための第三者機関創設への課題――診療行為に関連した死亡の調査分析に関するモデル事業を素材として」『社会技術研究論文集』四巻。

畑村洋太郎（二〇〇〇）『失敗学のすすめ』講談社。

服部健吾（二〇〇三）「事故調査における情報の取扱いを巡って」『社会技術研究論文集』一巻。

樋川和子（二〇一五）「核不拡散と平和利用」秋山信将編『NPT――核のグローバル・ガバナンス』岩波書店。

樋口範雄（二〇一〇）「医療安全と法の役割」『ジュリスト』一三九六号。

菱山豊（二〇一〇）『ライフサイエンス政策の現在――科学と社会をつなぐ』勁草書房。

平川秀幸（二〇〇七）「リスクガバナンス――コミュニケーションの観点から」城山英明編『科学技術ガバナンス』東信堂。

平川秀幸（二〇一〇）『科学は誰のものか――社会の側から問い直す』NHK出版。

平川秀幸・城山英明・神里達博・中島貴子・藤田由紀子（二〇〇五）「日本の食品安全行政改革と食品安全委員会」『科学』七五巻一号。

廣野喜幸（二〇〇五）「薬害エイズ問題の科学技術社会論的分析に向けて」藤垣裕子編『科学技術社会論の技法』東京大学出版会。

ファウンティン、ジェーン・E（奥村裕一訳）（二〇〇五）『仮想国家の建設――米国に見る情報技術と行政制度の変容』一藝社。

深山剛・加藤浩徳・城山英明（二〇〇七）「富山ではなぜLRT導入に成功できたのか？――政策プロセスの観点からみた分析」『運輸政策研究』一〇巻一号。

藤垣裕子（二〇〇三）『専門知と公共性――科学技術社会論の構築に向けて』東京大学出版会。

藤田由紀子（二〇〇八）『公務員制度と専門性――技術系行政官の日英比較』専修大学出版局。

ベアーズ、ブリッタ・ヴァン（神里彩子訳）（二〇〇七）「生まれない権利？」城山英明・西川洋一編『法の再構築Ⅲ　科学技術の発展と法』東京大学出版会。

ヘッサー、レオン（岩永勝訳）（二〇〇九）『〝緑の革命〟を起した不屈の農学者　ノーマン・ボーローグ』悠書館。

堀井秀之編（二〇〇六）『安心安全のための社会技術』東京大学出版会。

牧野守邦（二〇〇四）「核兵器関連の輸出管理レジーム」浅田正彦編『兵器の拡散防止と輸出管理――制度と実践』有信堂。

牧原出（二〇〇九）『行政改革と調整のシステム』東京大学出版会。

マクニール、ウィリアム・H（佐々木昭夫訳）（二〇〇七）『疾病と世界史』上・下、中央公論新社。

マクニール、ウィリアム・H（高橋均訳）（二〇一四）『戦争の世界史――技術と軍隊と社会』上・下、中央公論新社。

松尾真紀子（二〇一三）「日本の食品安全ガバナンスのこれまでとこれから――制度設計からの考察」『日本リスク研究学会誌』二三巻三号。

松尾真紀子（二〇一五）「食品中の放射性物質を巡る問題の経緯とそのガバナンス」城山英明編『大震災に学ぶ社会科学3　福島原発事故と複合リスク・ガバナンス』東洋経済新報社。

身崎成紀・城山英明（二〇〇五）「安全確保に向けた損害保険制度設計オプションと評価の視点の検討」『社会技術研究論文集』三巻。

身崎成紀・城山英明・廣瀬久和（二〇〇三）「社会安全確保のための損害保険の予防的機能」『社会技術研究論文集』一巻。

宮本直樹（二〇〇四）「ニュークリア・セキュリティ――国際機関の果たすべき役割」黒澤満編『大量破壊兵器の軍縮論』信山社。

村上裕一（二〇〇九）「官民協働による社会管理――自動車安全のための技術基準策定プロセスを素材として」『国家学会雑誌』一二二巻九・一〇号。

村上裕一（二〇一五）「『司令塔機能強化』のデジャ・ヴュ――我が国の科学技術政策推進体制の整備を例に」『年報公共政策学』九号。

元田結花・工藤康彦・城山英明・加藤浩徳・辻宣行（二〇〇九）「地方自治体の持続可能性に関する関係アクターの問題構造認識――北海道富良野市を事例として」『社会技術研究論文集』六巻。

山口栄一（二〇一六）『イノベーションはなぜ途絶えたか——科学立国日本の危機』筑摩書房。

山根裕子（二〇〇八）『知的財産権のグローバル化——医薬品アクセスとＴＲＩＰＳ協定』岩波書店。

山本隆司（二〇〇七）「学問と法」城山英明・西川洋一編『法の再構築Ⅲ　科学技術の発展と法』東京大学出版会。

行松泰弘（二〇一七）「人工衛星等の打上げ及び人工衛星の管理に関する法律（宇宙活動法）の概要について」『ジュリスト』一五〇六号。

吉岡斉（二〇一一）『新版　原子力の社会史——その日本的展開』朝日新聞出版。

吉澤剛（二〇〇九）「日本におけるテクノロジーアセスメント——概念と歴史の再構築」『社会技術研究論文集』六巻。

吉澤剛（二〇一六）「開かれた時代におけるバイオセキュリティ」『ＣＩＳＴＥＣジャーナル』一六五号。

リーズン、ジェームズ（塩見弘監訳）（一九九九）『組織事故——起こるべくして起こる事故からの脱出』日科技連。

ワート、スペンサー・Ｒ（増田耕一・熊井ひろ美訳）（二〇〇五）『温暖化の〈発見〉とは何か』みすず書房。

英語文献

Agrawala, Shardul (1998), "Structural and Process History of the Intergovernmental Panel on Climate Change", *Climate Change*, 39.
Benedick, Richard Elliot (1991), *Ozone Diplomacy : New Directions in Safeguarding the Planet*, Cambridge : MA, Harvard University Press.
Bergek, Anna et al. (2008), "Analyzing the functional dynamics of technological innovation systems : A scheme of analysis", *Research Policy*, Vol. 37.
Broerse, Jacqueline E. W. and Grin, John eds., (2017), *Toward Sustainable Transitions in Healthcare Systems*, Oxford, Routledge.
Brooks, Harvey (1994), "The Relationship between Science and Technology", *Research Policy*, Vol. 23.
Brown G. G. and Cox. LA Jr. (2011), "How Probabilistic Risk Assessment Can Mislead Terrorism Risk Analysis", *Risk Analysis*, Vol. 31-2.
Bush, Vannevar (1945), "Science : The Endless Frontier : A Report to the President" (https://www.nsf.gov/od/lpa/nsf50/vbush1945.htm).
Cameron, James and Abouchar, Juli (1991), "The Precautionary Principle : A Fundamental Principle of Law and Policy for the

Protection of the Global Environment", *Boston College International and Comparative Law Review*, Vol. 14-1.

Carpenter, Daniel (2010), *Reputation and Power : Organizational Image and Pharmaceutical Regulation at the FDA*, Princeton : NJ, Princeton University Press.

CGIAR (2012), "The CGIAR at 40- Institutional Evolution of the World's Premier Agricultural Research Network", CGIAR.

Cohen, John (2016), "New Vaccine Coalition Aims to Ward off Epidemics" (http://www.sciencemag.org/news/2016/09/new-vaccine-coalition-aims-ward-epidemics).

Cruz, Anna Maria, Steinberg, Laura J., Vetere Arellano, Ana Lisa, Nordvik, Jean-Pierre, and Pisaro, Francesco (2004), "State of the Art in Natech Risk Management", European Commission Joint Research Center.

David, Paul A. (1985), "Clio and the Economics of QWERTY", *The American Economic Review*, Vol. 75-2.

Dunleavy, Patrick and Margetts, Helen et al. eds. (2006), *Digital Era Governance*, Oxford, Oxford University Press.

Feakes, Daniel, Rappert, Brian and McLeish, Caitriona (2007), "Introduction : A Web of Prevention?" in Rappert, Brian and McLeish, Caitriona, eds. *A Web of Prevention : Biological Weapons, Life Sciences and the Governance of Researc*h, New York : NY, Routledge.

Freeman, Chris (1995), "The 'National System of Innovation' in historical perspective", *Cambridge Journal of Economics*, Vol. 19.

Freeman, Judy (2000), "The Private Role in Public Governance", *New York University Law Review*, Vol. 75-3.

Geels, Frank W. (2002), "Technological Transitions as Evolutionary Reconfiguration Processes : A Multi-level Perspective and a Case Study," *Research Policy*, Vol. 31-8/9.

Geels, Frank W. (2004), "From sectoral systems of innovation to socio-technical systems : Insights about dynamics and change from sociology and institutional theory", *Research Policy*, Vol. 33.

Gieryn, Thomas F. (1983), "Boundary Work and the Demarcation of Science from Non-Science : Strains and Interests in Professional Ideologies of Scientists", *American Sociological Review*, Vol. 48-6.

Glennerster, Rachel and Kremer, Michael (2000), "Better Way to Spur Medical Research and Development", *Regulation*, Vol. 23-2.

Gostin, Lawrence O. (2014), *Global Health Law*, Cambridge : MA, Harvard University Press.

Gronvall, Gigi Kwik (2005), "A New Role for Scientists in the Biological Weapons Convention", *Nature Biotechnology*, Vol. 23-10.

Guston, David H. (1996), "Principal-agent theory and the structure of science policy", *Science and Public Policy*, Vol. 23-4.7.

Guston, David H. and Sarewitz, Daniel (2002), "Real-time Technology Assessment", *Technology in Society*, Vol. 24.
Haas, Peter M. (1992), "Introduction : Epistemic Communities and International Policy Coordination", *International Organization*, Vol. 46-1.
Helbing, Dirk (2013), "Perspective-Globally Networked Risks and How to Respond", *Nature*, Vol. 497.
Heller, Michael A. and Eisenberg, Rebecca S. (1998), "Can Patents Deter Innovation? The Anticommons in Biomedical Research", *Science*, Vol. 280.
Heng, Yee-Kuang (2006), *War as Risk Management : Strategy and Conflict in an Age of Globalized Risks*, New York : NY, Routledge.
Herrera, Geoffrey L. (2006), *Technology and International Transformation*, Albany : NY, State University of New York Press.
Hood, Christopher (2002), "The Risk Game and the Blame Game", *Government and Opposition*, Vol. 37-1.
Hood, Christopher, Rothstein, Henry, and Baldwin, Robert (2001), *The Governance of Risk : Understanding Risk regulation Regimes*, Oxford, Oxford University Press.
Hughes, Thomas P. (1999a), "Evolution of Large Technological Systems", in Wiebe E. Bijker, Thomas P. Hughes and Trevor Pinch eds., *The Social Construction of Technological Systems*, Cambridge : MA, MIT Press.
Hughes, Thomas P. (1999b), "Edison and electric light" in Donald MacKenzie and Judy Wajcman eds., *The Social Shaping of Technology* (Second edition), Berkshire, Open University Press.
InterAcademy Council (2010), "Climate Change Assessments : Review of the Process and Procedures of the IPCC".
IPCC (1995), "Climate Change 1995 The Science of Climate Change : Contribution of Working Group I to the Second Assessment Report of the Intergovernmental Panel on Climate Change".
IPCC (2001), "Climate Change 2001 : Synthesis Report Summary for Policymakers".
IPCC (2014), "Climate Change 2014 : Mitigation of Climate Change Summary for Policymakers".
ISECG (2013), "The Global Exploration Roadmap" (https://www.globalspaceexploration.org/wordpress/wp-content/uploads/2013/10/GER_2013.pdf).
Jasanoff, Sheila (1987), "Contested Boundaries in Policy-Relevant Science", *Social Studies of Science*, Vol. 17-2.
Jasanoff, Sheila (1990), *The Fifth Branch : Science Advisers as Policy Makers*, Cambridge : MA, Harvard University Press.

Kato, Hironori, Shiroyama, Hideaki, and Nakagawa, Yoshinori (2014), "Public policy structuring incorporating reciprocal expectation analysis", *European Journal of Operational Research*, Vol. 233.

Kemp, Rene, Schot, Johan and Hoogma, Remco (1998), "Regime Shift to Sustainability through Processes of Niche Formation : The Approach of Strategic Niche Management", *Technology Analysis and Strategic Management,* vol. 10.

Levine, Richard C., Klevorick, Alvin K., Nelson, Richard R., and Winter, Sidney G. (1987), "Appropriating the Returns from Industrial Research Development", *Brookings Papers on Economic Activity*, 1987, No. 3.

Linkov, Igor, Trump, Benjamin D., and Fox-Lent, Cate (2016), "Resilience : Approaches to Risk Analysis and Governance – An introduction to the IRGC Resource Guide on Resilience" (https://www.irgc.org/wp-content/uploads/2016/Linkov-Trump-Fox-Lent-Resilience-Approaches-to-Risk-Analysis-and-Governance-1.pdf).

Loorbach, Derk (2007), *Transition Management : New Mode of Governance for Sustainable Development*, Utrecht, International Books.

Loorbach, Derk (2010), "Transition Management for Sustainable Development : A Prescriptive, Complexity-Based Governance Framework," *Governance*, Vol. 23-1.

Loorbach, Derk (2013), "Transition Management : Science, Governance and Entrepreneurship for Sustainable Transitions", presentation at the University of Tokyo, 12th July 2013.

Malerba, Franco (2002), "Sectoral systems of innovation and production", *Research Policy*, Vol. 31.

Moran, M., Guzman, J., Ropars, A. L. and Illmer, A. (2010), "The Role of Product Development Partnership in Research and Development for Neglected Diseases", *International Health*, Vol. 2.

Nakagawa, Yoshinori, Shiroyama, Hideaki, Kuroda, Kotaro and Suzuki, Tatsujiro (2010), "Assessment of social implications of nanotechnologies in Japan : application of problem structuring method based on interview surveys and cognitive maps", *Technological Forecasting and Social Change*, Vol. 77-4.

NEA (2008), "NEA 50 Anniversary" (https://www.oecd-nea.org/general/reports/nea6365-50th-historical.pdf).

Nye, Joseph (2014), "The Regime Complex for Managing Global Cyber Activities", Global Commission on Internet Governance (https://cigionline.org/sites/default/files/gcig_paper_nol.pdf).

Perrow, Charles (1999), *Normal Accidents : Living with High-Risk Technologies*, Princeton : NJ, Princeton University Press.

Petersen, Arthur C. (2006), *Simulating Nature : A Philosophical Study of Computer-Simulation Uncertainties and Their Role in Climate Science and Policy Advice*, Amsterdam, Het Spinhuis.

Polanyi, Michael (1962), "The Republic of Science : Its Political and Economic Theory", *Minerva*, Vol. 1-1.

Rees, Joseph V. (1994), *Hostages of Each Other : The Transformation of Nuclear Safety since Three Mile Island*, Chicago : IL, The University of Chicago Press.

Renn, Ortwin (1995), "Style of Using Scientific Expertise," *Science and Public Policy*, Vol. 22-3.

Rogers, Michael (2001), "Scientific and technological uncertainty, the precautionary principle, scenarios and risk management", *Journal of Risk Research*, Vol. 4-1.

Rosenberg, Nathan (1991), "Critical Issues in Science Policy Research", *Science and Public Policy*, Vol. 18-6.

Scholz, Roland W. (2011), *Environmental Literacy in Science and Society : From Knowledge to Decisions*, Cambridge : UK, Cambridge University Press.

Schot, Johan and Rip, Arie (1997), "The Past and Future of Constructive technology Assessment", *Technological Forecasting and Social Change*, Vol. 54-2/3.

Shiroyama, Hideaki (2017), "Transition Management for Sustainable Cities - The Dynamism of Local Experiments and Roles of Informal Networks in Japan", paper presented at The Third International Conference on Public Policy at NUS in Singapore, 28th June 2017.

Shiroyama, Hideaki, Katsuma, Yasushi and Matsuo, Makiko (2016), "Rebuilding Global Health Governance - Recommendation for the G 7", *PARI Policy Brief* (http://pari.u-tokyo.ac.jp/publications/policy_brief_160513_globalhealthgovernance.pdf).

Shiroyama, Hideaki and Kajiki, Shinya (2016), "Case Study of Eco-Town Project in Kitakyushu - Tension among incumbents and the transition from industrial city to green city", in Loorbach, Derk, Wittmayer, Julia, Shiroyama, Hideaki, Fujino, Junichi and Mizuguchi, Satoru eds., *Governance of Urban Sustainability Transitions : European and Asian Experiences*, Tokyo, Springer.

Singer, Peter W. and Friedman, Allan (2014), *Cybersecurity and Cyberwar : What Everyone Needs to Know*, Oxford, Oxford University Press.

Slovic, Paul (1987), "Perception of Risk", *Science*, Vol. 236.

Sornette, Didier (2009), "Dragon-Kings, Black Swans and the Prediction of Crises", *International Journal of Terraspace and*

Engineering, Vol. 2-1.

Stokes, Donald E. (1997), *Pasteurs Quadrant : Basic Science and Technological Innovation*, Washington, D. C., The Brookings Institution.

Tran, Thien A. and Daim, Tugrul (2008), "A Taxonomic Review of Methods and Tools Applied in Technology Assessment", *Technology Forecasting & Social Change*, Vol. 75.

Van Der Loo, Frans and Loorbach, Derk (2012), "The Dutch Energy Transition Project (2000-2009)", in Verbong, Geert and Loorbach, Derk eds., *Governing the Energy Transition : Reality, Illusion or Necessity?* New York : NY, Routledge.

Van Evera, Stephen (1999), *Causes of War : Power and the Roots of Conflict*, Ithaca : NY, Cornell University Press.

Verbong, Geert and Loorbach, Derk eds. (2012), *Governing the Energy Transition : Reality, Illusion or Necessity?*, New York : NY, Routledge.

Vogel, David (1995), *Trading Up : Consumer and Environmental Regulation in a Global Economy*, Cambridge : MA, Harvard University Press.

Voss, Jan-Peter, Smith, Adrian and Grin, John (2009), "Designing Long-term Policy : Rethinking Transition Management", *Policy Science*, Vol. 42.

Weinberg, Alvin M. (1974), "Science and Trans-Science", *Minerva*, Vol. 10-2.

Wiener, Jonathan B. and Rogers, Michael D. (2002), "Comparing precaution in the United States and Europe", *Journal of Risk Research*, Vol. 5-4.

Winner, Langdon (1986), *The Whale and the Reactor : A Search for Limits in an age of High Technology*, Chicago : IL, The University of Chicago Press.

Yarime, Masaru, Shiroyama, Hideaki, and Kuroki, Yusuke (2008), "The Strategy of the Japanese Auto Industry in Developing Hybrid and Fuel-cell Vehicles", in Lynk K. Mytelka, Grant Boyle, eds., *Making Choices about Hydrogen : Transport Issues for Developing Countries*, Tokyo, United Nations University Press.

Zywicki, Todd J. (1999), "Environmental Externalities and Political Externalities : The Political Economy of Environmental Regulation and Reform", *Tulane Law Review*, Vol. 73.

おわりに

筆者は、政治学の中でも行政学、特に国際行政という分野を主たる対象として研究を開始した。ところが、一九九六年に発足した東京大学、マサチューセッツ工科大学（ＭＩＴ）、スイス連邦工科大学（ＥＴＨ）間の学際的共同研究であるＡＧＳ（人間地球圏の存続を求める国際学術協力：Alliance for Global Sustainability）に関わり、一九九七年から一九九九年にかけてＭＩＴの国際研究センターに留学したことが契機となり、科学技術と政治の交錯領域に関する研究をも幅広く行うこととなった。国際行政における最初の研究対象も国際通信行政、国際海事行政、国際航空行政であったので、確かに科学技術と政治の接点を当初から対象としていたともいえるが、学際的な研究を通して、科学技術をある程度内在的に理解し、その中にいかに政治が埋め込まれているのかという視座を獲得することができたように思う。

そして、留学からの帰国後、数々の科学技術に関わる学際的な研究・教育プロジェクトに関わることとなった。主要なものとしては、社会技術研究システム「ミッションプログラム：安全性に係わる社会問題解決のための知識体系の構築・法システム研究グループ」（科学技術振興機構及び当初は日本原子力研究所：二〇〇一～二〇〇五年）、人文・社会科学振興のためのプロジェクト研究事業「科学技術ガバナンスプロジェクト」（日本学術振興会：二〇〇三～二〇〇七年）、社会技術研究開発センター：科学技術と社会の相互作用領域「先端技術の社会影響評価（テクノロジーアセスメント）手法の開発と社会への定着プロジェクト」（科学技術振興機構：二〇〇七～二〇一〇年）、科学技術イノベーション政策における「政策のための科学」(文部科学省：二〇一一年～)がある。

このような研究等と平行して、二〇〇四年に設置された東京大学公共政策大学院において、二〇〇五年から「科学技術と公共政策」と題する総論的な授業を行うようになった(二〇一〇年からは英語で "Science, Technology and Public Policy" として実施している)。また、電子政府、海洋政策、宇宙政策、人工知能と社会、テクノロジーアセスメント等の各論に関する授業・演習も共同で行ってきた。本書は、これまでの科学技術に関する学際的研究を基礎に、このような授業における教科書としての役割を果たすことを目的として執筆した。

これまで筆者が主として対象としてきたのは、電気通信、原子力、宇宙、食品、交通といった分野であった。他方、最近では、人工知能、新たな生命科学といった分野が重要になりつつある。このような分野はより分散的な構造を持つとともに、人間と機械の役割分担や社会の意思決定のあり方にもより大きな含意を持つように思われる。今後は、このような分野に関する研究も進めていきたい。

最後に、MIT国際研究センターの受け入れ研究者となっていただき、以後も様々な形で科学技術と政治に関わる示唆をいただいてきたオーエ(Kenneth Oye)先生、様々な学際的研究・教育プロジェクトを支援してくださった方々、また辛抱強く編集作業にあたっていただいたミネルヴァ書房編集部の田引勝二氏に謝意を表したい。

二〇一八年二月二三日

城山英明

科学技術政策史年表

年	主な出来事	国内	海外・国際
一七六九			ワット、蒸気機関を改良。
一七七六	アメリカ独立宣言。		
一七八九	フランス革命。		
一八六八	明治維新。		
一八七〇		工部省設置。	
一八七七		東京大学設置。	
一八八〇			エジソン、電気照明会社設立。
一八八一		農商務省設置。	
一九一四	第一次世界大戦勃発。		
一九一六			[米] 全米研究評議会（NRC）設置。
一九一九	国際連盟設立。		
一九二五			ジュネーブ議定書採択。
一九二七		資源審議会設置（内閣）。	
一九二九	ウォール街株式大暴落（世界大恐慌）。		
一九三二			国際電気通信連合（ITU）設立（国際電信連合と国際無線電信連合が合併）。
一九三七		企画院設置（内閣）。	

一九三八		科学審議会設置（内閣）。	
一九三九	第二次世界大戦勃発。	科学部設置（企画院）。	
一九四一		科学技術新体制確立要綱決定。	
一九四二		技術院設置（内閣）。	
一九四五	国際連合設立。 ［米］広島・長崎へ原爆投下。 ポツダム宣言受諾。		
一九四六			［米］アメリカ原子力委員会設立。
一九四七		資源調査会設置（経済安定本部）。	
一九四八		工業技術庁設置（商工省）。	世界保健機関（ＷＨＯ）設立。
一九四九	［ソ連］原爆実験に成功。		
一九五〇			［米］国立科学財団設置。
一九五一	日米安全保障条約調印。		国際衛生規則（ＩＳＲ）制定（ＷＨＯ）。
一九五二	サンフランシスコ平和条約発効。		
一九五三	アイゼンハワー、国連で原子力の平和利用呼びかけ。		
一九五四	第五福竜丸事件。	原子力予算成立。	
一九五五		原子力基本法、原子力委員会設置法成立。	
一九五六		日本原子力産業会議設立。 科学技術庁設置。 財団法人原子力研究所設立。	
一九五七	［ソ連］世界初の人工衛星打上げ。	炉規制法（原子炉等規制法）成立。 日本原子力発電株式会社（原電）設立。	国際原子力機関（ＩＡＥＡ）設立。

一九五八			[欧州] ＥＵＲＡＴＯＭ（欧州原子力共同体）設立。[米] アメリカ航空宇宙局（ＮＡＳＡ）設置。国連欧州経済委員会（ＵＮＥＣＥ）「自動車及び部品の認証とその相互承認の統一条件に関する協定」採択。
一九五九		科学技術会議設置（総理府）。	一〇カ国軍縮委員会設立。
一九六〇	国民所得倍増計画策定。	科学技術会議第一号答申。宇宙開発審議会設置（総理府）。	[フィリピン]「国際稲研究所（ＩＲＲＩ）」設立。
一九六一	[米] アポロ計画（〜七五年）。	原子力損害賠償法成立。	
一九六二	キューバ危機。		一八カ国軍縮委員会設立。
一九六三		動力試験炉（ＪＰＤＲ）初の原子力発電に成功。	ＣＯＤＥＸ委員会（Codex Alimentarius Commission）設立（ＦＡＯとＷＨＯの共同プログラム）。
一九六四	東京オリンピック。[中国] 原爆実験に成功。	東京大学宇宙航空研究所（ＩＳＡＳ）設置。	インテルサット（ＩＮＴＥＬＳＡＴ）設立（暫定協定）。
一九六五		総合エネルギー調査会設置（通産省）。	
一九六六			[メキシコ]「国際トウモロコシ・小麦改良センター（ＣＩＭＭＹＴ）」設立。
一九六七			宇宙条約採択。[米] ＮＴＳＢ（国家運輸安全委員会：National Transport Safety Board）設置。
一九六八		宇宙開発委員会設置（宇宙開発審議会	

		を改組）。	
一九六九	［米］人類初の月面着陸。	宇宙開発事業団（ＮＡＳＤＡ）設立。	
一九七〇		科学技術庁計画局テクノロジーアセスメント研究開始。 東京大学宇宙航空研究所　日本初の人工衛星「おおすみ」打上げ成功。 宇宙開発委員会　宇宙開発計画改定（自主開発路線からアメリカからの技術導入へ）。	［米］大気清浄法＝マスキー法成立。 核兵器不拡散条約（ＮＰＴ）発効。
一九七一			包括的保障措置協定（ＩＮＦＣＩＲＣ／一五三）採択（ＩＡＥＡ）。 国際電気通信衛星機構（ＩＮＴＥＬＳＡＴ）に関する協定（恒久協定）採択。
一九七二			［米］米国議会技術評価局（ＯＴＡ）設置（～一九九五年）。 原子力機関（ＮＥＡ：Nuclear Energy Agency）設置（ＯＥＣＤ）。 生物兵器禁止条約署名開放。
一九七三	第一次石油危機。		
一九七四	［印］地下核実験を実施。	航空事故調査委員会設置（運輸省）。 原子力船むつ号放射線漏れ事故。	
一九七五		原子力行政懇談会（「有澤行政懇」）設置。	原子力供給国グループ（ＮＳＧ：Nuclear Suppliers Group）設立。 生物兵器禁止条約発効。

一九七七			［米］アメリカ大気清浄法改正（脱硫装置設置を義務付け）。
一九七八		自動車排出ガス基準（日本版マスキー法）達成。	
一九七九	［米］スリーマイル島原子力発電所事故。		
一九八二			国連海洋法条約採択。
一九八四			［米］レーガン大統領が国際宇宙ステーションを提唱。
一九八五	電電公社民営化。		ウィーン条約（オゾン層保護のための国際枠組み）採択。
一九八六	スペースシャトル「チャレンジャー号」爆発事故。 チェルノブイリ原子力発電所事故。 ［英］初のＢＳＥ（牛海綿状脳症：狂牛病）正式確認。		［蘭］ＮＯＴＡ（The Netherlands Office fot TA）をオランダ王立芸術科学アカデミーに設置。 原子力事故の早期通報に関する条約（原子力事故早期通報条約）採択（八七年発効）。
一九八七	中距離核戦力（ＩＮＦ）全廃条約発効。		モントリオール議定書（オゾン層保護のための国際枠組み）採択。
一九八八			［米］旧国際宇宙基地協力協定署名。 気候変動に関する政府間パネル（ＩＰＣＣ：Intergovernmental Panel on Climate Change）設立（ＷＭＯ／ＵＮＥＰ）。
一九八九	薬害エイズ訴訟。	ＣＩＳＴＥＣ（財団法人 安全保障貿	［英］議会科学技術室（ＰＯＳＴ）設置。

		易情報センター）設立。	
一九九〇	東西ドイツ統一。		日米衛星調達合意。
一九九一	湾岸戦争。 ソビエト連邦解体。		
一九九四		「もんじゅ」初臨界達成。	［蘭］NOTAをラテナウ研究所と改称。
一九九五	阪神・淡路大震災。 地下鉄サリン事件。	地震調査研究推進本部設置（総理府）。 科学技術基本法成立。 「もんじゅ」ナトリウム漏洩事故。	知的財産権の貿易関連の側面に関する協定（TRIPS協定）発効。 一九五八年協定を「自動車の統一技術基準採択とそれに基づく認証の相互承認の条件に関する協定」に改正。
一九九六	［英］イギリス政府BSEの人への感染を認める（変異型クロイツフェルト・ヤコブ病の患者を確認）。		［米］SPS協定に基づきWTOパネルにEUの成長ホルモン牛事例を提訴。 原子力の安全に関する条約（原子力安全条約）発効。
一九九七	地球温暖化防止京都会議（COP3）・京都議定書採択。	エコタウン事業開始（〜二〇〇六年）。	モデル追加議定書（INFCIRC／540）採択（IAEA）。
一九九八			新国際宇宙基地協力協定署名（ロシア等参加）。 非核保有国グループ「新アジェンダ連合」発足。 車両等の世界的（グローバル）技術基準協定採択（UNECE）。
一九九九		東海村JCO臨界事故。	
二〇〇〇	G8九州・沖縄サミット開催。		INPRO（革新的原子炉及び燃料サイ

二〇〇一	中央省庁再編実施。 [米] アメリカ同時多発テロ発生。	総合科学技術会議設置。 総合科学技術会議生命倫理専門調査会設置（二〇〇四年にかけてヒト受精卵や人クローン胚の扱いについて議論）。 耐震指針検討分科会設置（原子力安全委員会）。 BSEサーベイランスによる日本初のBSE陽性事例判明。	クル国際プロジェクト）設置。 第四世代原子力システムに関する国際フォーラム（GIF）憲章署名。 [米] 愛国者法制定。 サイバー犯罪条約採択（欧州評議会）。 TRIPS協定と公衆の健康に関する宣言（ドーハ宣言）採択（WTO）。
二〇〇二	SARS（重症急性呼吸器症候群）発生。		
二〇〇三		食品安全委員会設置（内閣府）。 宇宙航空研究開発機構（JAXA）設置。	
二〇〇四		核燃料サイクル再評価実施（原子力委員会）。	ICON（International Council on Nanotechnology）設立。 [英] 民間緊急事態法成立（二〇〇五年以後国家リスク評価実施）。 国連における第一次政府専門家会合（GGE：Group of Governmental Experts）設置（サイバーセキュリティ）。 [シンガポール] 国家安全保障調整事務局設置（首相府）。
二〇〇五	京都議定書発効。	診療行為に関連した死亡の調査分析に	IHR（国際保健規則）改定。

二〇〇六		関するモデル事業開始（厚労省）。 遺伝子組み換え作物コンセンサス会議開催（北海道）（〜二〇〇七年）。	生物兵器禁止条約履行支援ユニット（ISU：Implemention Support Unit）設置。
二〇〇七		海洋基本法成立。	
二〇〇八	G8洞爺湖サミット開催。 世界金融危機（[米]リーマン・ブラザーズ経営破綻）。 G20サミット初会合。	宇宙基本法成立。 運輸安全委員会設置（国土交通省）。	
二〇一一	東日本大震災、東京電力福島第一原子力発電所事故。 国際宇宙ステーション（ISS）完成。	環境未来都市選定（内閣府）。	
二〇一二		原子力規制委員会設置法案成立。 宇宙政策委員会・宇宙戦略室設置（内閣府）。 エネルギー政策に関する討論型世論調査実施。 消費者安全調査委員会設置（消費者庁）。	
二〇一四	エボラ出血熱感染拡大（西アフリカ）。	原子力委員会再編実施。	国連エボラ緊急対応ミッション（UNMEER：UN Mission for Ebola Emergency Response）設置（国連総会及び安全保障理事会決議）。
二〇一五	パリ協定採択（COP21・CM	内閣官房・内閣府見直し法成立。	原子力安全に関するウィーン宣言採択。

	P11)。	医療事故調査制度施行。	
二〇一六	G7伊勢志摩サミット開催。	費用対効果データ（HTA）を活用する新薬価制度を試行的に導入。 「もんじゅ」廃炉決定。	PAI（Partnership on Artificial Intelligence to Benefit People and Society）設立。
二〇一七	核兵器禁止条約採択。		

《著者紹介》

城山英明（しろやま・ひであき）

1965年　東京都生まれ。
1989年　東京大学法学部卒業。
1994年　東京大学大学院法学政治学研究科助教授。
2006年　東京大学大学院法学政治学研究科教授。東京大学公共政策大学院教授（2010年〜），東京大学政策ビジョン研究センター長（2010〜14年），東京大学公共政策大学院長（2014〜16年）等を兼任。マサチューセッツ工科大学国際研究センター（1997〜99年），パリ政治学院（2001年，2008〜09年），LSE リスク規制分析センター（2009年）などで研究・教育に従事。

著　書　『国際行政の構造』東京大学出版会，1997年。

『中央省庁の政策形成過程——日本官僚制の解剖』共編著，中央大学出版部，1999年。

『続・中央省庁の政策形成過程——その持続と変容』共編著，中央大学出版部，2002年。

『国際機関と日本——活動分析と評価』共編著，日本経済評論社，2004年。

『融ける境 超える法⑤　環境と生命』共編著，東京大学出版会，2005年。

『国際援助行政』東京大学出版会，2007年。

『エネルギー技術導入の社会意思決定』共編著，日本評論社，2007年。

『科学技術ガバナンス』編著，東信堂，2007年。

『紛争現場からの平和構築——国際刑事司法の役割と課題』共編著，東信堂，2007年。

『法の再構築Ⅲ　科学技術の発展と法』共編著，東京大学出版会，2007年。

『政治空間の変容と政策革新①　政策革新の理論』共編著，東京大学出版会，2008年。

『政治空間の変容と政策革新⑥　科学技術のポリティクス』編著，東京大学出版会，2008年。

『日本の未来社会——エネルギー・環境と技術・政策』共編著，東信堂，2009年。

Sustainability Science : A Multidisciplinary Approach（共編著），United Nations University Press, 2011.

『北極海のガバナンス』共編著，東信堂，2013年。

『国際行政論』有斐閣，2013年。

『大震災に学ぶ社会科学第3巻　福島原発事故と複合リスク・ガバナンス』編著，東洋経済新報社，2015年。

Governance of Urban Sustainability Transitions : European and Asian Experiences（共編著），Springer, 2016.

MINERVA 政治学叢書⑤
科学技術と政治

2018年５月10日　初版第１刷発行　〈検印省略〉

定価はカバーに
表示しています

著　者　城　山　英　明
発行者　杉　田　啓　三
印刷者　坂　本　喜　杏

発行所　株式会社　ミネルヴァ書房
607-8494　京都市山科区日ノ岡堤谷町１
電話代表　(075)581-5191
振替口座　01020-0-8076

冨山房インターナショナル・清水製本

ISBN 978-4-623-08321-3
Printed in Japan

人名索引

事項索引

あ　行

さ　行

た 行

な 行

は　行

BSE（牛海綿状脳症：狂牛病） 38, 43, 52, 144
BST 事例 200, 201
CEPI（Coalition for Epidemic Preparedness Innovations） 238
CGIAR（国際農業研究協議グループ） 237, 238
CISTEC（財団法人安全保障貿易情報センター） 72, 73
CODEX 委員会 194
CODEX 基準 195, 200
CP（コンプライアンス・プログラム） 72
CTA（Constructive Technology Assessment） 151
DIY バイオ 217
EDF（Environmental Defense Fund） 143, 151
EFSA（欧州食品安全機関） 45
ELSI（倫理的法的社会的課題） 151
ENEA（欧州原子力機関） 240
ESA（欧州宇宙機関） 236
FAA（連邦航空局） 77, 78, 82
FAO（国連食糧農業機関） 194
FBI（連邦捜査局） 77
FSA（食品基準庁） 45
GAVI（ワクチンと予防接種のための世界同盟） 243
GIF（第四世代原子力システムに関する国際フォーラム） 14, 237, 240, 241
GIF 憲章 241
GSO（静止衛星軌道） 229
H-I ロケット 121
IACRNE（原子力・放射能緊急事態機関間委員会） 192
IAEA（国際原子力機関） 13, 18, 190, 193, 222, 239
——安全基準 190
IASC（Inter-Agency Standing Committee） 192
ICAO（国際民間航空機関） 18
ICON（国際ナノテクノロジー評議会） 152
ICT インテリジェント化影響評価会議 157
IEA（国際エネルギー機関） 18
IHR（国際保健規則） 12, 187, 188, 191
IMO（国際海事機関） 18
INPO（原子力運転協会） 55, 58
INPRO（革新的原子炉及び燃料サイクル国際プロジェクト） 14, 237, 239
IPCC（気候変動に関する政府間パネル） 195-197
iPS 細胞（人工多能性幹細胞） 40
IRC（事故・緊急事態対応センター） 193
ISEF（国際宇宙探査フォーラム） 237
ISR（国際衛生規則） 187
ITSO（国際電気通信衛星機構） 233
ITU（国際電気通信連合） 18
LRT 11, 130, 132, 137, 138
MDA（海洋情報把握） 180
NASA（アメリカ航空宇宙局） 82, 98, 234, 236
NEA（原子力機関） 14, 240
NGO（非政府組織） 45
NOTA（The Netherlands Office for TA） 144
NRC（原子力規制委員会） 58
NSG ガイドライン・パート 1 222
NSG ガイドライン・パート 2 222
NTSB（国家運輸安全委員会） 76-79
OECD（経済協力開発機構） 14, 18
OLF（other legitimate factors） 108
PAI（Partnership on Artificial Intelligence to Benefit People and Society） 152
PDP（Product Development Partnership） 237
QOL（Quality of Life） 31
RANET（緊急時対応援助ネットワーク） 193
RRB（無線通信規則委員会） 228
RTA（Real-time Technology Assessment） 151
SPS 協定（衛生植物検疫措置の適用に関する協定） 195, 200, 203
TABD（環大西洋ビジネス対話） 200
TLO（技術移転機関） 20

TRIPS 協定　242, 243
TVA モデル　6
UNEP（国連環境計画）　195
UNESCO（国連教育科学文化機関）　18
WHO（世界保健機関）　12, 18, 187, 188, 191, 194
WMO（世界気象機関）　195
WTO（世界貿易機関）　189, 203